北大红楼
BEIDA HONGLOU
历史 沿革 考论
LISHI YANGE KAOLUN

郭俊英 ★ 主编

文物出版社

图书在版编目（CIP）数据

北大红楼历史沿革考论／郭俊英主编．—北京：文物出版社，2012.6（2021.5 重印）

ISBN 978－7－5010－3488－8

Ⅰ.①北…　Ⅱ.①郭…　Ⅲ.①北京大学－校史－史料　Ⅳ.①G649.281

中国版本图书馆 CIP 数据核字（2012）第 139434 号

北大红楼历史沿革考论

主　　编：郭俊英

责任编辑：孙　霞
责任印制：张道奇

出版发行：文物出版社
社　　址：北京市东直门内北小街 2 号楼
邮政编码：100007
网　　址：http://www.wenwu.com
邮　　箱：web@wenwu.com
经　　销：新华书店
印　　刷：北京君升印刷有限公司印刷
开　　本：710mm×1000mm　1/16
印　　张：21.75
版　　次：2012 年 6 月第 1 版
印　　次：2021 年 5 月第 3 次印刷
书　　号：ISBN 978－7－5010－3488－8
定　　价：98.00 元

本书版权独家所有，非经授权，不得复制翻印

编委会

主编：郭俊英

编委：（按姓氏笔画为序）

田丹　刘静　陈翔　秦素银

目录
Contents

序 /1

综 述

北大红楼历史沿革考论综述　郭俊英/2

使用状况研究

1918年红楼使用情况详考　秦素银/16
1919年至1927年红楼使用情况考证　秦素银/42
1928年至1937年红楼使用情况考证　田　丹/72

编年纪事资料汇编

1918年至1927年北大红楼编年纪事　秦素银/100

历史沿革专题研究

北大红楼的建造与用途变更考　李金光/172

陈独秀早期教育思想及其对北大文科改革的研究　陈　翔/176

毛泽东在北大红楼　刘　静/187

新潮社与《新潮》杂志　刘　静/196

北大红楼的新文学记忆　陈　翔/204

北大红楼——五四运动的历史见证者　秦素银/211

北大红楼与北京共产党早期组织　陈　翔/222

李大钊的红楼情结　秦素银　田　丹/233

唱响青春
　　——"一二·九"运动与北大红楼　田　丹/236

日军铁蹄下的北大红楼　陈　翔/247

"伪北大"期间的北大红楼　陈　翔/257

国统区的北大红楼学生社团　张胜利/267

民国时期首批就读北京大学的台湾学生　张胜利/274

沙滩民主广场与学生民主运动　张胜利/281

北大附属工农速成中学与北大红楼　郭俊英/299

新中国成立后的红楼使用变迁（1962～2002）　刘　静/306

李大钊办公室陈列复原始末　刘　静/318

毛泽东在红楼工作过的阅览室复原始末　刘　静/327

参考文献　/333

序

20世纪70年代国际博物馆界兴起了新博物馆学运动。新博物馆学在批判传统博物馆学的基础上提出了在文化原生地保护文化遗产的新思维。这个新思维的深刻之处,在于把文化遗产与产生这一文化的历史环境统一起来了,从而加深了对文化遗产的认识和保护的力度。我认为遗址类博物馆比一般博物馆能更好地实现历史与环境相统一的新思维。90年代我曾对遗址类博物馆的特征作过概括:第一,遗址是历史的现场。只有到遗址博物馆才能见到真正的历史现场,才可能真正体验到历史的现场感。第二,遗址是一个特定的历史时空的统一体,是一个可能触摸到的历史实体,观众在遗址前进行历史想象时,遗址已为观众提供了真实的时空框架,从而把观众引到情节之中,加深了对历史的真知。新文化运动纪念馆就是这样一座拥有光辉历史和历史现场的博物馆。它作为旧址纪念馆这一优势正在发展之中。

北京新文化运动纪念馆建立十年来,一直是以历史研究、人物研究和文物征集为首要任务。十年来馆藏文物已达4000多件,其中达到珍贵文物级别的就达1188件。复原陈列了李大钊办公室、大教室、第二阅览室,又考证布置了登录室、图书馆书库、蔡元培办公室、新潮社活动室等,不断强化历史与历史发生地的紧密联系,加强了历史现场感和历史真实感。在这个基础上,郭俊英馆长进一步提出红楼史的研究。从这本书的结构来看,显然不是一般的旧址研究,而是强化历史与环境统一的研究。本书的第一部分是红楼编年史的一组论文。第二部分是有关红楼发生的历史事件和历史人物活动的19个专题,体现了历史与历史发生地的紧密关系。其中如"李大钊与红楼情结"、"李大钊办公室复原始末"、"毛泽东在北大红楼"、"北大红楼与五四运动"、"一二·九运动与北大红楼"、"北大红楼与北京共产党早期组织"、"新潮社与红楼"等等。这些专题研究把读者、观众引入历史现场中去感知历史,应该说这正是这本书的独到之处,具有理论创新的意义。

我作为红楼北大的末代学子,读这本书倍感亲切,红楼的许多情景又浮现在眼前;而燕园北大的年轻学子如果要寻根的话,读这本书就会找到自己的根,找到燕园北大的根。

2012年6月11日

综 述

北大红楼历史沿革考论综述

郭俊英

　　北京大学红楼是一座标志性建筑,近代中国由西方"民主"、"科学"思想而引发的波澜壮阔的思想解放、抗日救亡、民主爱国运动等等,无一不与融合着中西方文化特征的北大红楼息息相关。在中国近百年历史上发生过多起中外皆知的历史事件,近代众多名人学者在红楼留下过足迹,在不少书籍和回忆文章里都有过对红楼的描述;在许多影视作品和艺术创作中都有红楼的身影。红楼蕴含了丰富历史、文化内涵,她犹如一座丰碑,铭刻着人们永远回味和缅怀的历史沧桑,在车水马龙的喧嚣闹市间,默默矗立了八十九年。她是承载五四新文化运动历史的标志性建筑,也是现代都市中一个永恒的地标。正因如此,新中国成立以后北大红楼被国务院公布为第一批全国重点文物保护单位;2002年,以北大红楼为依托的新文化运动纪念馆正式成立并向社会开放。同年,新文化运动纪念馆被命名为北京市爱国主义教育基地;2004年,被国家发展改革委员会、中宣部等部委列为全国百家红色旅游经典景区。

　　从现存的文献资料和出版物来看,学界对北大红楼的关注视角主要有两个方面:第一个方面是对北大红楼使用情况的史料记载,这主要是指保存至今的二十世纪二三十年代的文献资料。比如编定于1918年12月的《北京大学文科一览》,除了列有《本科现行课程表》、《教员表》、《各省学生人数比较表》、《研究所教员及研究员分科表》、《教务处办事细则》等详细的教学资料外,还附有五张图,分别是《第一层文科教务处及图书馆全部》、《第二层各办公室及教室》、《第三层教室及国文研究所》《第四层教室及哲学英文研究所》《文科校址全图》，这使得我们对于1918年红楼各层的使用情况一目了然；再如《北京大学日刊》以及《国立北京大学廿周年纪念册》等文献，则保留了大量的关于二十世纪二三十年代红楼使用情况的文字记载。第二个方面主要涉及围绕北大红楼所发生的历史事件和与此有关的人物的历史追忆，这些回忆性史料主要以改革开放以来的正式出版物为主。比如魏国英、王达敏主编的《毛泽东与北京大学》，魏国英在《巨人与圣地之间（代序）》一文中指出："北大红楼，是青年毛泽东新的人生道路的起点。1918年夏和1919年冬，风华正茂的毛泽东两次来到千年古都，两次走进不朽的红楼。"❶本书各篇论文主要是研究毛泽东在北大红楼时期的思想以及与五四文化名人的交往。中国人民大学出版社1985年出版的林克光等主编的《近代京华史迹》、北京大学2000年12月出版的《北京大学史料》、北京大学出版社2009年出版的陈平原、夏晓虹《北大旧事》等著作中都有有关北大红楼的叙述和回忆。

此外，还有一些发表在报刊杂志上的单篇文章，这些文章大多记述发生在北大红楼的历史事件和相关人物，红楼在其中是作为历史背景被提及。而以红楼为主叙述对象的文章只有张高峰的《不平凡的红楼》、侯仁之的《五四前夕忆红楼》、《北大红楼巡礼》等少数几篇，以红楼为主要研究对象的专门著述基本处于空白。

纵观以上的文献资料和各类相关著作，我们发现长期以来，以北大红楼本身作为研究对象的学术研究则较为薄弱。然而，北大红楼是北京城内一座具有极不平凡历史的建筑，因其主体由红砖砌成而得名。自1918年红楼落成伊始，就与中国的命运和走向息息相关。她的历史虽不足百年，但她所承载的丰富历史内涵，她所体现出的时代精神，她所高扬的思想旗帜，是中国传统文化与现代文明碰撞融合的标志。她是中国新文化运动的主阵地，是五四爱国运动的策源地，是中国共产党的发祥地之一。因此，她在中国近现代史上地位赫然，有着极

---

❶ 魏国英、王达敏：《巨人与圣地之间——毛泽东与北京大学》，第1页，北京大学出版社1998年。

其重要的不可替代的地位。随着北大红楼成为"北京新文化运动纪念馆"之后，为了更好地发挥其文化使命的作用，从 2003 年开始，我馆提出以北大红楼为研究对象的科研课题"北大红楼历史沿革考论"。

"北大红楼历史沿革考论"的主要内容包括四大部分，分别是：一. 北大红楼历史沿革考论综述；二. 1918 年至 1937 年北大红楼使用状况研究；三. 1918 年至 1937 年北大红楼编年纪事；四. 北大红楼历史沿革专题研究。这四部分的研究角度则分别从以下八个方面展开：一. 红楼建筑风格；二. 红楼地理环境及时代变迁；三. 红楼的使用情况及变迁；四. 红楼的重要人物；五. 在红楼发生及与红楼相关的大事件；六. 在红楼成立的社团及社团活动；七. 当事人口述历史；八. 征集与红楼相关的各类图片、资料。

《中国纪念馆概论》一书中指出："纪念馆是博物馆的一种主要类型。它是纪念杰出历史人物或重大历史事件的专题博物馆，是我国博物馆事业的重要组成部分。"❶纪念馆的性质："是杰出历史人物或重大历史事件有关遗址、遗物和纪念建筑的保护收藏机构、宣传教育机构和科学研究机构。"❷纪念馆研究工作的主要内容应包括："有关遗址、遗物、纪念建筑的原状、现状和其历史价值、科学价值或艺术价值。"❸北大红楼作为新文化运动纪念馆的核心主体，是新文化运动的纪念性建筑，研究其当年的原状和使用情况，不仅可以了解北京大学当时的各项情况，更可以追踪新文化诸子的一举一动，而且也为红楼旧址复原提供最基本可靠的资料。

在许多书籍和回忆录中提到红楼都曾有这样的说法"红楼建成后，遂将原来的学生寄宿舍改为文科教室、图书馆、研究所及其他各机关之用"。这透露出一个信息，即红楼原本是作为学生宿舍建设的，而建成后改变了用途。对于这种普遍说法，李金光在《北大红楼的建造与用途变更考》中做了全面考证，得出结论："从实际情况来看，红楼并不是在建筑完成后才临时改变原有用途的，而

---

❶ 安廷山：《中国纪念馆概论》，第 10 页，文物出版社 1996 年。
❷ 同上。
❸ 安廷山：《中国纪念馆概论》，第 11 页，文物出版社 1996 年。

是尚未竣工就已经修改了设计图纸。原有的设计初衷是将红楼每层建成'均匀的单间'，但从红楼实际使用情况来看，阅览室、图书馆、毛泽东工作室均是由双间或是三间所组成，这些房间并不是建筑完成后拆除原有的隔断墙形成，而是在建筑过程中一次完成的，从而证明了红楼在尚未竣工之时就已经改变了兴建之初的用途。"

秦素银的《1918年红楼使用情况详考》，也提及了北大红楼的建造过程和最初的使用情况，即在蔡元培主持北大，实施教育"改革后的第二年，即1918年，红楼建成。这座新建筑没有按原计划做学生宿舍而是'改作文科教室、图书馆、研究所及其他各机关之用'，成为北大校部、图书馆和文科所在地，从而使红楼成为北大改革和新文化运动最重要的见证"。此文还根据《北京大学文科一览》中所附图，逐层对1918年红楼各层各房间的使用状况进行了考证，文章还涉及到北大组织机构、教职员、学生、教学等各个方面，特别关注新文化运动倡导者们工作、学习的地方，比如"陈独秀的文科学长室与蔡元培的校长室仅隔着一个过道"。"校长办公室西侧是日刊处，即《北京大学日刊》编辑处"，"蔡元培请来徐宝璜担任《日刊》主任，经理一切事务。日刊处设在校长办公室旁边，非常方便徐宝璜办公。又请陈独秀、沈尹默、胡适之、孙国璋为《日刊》编辑"。文中还论及中国共产党以及共产党人早期的活动："在李大钊的主持下，北大图书馆变成了传播新思想、新文化和宣传马克思主义的阵地，而这个阵地的核心就是图书馆主任室"。"1920年春，共产国际代表魏金斯基来华，通过北大俄籍教员的介绍，与正在进行马克思主义研究李大钊进行了接触。两人在红楼图书馆主任室谈话后，李大钊找罗章龙、张国焘、李梅羹、刘仁静等马克思学说研究会会员同魏金斯基会面。据张国焘回忆，李大钊与张申府、张国焘几次一起在他的办公室商谈建立中国共产党的问题。1920年10月，经过一系列准备工作，北京的共产党早期组织在李大钊的办公室正式成立，当时取名为'共产党小组'"。"第二阅览室在第一阅览室西侧，用来陈列各种日报，这间阅览室因毛泽东曾在这里工作而闻名于世"。"在李大钊的安排下，毛泽东得以在图书馆工作，他工作的地方就是这个第二阅览室，每天负责登记新到的报刊和前来阅览者的名字，管理以上提到的中外文报纸,领取八块钱的薪金。"该文较为真实、细致深入地揭示1918年红楼最初的原貌。

  1918年红楼建成,至1927年是红楼的第一个十年,也是红楼最重要、最辉煌的十年,在这十年中红楼见证了五四新文化运动的兴起,见证了中国共产党的诞生,见证了北京大学的发展。秦素银撰写的《1919年至1927年红楼使用情况考证》一文,对这一期间红楼的使用情况进行了深入细致的考证。文中提到:"随着北京大学校务各方面的发展,红楼的使用情况也不断发生着变化。纵观红楼在1919年到1927的变化,主要有以下几点:1. 红楼从建成始二层主要为北大校部各行政机关所在地,1919年学校通过新的组织章程,行政机关各处室发生一系列变动,1923年下半年,学校各行政机关迁出了红楼。2. 1919年北大废门改系,实行选科制,红楼内教室不再像1918年那样是以班和年级分配,而更多的是以课程分配。而红楼内教室也不再只由文科各系独占,法律、经济、政治等系课程也被安排在红楼上课。但文科各系,包括哲学系、中国文学系、英国文学系、法国文学系、历史学系,及后设的德国文学系、俄国文学系、东方文学系及从哲学系分出来的教育学系、心理学系还在红楼办公。北大从1920年开始招收女生,并聘用了女教授,结束了以往红楼只有男性出入的局面。3. 从1919年到1927年,北大图书馆一直占据红楼一层,1920年,图书馆的机构进行重大调整,新课室的设立导致了各房间的使用情况发生变动。此外,图书馆还在红楼其他楼层设置了各专门阅览室,作为图书馆的有益补充。4. 1920年,北大出版部设印刷课,在红楼地下一层设立了小型印刷局,进一步完善了北大的出版系统。5. 1920年11月,学校在红楼三层设置了体育办公室,后改为体育部。6. 1922年,北大国学门研究所在红楼四层成立,1923年11月迁往三院。7. 为支持师生社团组织活动,学校辟出红楼内房间作为社团活动场所,从1918到1927年,先后有几十个社团组织以红楼为主要活动地点。8. 红楼在建成后的短短几年内就出现安全问题,校方对其进行了局部处理,基本上没有影响使用。9. 1927年红楼由北京大学第一院变成京师大学校文科所在地。"本文的主要内容是依据这九个方面对红楼使用情况作逐一考证,引证史料丰富详实,真实可信地勾勒出 1919 年至 1927 年红楼使用情况的原貌。尤其值得注意的是，文中还涉及了许多关于北京大学机构设置、教育改革等方面的史料，比如"1920 年 9 月，注册部办公室在红楼二层西截设立，学校所有转学、旁听、请假、休学、复学、改部、改系、请发证书等事务，均归注册部总办理，教务处随之取消"。"1919 年 9 月学校开学，北大正式废门改系"。"原来分属于文、理、法三科的各学系，分别称为第一院，第二院，第三院。红楼自建成后一般被称为新大楼，也叫文科大楼，红楼内教室称为文科教室，自此以后用'新大楼'、'文科大楼'称呼红楼越来越少，提到第一院即指红楼"。"北大在改门设系的同时，又正式对旧学制进行了改革，开始实行选科制。……北大实行的选科制和现在高校通用的学分制已十分类似。而实行选科制与红楼的关系就是红楼内教室不再象 1918 年那样是以班和年级分配，而更多的是以课程分配。而红楼内教室也不再只由文科各系独占，法律系、经济系、政治等系课程也被安排在红楼上课"。本文还有个重要的研究成果就是对红楼内社团的考述，用表格的形式把当时诸如新潮社、书法研究社、新闻学研究会、行知社等近三十个重要社团的成立年月、宗旨、以红楼为场所的时间和地点以及主要活动内容列举出来，为研究者提供了极具文献价值的参考资料。

田丹撰写的《1928 年至 1937 年红楼使用情况考证》一文，其考论体例与《1919 年至 1927 年红楼使用情况考证》一文基本相似，利用《（民国二十二年度）国立北京大学一览》中所附"国立北京大学第一院校址图"，对 1929 年 4 月 13 日至 1931 年 9 月 8 日这一时间段中，红楼各层使用发生位移、迁出或未变动的情况，作了详细的论述。同时，在论及红楼各层使用情况时，兼论北大各系、院机构设置和课程调整的具体史实。比如由于时局的变化，"国民政府训练总监部会同教育部，通令全国高中以上的各大学，一律添加军事训练为必修科目，本科男女学生均须受此课，军事教育遂普及于全国。北大遵令执行，将体育部与军事训练分别办理"。"军事训练部办公机构最初设在红楼二层东北角"，"二层东边邻厕所的沙盘战术室则是北大学生军上沙盘演习课的地方"。文中还专门提到北大当时已有自己的出版机构："1929 年北大复校后，其设在红楼内的出版部也恢复工作,不过它下属的印刷课(印刷工厂)从1929年9月到1930年2月改为校营商办,随后收回自办。1931年出版部改称出版组,下设三课则称为讲义、印刷、售书三股。也在这一年,除占据红楼地下室西边一半房舍的印刷股工作地点未变外,出版组及讲义股办公室均有所调整,如出版组办事地点从原红楼二层移至一层前门左边朝南第三间房间。"

以上论文,通过查阅大量的史料,诸如《北大日刊》和北京大学的档案资料以及各类回忆论著,经过艰苦细致地爬梳剔抉,把北大红楼自1918年建成之日至1937年之间的房屋使用情况及变迁的脉络,基本考证清楚,为北大红楼旧址复原提供了重要依据。尤其值得一提的是,更为研究中国共产党早期活动提供了物质实证。

梁启超《中国历史研究法》认为:"论原则,自当以最先、最近者为最可信。先者以时代言,谓距史迹发生时愈近者,其所制成传留之史料愈可信也。近者以地方言,亦以人的关系言,谓距史迹发生地愈近,且其记述之人与本史迹关系愈深者,则其所言愈可信也。"❶文献也是一种史料,因此,在文献考证中这一原则同样适用。秦素银《1918年至1927年北大红楼编年纪事》,主要以1917年至1927年出版的每一期《北大日刊》为依据写就的,它是一篇备述详尽的关于北大红楼编年纪事的文献资料汇编。该文以时间为序,将1918年至1927间发生在红楼的各种大事小情的史料搜罗殆尽,称得上是目前最为详尽的北大红楼编年纪事,它不仅为中国近现代史研究提供了许多重要的史料,而且为撰写1918年至1927年间北大的校史提供了极其重要的文献资料。现摘录若干条,以资佐证。"1918年10月底,毛泽东经杨昌济介绍,李大钊主任同意,到位于红楼一层的北大图书馆第二阅览室工作,每天负责登记新到的报刊和前来阅览者的名字"。"1919年2月19日下午,北大新闻研究会在红楼二层第三十四教室召开改组大会,修改、通过简章,更名为'北京大学新闻学研究会',并改选了职员。蔡元培亲临会场演讲并当选为正会长,徐宝璜当选为副会长,黄杰、陈公博当选

---

❶ 梁启超著、汤志均导读:《中国历史研究法》,第82页,上海古籍出版社1998年。

为干事。此次大会到会会员有毛泽东、谭植棠、区声白等24人"。"1919年5月4日,上午十一时,北大学生在红楼后面的操场集合排队,前往天安门参加在京高校学生集会,随后游行示威,这就是震惊中外的'五四事件'"。"1925年1月12日,晚七时,北大学生会各班正式代表在红楼二层第一教室开第一次代表会议,通过北京大学学生会章程,宣告以发扬文化,改进社会,协助学校谋利会员为宗旨的北大学生会正式成立"。"1925年6月25日,五卅惨案发生后,段祺瑞执政府与英人交涉无果,上午六时半,北大学生齐集红楼北大操场,整队到天安门游行示威"。"1925年7月3日,早八点,北大学生军在红楼二层第一教室开全军大会,讨论赴张家口冯玉祥军队实习兵士操练事宜"。诸如此类的重要史料,在文中比比皆是。此外,该文详尽地记述了发生在北大红楼的各项教学活动、各项教务会议以及各类学生社团活动等等事件,从中可以找到北大之所以成为当今中国第一流大学的发展脉络,这对于研究中国的大学教育而言,也是一份极其重要的文献资料汇编。

因此,以北大红楼为研究对象的学科意义,正如苏东海先生在论述博物馆的证史价值时指出的那样:"人们对于过去了的社会历史和自然历史的知识都是间接的、理性的,而非直观的。而博物馆收藏的藏品却是过去历史的、原始的、可感知的实物资料。审视和研究这些历史的原始资料,人民可以直接接触和感知已经逝去的历史。这些资料,是与过去的历史共同存在的,是历史的见证物。这种见证物是历史的化石,是物化的历史,因此具有不容置疑的客观性和真实性,对于人们认知历史和感知历史具有极特殊的价值。"❶

19世纪末到20世纪20年代的"博物馆现代化运动",被称为第一次博物馆革命,它导致了社会普遍接受了博物馆是一个社会教育机构的观点。❷ 到"20世纪50年代至70年代,世界博物馆经历了以对博物馆社会教育作用再认识为核心内容的第二次革命。通过这次革命,博物馆工作的基本原则被界定为:辅

---

❶ 《中国的博物馆哲学》,苏海东:《博物馆的沉思:苏东海论文选》,第7页,文物出版社1998年。
❷ 见杨玲、潘守永:《当代西方博物馆发展态势研究》,第13页,学苑出版社2005年。

助教育的再创造、藏品的动态展示和对观众的亲切服务。"[1]可见,社会教育是博物馆服务的核心内容。

　　北大红楼与蔡元培校长的教育改革,新文化运动的兴起,五四爱国运动的爆发,反饥饿反内战、爱国民主运动,北大附属工农速成中学等等历史事件紧密相关,她就像是一部物化的发展史,可以说一部北大红楼历史真实记录了中国近代历史面貌。因此,爱国主义教育是其服务社会的核心内容。正是基于这种现代博物馆理念,"北大红楼历史沿革考论"的第四部分"北大红楼历史沿革专题研究",就是以北大红楼的社会使命为基石,在此基础上,突出和加强北大红楼的文化使命,使其在当代现代化语境中焕发出新的勃勃生机,为建设和谐社会主义文化发挥更大、更好的作用。

　　陈翔的《北大红楼的新文学记忆》,以史料为依据,着重从两个方面来论述北大红楼与新文化运动之关系:一是胡适、陈独秀聚首北大,并在红楼内共事,共同携手推动了新文学运动的迅猛发展;二是《新潮》杂志和《每周评论》对新文化运动的推动和促进作用。前者编辑室设在红楼一层,核心人物为傅斯年,作者有"朱自清、俞平伯、康白情、叶圣陶等";后者是陈独秀、李大钊等《新青年》同人在红楼文科学长室议定创办的,是一份小型政治时事评论报,在 1919 年初,它"掀起了一场由文学革命引发的新旧思潮的论战,这场论战一直持续到五四运动前"。陈翔的另外两篇论文《日军铁蹄下的北大红楼》和《"伪北大"期间的北大红楼》都具有填补北大红楼史研究空白的意义。前文论及"在 1937 年到 1943 年间,象征'民主'、'科学'的北大红楼先后成为日本军队营地和日本宪兵队所在地。红楼地下室被开辟为牢房,是日本侵略者迫害爱国志士,试图从精神上摧毁中国人民反抗意志的场所,中国人民为此进行了不屈不挠的斗争","向读者展现一段鲜为人知的红楼历史"。后文则详述了伪北大筹建的过程,同时用较为客观的笔触论述了周作人是如何"成为傀儡政府的头面人物"的史实。

　　秦素银的《北大红楼——五四运动的历史见证者》,论述这样一个重要的史

---

[1] 费德利希·瓦达荷西:《博物馆学:德语系世界的观点》,第 12 页,台湾五观艺术管理有限公司 2005 年。

实"五四当天散发的《北京全体学界通告》就是在红楼诞生的","这是五四当天唯一的印刷品,对学生争取到市民的支持起到非常重要的作用"。"(1919年)5月4日上午十一时左右,北大学生在红楼后面的操场集合排队","沿北池子大街向天安门行进","但遭到了军警的阻拦,愤怒的学生转而转向赵家楼曹汝霖宅,火烧赵家楼,并痛打亲日派官僚章宗祥。起火之后,大批军警前来镇压,当场逮捕学生32人,其中北大学生20人"。"5月7日上午,蔡元培校长和北大全体师生齐集红楼门外,迎接被捕同学返校"。本文考证翔实,论述严谨,所得出"红楼见证了五四运动从爆发到胜利结束的全过程,从而成为五四运动最重要的历史见证"的结论,的确令人信服。

在"北大红楼历史沿革专题研究"中,所涉及的研究论题的范围较为广泛。比如张胜利的《沙滩民主广场与学生民主运动》,较全面地论述了发生在北大红楼操场(即"民主广场")的学生运动,对每个运动的起源、发展和结果以及相关文献,都做了详细归纳,整篇文章可以称得上是一部"民主广场"的革命史。1949年中华人民共和国成立以后,摆在中国人民面前的两项主要任务,就是经济建设与文化建设。1950年12月,政务院发布了《关于举办工农速成中学和工农干部文化补习学校的指示》,郭俊英的《北大附属工农速成中学与北大红楼》一文对当时北大响应党和国家号召,举办"工农速成中学"的史实,进行了深入细致的研究,再现了北大附属工农速成中学在红楼的历史原貌。刘静的《新中国成立后的红楼使用变迁》则是对"北大红楼使用情况研究"的必要补充,文中指出:"1962年,古代建筑修整所迁至原北京大学红楼办公,1963年12月,文物出版社由故宫西角楼城隍庙迁沙滩汉花园12号(今五四大街29号)。开始了文博系统进驻红楼的历史,此后40多年间,不断有文博系统的单位入住红楼,最多时达到十几家单位,红楼的功能最终从学校教学办公用楼转变为机关单位办公大楼。"此文备述了这四十年间红楼周边环境的变化,1977年的大修,李大钊办公室、毛泽东工作处复原陈列等内部情况的变化,还叙及楼内主要单位,使研究者对自1962年以来的四十年间红楼的变化有了深刻的了解。

国际博协属下的历史建筑博物馆国际委员会"DEMHIST"(International

Committee for Historic House Museums)是这样定义"历史建筑博物馆"的："一些以往曾被居住,现已向公众开放的历史建筑物,刻被视为一类博物馆。它展出内里的家具极具历史文化和国家价值的文物收藏,保存了杰出屋主人的精神,与地方历史记忆有紧密的联系。"❶从这个定义层面而言,北大红楼不仅是一座纪念馆,她也是一座历史建筑博物馆。

《中国大百科全书·文物·博物馆卷》中,对博物馆陈列所作概括是:"以文物、标本和辅助陈列品的科学组合,展示社会、自然历史与科学技术的发展过程和规律或某一学科的知识,供观众观览的科学、艺术和技术的综合。"而复原式的陈列是一种新型的博物馆陈列方式,它营造出真实生动的场景氛围,给人以真实、身临其境之感。通过具体的感触,品味其中蕴涵的人文精神。在再现历史事件和人物的同时,潜移默化感染观众,塑造观众,增强教育效果。北大红楼作为历史建筑纪念馆,复原式的陈列是其展览方式的最好选择。然而,复原式的陈列难点在于:如何做到既能重现人物和历史环境氛围,又能做到保护文物以及满足参观者的期望。刘静撰写的《李大钊办公室陈列复原始末》和《毛泽东在红楼工作过的阅览室复原始末》两篇论文,就是对这一难点的最好解答。

纵观以上论述,可以看出"北大红楼历史沿革专题研究"基本可分为三大类:一是北大红楼与新文化运动历史研究;二是北大红楼与五四风云人物研究;三是北大红楼陈列展览研究。而这三大类论题基本涵盖了北大红楼历史沿革的各个方面,较全面地呈现出北大红楼的历史原貌。

此外,针对"北大红楼历史沿革考论"这一课题,我们除了作理论上的学术研究之外,还抢救性地征集有关的历史资料、实物和照片,以挖掘事实为原则,有针对性的选择访问曾经亲历于历史现场的见证人。在这期间,我们尤其注重口述史料的搜集、整理和保存。由于口述史料是历史见证人或知情人对历史事件的亲历、亲知和亲闻,是第一手资料,常常可以填补重大历史事件以及普通生活经历中没有文字记载的空白。因而,它与传统史学所常见的文献资料相比,

---

❶ DEMHIST,ICOM 对历史建筑博物馆定立的首个定义。

具有独特的学术价值,在史学研究中的作用,是其他史料不能替代的。为此,我们曾作了七万多字的文字笔录,辅以录音、影像录影等手段,使得研究成果能够更加全面、更加接近具体历史事件的真实。

综上所述,由于我馆的学术研究水平还有待提升,因此我们将"北大红楼历史沿革考论"的研究角度定位于普及性学术研究,其目的就是为了使得我们的研究成果成为全社会共享的学术研究资源。同时,我们也希望这成为一个具有开放性的研究平台,不断地有新的研究成果汇入进来,使我们的研究成果更加完善。

使用狀況研究

1918年红楼使用情况详考

秦素银

1917年1月蔡元培先生执掌北大以后,致力于把腐败的旧北大改造成思想自由的新北大,他采取"兼容并包"、"学术自由"的方针,实施他的改革宏图。他主持北大,延聘教职员是校政整顿的关键,而安排人事之先是在文科。蔡元培聘请了新文化运动主将、《新青年》主编陈独秀为文科学长,陈独秀又援引了胡适、刘半农、杨昌济、程演生、王星拱等新派人物进入北大,并促使更多北大教员成为《新青年》作者,实现了一校一刊的结合,从而使北大成为新文化运动的策源地,并最终使新文化运动风靡全国。在蔡元培校长的提倡和新文化运动的影响下,北大涌现出大量进步社团和进步刊物,一批批青年学生迅速成长起来,并逐渐成为社会的中坚力量。也就是在北大改革后的第二年,即1918年,红楼建成。这座新建筑没有按原计划做学生宿舍而是"改作文科教室、图书馆、研究所及其他各机关之用",成为北大校部、图书馆和文科所在地,从而使红楼成为北大改革和新文化运动最重要的见证。了解当年红楼的使用状况,不但可以了解北大的各项情况,更可以追随新文化诸子的行踪,为红楼旧址复原提供最基本的资料。

编订于1918年12月的《北京大学文科一览》,列有《本科现行课程表》、《预科现行课程表》、《兼习的外国语班次表》、《预科国文教员担任钟点表》、《外国文用书表》、《教员表》、《职员表》、《本科学生姓名表》、《预科学生姓名表》、《选科生及旁听生姓名表》、《本科学生名数表》、《预科学生名数表》、《兼习的外国语各班名数表》、《班长表》、《各省学生人数比较表》、《研究所教员及研究员分科表》、《教室表》、《教务处办事细则》，可以让我们详细地了解当年北大文科教职员、学生及教学各方面的情况。此外《北京大学文科一览》还附有五张图，分别为《第一层文科教务处及图书馆全部》、《第二层各办公室及教室》、《第三层教室及国文研究所》、《第四层教室及哲学、英文研究所》、《文科校址全图》，1918年红楼各层的使用情况一目了然。此外，为庆祝北大成立二十周年编辑的《国立北京大学廿周年纪念册》，也为我们提供了大量资料，让我们详细地了解1918年红楼的使用情况。

一 红楼的建成与入住

(一) 建成

夏元瑮的《新建筑记》❶清楚地讲明了红楼的建成过程。北京大学的前身京师大学堂原有空地一块，"京师大学堂于前清光绪三十一二年间，奏拨内务府河滩空地，并租用松公府余地一块，价一千五百两，坐落马神庙本街东口外，松公府南头，南北二十二丈，东西六十五丈，约三十七亩。""民国五年，校长胡仁源、预科学长余崇钦与比国仪品公司订立借款合同，借洋二十万元，在其地建筑预科学生寄宿舍。据云可造房屋三百余间，约容一千三百人，每人每月收宿费二元，用以归还借款本利，尚有余裕。借款事由教育部提出，国务会议通过，教育部批准，财政部盖印证明，并知照审计院。"寄宿舍由中法实业公司和仪品公司共同负责建造。中法实业公司负责"包办人工材料"，"施工细则仪品公司工程师定之"。此外"寄宿舍中之电灯及卫生设备，亦由中法实业公司包办"，而热气管则由"义善实业公司装置"。寄宿舍于"民国五年十月半开工"，原定"民国六年八月三十日完工"，但由于"发见地内有甚深之古池二处，屋基不能不改……仪品公司即将图样改画，九日交与大学及包工人，即再开工。新图较旧图约少

---

❶《北京大学日刊》1917年12月7日第2版。

房屋七间,因改造故包工人不能如期完工,后商定民国六年九月三十日造完四分之三,余四分之一,民国七年八月三十一日造完"。

1918年3月结稿❶的《国立北京大学廿周年纪念册》有两张图与红楼相关(下简称《纪念册》),一是《国立北京大学第二宿舍全图》(图1),这张图可以让我们清楚地看清红楼的位置、形状;一是《新斋舍摄影》(图2),可以看出红楼整体建筑已经完成,除无门廊外与现在红楼别无二致,但没建起围墙。1918年3月2日的《北京大学日刊》公布"本校新建斋舍因增筑围墙、浴室及秽水池等请拨补充费二万元,已经教育部核准,至添游泳池一节教育部批令暂缓。"则红楼围墙大概建于1918年3月,从1918年12月编订的《北京大学文科一览》附图《文科校址全图》(图3)可以看出,红楼周围已建起围墙,门口有号房和校警室。

(二)入住

据1918年3月12日《北京大学日刊》第二版《新斋舍之用途》记载:"本校因谋实事上之便利,拟将新建斋舍改作文科教室及研究所、图书馆与其他各机关之用,业已呈请教育部鉴核",这样可以解决一个很现实的问题,就是建红楼的费用不用再从"宿费内取偿","现既改作他用,须另筹偿款之法,复呈请教育部准自七年起,每年特别增加本校经常费二万二千元以资偿还此款,并准本校正式列入每年预算款内"。原来由学生出的费用,现在由政府出资。

红楼是否如时完工现在已不得而知,确定办公地点、搬迁又都需要时间,北大文科因为搬入红楼而推迟了上课时间是确定的。这一学年北大是9月20日开学❷,胡适在9月14日写给母亲的家信中提到,"大学文科因搬入新屋,故须迟到月底开课"❸。1918年9月30日,文科教务处及文科事务室❹搬入红楼,随后北大校部各机构:校长、各科学长、庶务主任、校医陆续迁往红楼办公。10月

---

❶ 《北京大学日刊》1918年2月22日第1版《本校纪念册编辑处启事》"纪念册筹备已久,印刷需时,本编辑处拟请各方面将应行送登之材料及已允担任之稿件于阳历三月十五日以前送到校长办公室徐伯轩先生收。"

❷ 《北京大学日刊》1918年9月10日第1版。

❸ 杜春和:《胡适家书》,第213页,河北人民出版社1996年。

❹ 《北京大学日刊》1918年9月30日第2版。

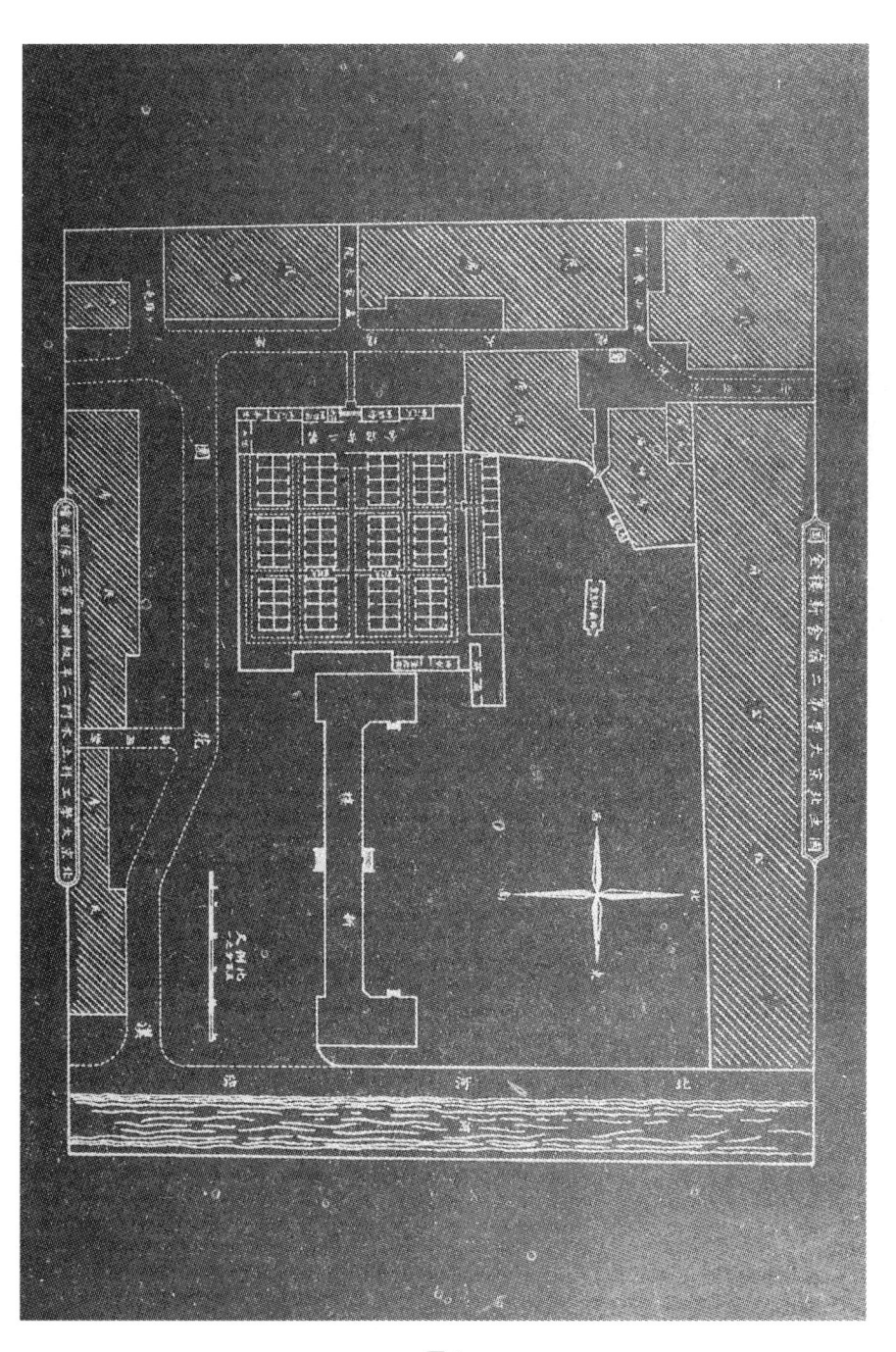

图 1

图 2

2日,北大文科开始在红楼上课❶。从10月12日起,图书馆开始迁往红楼❷,10月22日图书主任发出公告,"本馆办公室一概迁至新大楼第一层,各阅览室亦皆布置完竣,自今日起即在新舍照常办公。"❸图书馆的搬迁工作结束,意味着红楼已经完全投入使用。

以下将根据《北京大学文科一览》附图逐次对1918年红楼各层各房间的使用状况进行考证,文章将涉及到北大组织机构、教职员、学生、教学等各个方面,特别关注新文化运动倡导者们工作、学习的地方,力图真实、细致地揭示当年红楼的原貌。

---

❶ 胡适在9月27日给母亲的信里说"大学因新屋一时不能搬好,故须至十月二日始上课。"《胡适家书》,第217页。
❷ 《图书馆主任布告》,《北京大学日刊》1918年10月14日第2版。
❸ 《图书馆主任布告》,《北京大学日刊》1918年10月22日,2版。

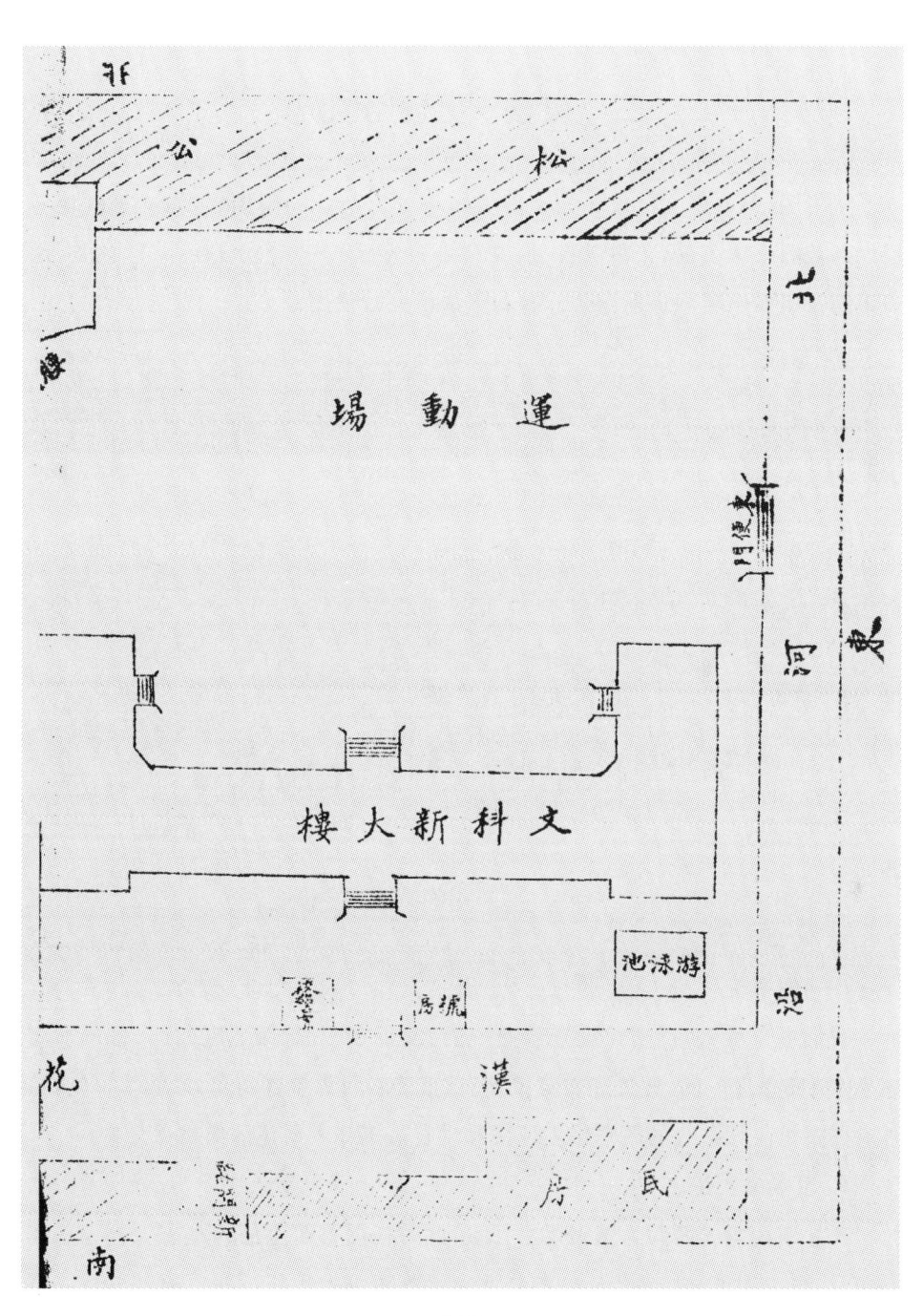

图3

二　红楼一层使用情况

从附图《第一层文科教务处及图书馆全部》（简称一层图）可以看到红楼一层大部被图书馆占据，文科教务处、文科事务室及校医室也设在一层，此外，图书馆还拨出两个房间供新潮杂志社和书法研究社使用。

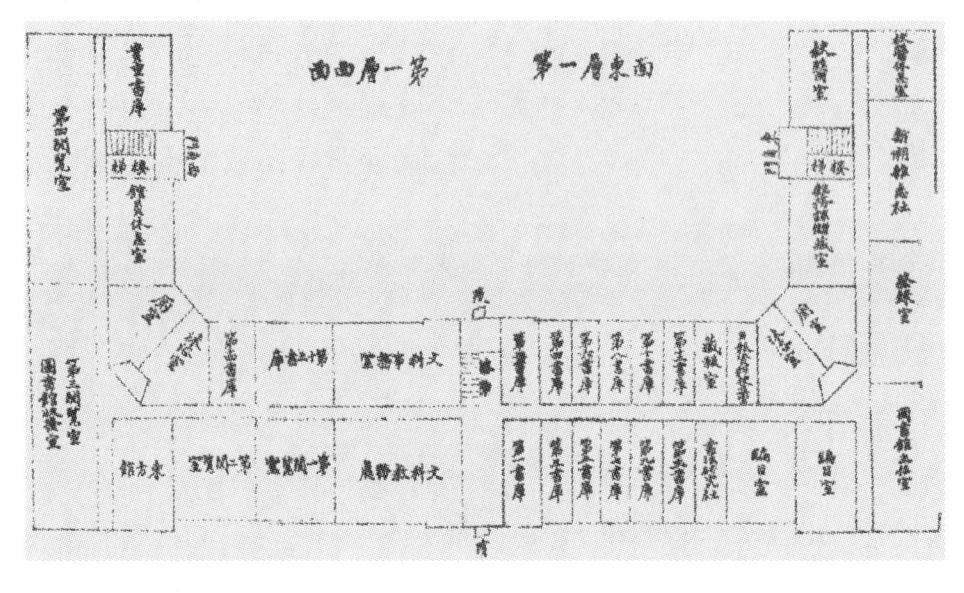

一层图

（一）图书馆

我们可以看到，图书馆设登录室一间、编目室两间、阅览室四间、普通书库14间，贵宾书库一间，此外还有藏报室、日报资料收集室各一间，东方馆一间，另外有图书馆主任办公的图书馆主任室和供普通工作人员用的馆员休息室。

1. 图书馆主任室

一层东南角的两间为图书馆主任室，此时任图书馆主任的是李大钊。1918年1月，李大钊正式接替章士钊担任北京大学图书馆主任一职。他不仅是一位伟大的马克思主义者和杰出的革命家，同时也是一位成就卓著的图书馆学家，在蔡元培校长的关注和李大钊的直接领导下,北大图书馆开始跻身于国内外先进图书馆的行列,成为一所成熟的大学图书馆。❶ 李大钊对于北大图书馆的贡献,此不赘言。值得一提的是,在李大钊的主持下,北大图书馆变成了传播新思想、新文化和宣传马克思主义的阵地,而这个阵地的核心就是图书馆主任室。

由于李大钊平素谦虚和蔼,待人诚恳,又有方便阅读新书的条件,当时不少教师和学生都喜欢到图书馆主任室聊天,图书馆被人称为"饱无堂",在这个地方"无师生之别,也没有客气及礼节等一套,大家到来大家就辩,大家提出问题来大家互相问难"❷。《北京大学日刊》就载有这样的事情:一日,罗家伦在这里遇见刘半农,想起一首歌谣,"立刻就在李守常先生桌上写给"刘半农。❸ 在这样的碰撞和争论中,许多新知识得以传播,许多新思想得以激发。一些学生终于不满足于空谈,组织起来创办了一个杂志,这就是后来鼎鼎有名的《新潮》。

上个世纪 20 年代,北大红楼是马克思主义传播的重要阵地。俄国十月革命后,李大钊对其进行热情地宣传,他的著名文章《庶民的胜利》、《Bolshevism 的胜利》等就在他的办公室写作完成。李大钊看好俄国的道路,开始全面研究马克思主义。1919 年 5 月,他发表《我的马克思主义观》,比较系统地介绍了马克思主义的一些基本原理,表明他已经成为一名马克思主义者。1920 年 3 月,李大钊发起成立北大马克思学说研究会,"研究马克斯派的著作"❹。1920 年 7 月,李大钊受聘为北大政治系教授,率先在北大开设唯物史观、社会主义史、社会主义与社会运动等马克思主义理论课程。1920 年以后,政治系本科课程在红楼上课,李大钊讲授的这些课程应该都在是红楼上的。此外,1921 年底到 1922 年初,李大钊曾连续五次在红楼三层第三教室演讲《工人的国际运动》。❺

1920 年春,共产国际代表魏金斯基来华,通过北大俄籍教员的介绍,与正在

---

❶ 参见吴晞:《北京大学图书馆九十年记略》,北京大学出版社 1992 年。
❷ 罗家伦:《蔡元培时代的北京大学与五四运动》,台湾《传记文学》第 54 卷第 5 期。
❸ 《罗家伦君与刘复教授往来之函》,《北京大学日刊》1918 年 11 月 25 日第 3 版,当时刘半农在征集全国歌谣。
❹ 《北京大学日刊》1921 年 11 月 17 日第 3 版。
❺ 《北京大学日刊》1921 年 12 月 21 日第 1 版、1922 年 2 月 8 日第 1 版、2 月 15 日第 1 版、2 月 22 日第 1 版、3 月 1 日第 1 版。

进行马克思主义研究的李大钊进行了接触。两人在红楼图书馆主任室谈话后，李大钊找罗章龙、张国焘、李梅羹、刘仁静等马克思学说研究会会员同魏金斯基会面。据张国焘回忆，李大钊与张申府、张国焘一起几次在他的办公室商谈建立中国共产党的问题。❶ 1920年10月，经过一系列准备工作，北京的共产党早期组织在李大钊的办公室正式成立，当时取名为"共产党小组"。❷

2. 登录室

我们可以看到，在图书馆主任室的隔壁就是登录室，登录室主要负责新到书刊的登录。共产党的老朋友张申府曾在这里工作过。据他回忆，"我的工作室标为登录室，在主任室的旁边。其时，李大钊组织一些学生"勤工俭学"，课外帮助整理图书，翻译、编目、打印卡片等，我则负责检查和校对。毛泽东来北大时，一度也参加了这项勤工俭学活动，担任登录工作。"❸

3. 阅览室

如图所示，在文科事务处、文科教务处以西多为阅览室。第一阅览室供阅览中外杂志，图书馆从马神庙搬到红楼，第一阅览室是最先布置完毕向读者开放的。10月16日，图书主任布告："本馆第一阅览室设在新大楼第一层第二十九号室，专备阅览中外杂志之用。现已布置完竣，由十六日起每日上午九时至十二时，下午一时至五时启室办公，晚间暂停。"❹ 东方馆大概专供览日文杂志，而第三、第四阅览室供阅览图书。❺

第二阅览室在第一阅览室西侧，用来陈列各种日报，这间阅览室因毛泽东曾在这里工作而闻名于世。截止到1918年10月份，第二阅览室陈列中、英、日文日报共十四种❻，分别是北京出版的《甲寅日刊》、《国民公报》、《惟一日报》、《顺天时报》、《华文日报》，天津《大公报》、长沙《大公报》、上海《神州日报》、《民

---

❶ 张国焘：《我的回忆》第一册，第105页，东方出版社1998年。
❷ 《中国共产党历史》第一卷上册，第76页，中共党史出版社2002年。
❸ 张申府：《从藏书楼到红楼》，《文汇报》2002年8月30日。
❹ 《北京大学日刊》1918年10月16日第1版。
❺ 据《北京大学日刊》1919年11月18日第1版《图书馆布告》推测。
❻ 见《北京大学日刊》1918年10月26日，29日第2版《图书主任布告》上记日报共15种，但在同页《第二阅览室所陈日报一览表》中，北京出版的日文的《新支那》出现了两次。

国日报》、奉天《盛京日报》、杭州《之江日报》、英文《导报》、日文《新支那》和《大阪朝日新闻》。1918年8月,为组织湖南新民学会会员去法国勤工俭学,毛泽东第一次来到北京。为方便在北大征求会员并解决生计问题,毛泽东希望在北大找一个差事,他通过以前的老师杨昌济的关系找到蔡元培校长,蔡元培建议毛泽东在北大图书馆工作,并写了一张便条给李大钊,在李大钊的安排下,毛泽东得以在图书馆工作,他工作的地方就是这个第二阅览室,每天负责登记新到的报刊和前来阅览者的名字,管理以上提到的中外文报纸,领取八块钱的薪金。就是在这里,他在那些来阅览的人当中,认出了一些有名的新文化运动的头面人物的名字,如傅斯年、罗家伦等等。❶ 也就是在这里,毛泽东读到了李大钊发表在《新青年》上的《庶民的胜利》、《布尔什维主义的胜利》两篇欢呼十月革命的著名文章。❷

(二)文科教务处和文科事务室

北大文科教务处和文科事务室也设在红楼一层。文科教务处设事务员二人,下属书记五人,承学长之命,管理以下十项事务:(一)办理各种试验并核算宣布成绩;(二)掌理关于教务之各项表簿文件;(三)刷印保存中西文讲义及试题;(四)教员学生每日上堂下堂事务;(五)登记教员学生缺席请假;(六)排定教员实验室学生位次;(七)学生退学休学事项;(八)保管学生保证书、愿书、文凭;(九)登记学生之成绩、进退、履历及校外住址;(十)进退关于教务处仆役,商同杂务课办理。❸

(三)新潮杂志社和书法研究社

蔡元培先生出任校长后,为打破旧有的迂腐之气重塑北大进步之校风,大力提倡组成具有积极意义的社团,开展各种有益的活动,书法研究社和新潮杂志社就是其中有代表性的社团之一。

---

❶ 埃德加·斯诺著、董乐山译:《西行漫记》,三联书店1995年,第127页。
❷ 关于毛泽东在北大图书馆工作情况也可见萧超然:《青年毛泽东两次北京之行考述》,《党的文献》1991年第4期,此不赘述。
❸ 《北京大学文科一览》第61页上至第65页下。

1. 书法研究社

以"昌明书法，陶养性情"为宗旨的书法研究社是由罗常培、俞士镇、薛祥绥、杨湜生等学生发起，1917年12月21日成立，其主要活动为"每周任写各体书呈教员评定"。书法社的成立得到了蔡元培校长的大力支持，他请来对书法颇有研究的文科教授马衡、沈尹默、刘季平做书法研究社的导师。为方便社员临摹学习，他还同意为书法研究社购置碑贴，并请马衡"开列碑版名目"，请沈尹默、钱玄同"开列草书碑帖名目"，又托马衡"随时购买碑贴"。书法研究社初无固定社址，又是蔡元培"往见图书馆长请将图书馆内小屋让出"为该社藏碑帖。❶ 1918年12月13日，书法研究社在新觅得的社址，即红楼一层第十三号，开第四次大会，"改选执事并筹进行方法"。❷ 大会修订了该社简章，申明"学校备储各种碑帖于本社俾众观览"，由新改选的经理社中事务的"执事""每天在社办公二小时（午后一时至三时）"，"凡在办公时间社员可随意入览碑帖"。当天当选的执事有廖书仓、刘翰辜、杨湜生和薛祥绥。❸

廖书仓，字大酉，1888年生，湖南永兴人，1918年毕业于北大法科政治学门，❹后在北大法科研究所读研究生❺。据当年的法科学生陶希圣回忆，廖书仓写一手好字，学校附近很多商店都请他写招牌，所以在学校内外都很有名。❻ 这也是廖书仓得以高票当选执事的原因吧。廖书仓不但参加了书法研究社，也是蔡元培先生发起成立的当年北大又一著名社团——进德会的会员。1919年3月，他与邓康（后改名邓中夏）一起发起成立北京大学平民教育讲演团，并当选为总务干事。❼ 平民讲演团以"增进平民智识、唤起平民之自觉心"为宗旨，在街

---

❶ 《书法研究社报告》，《北京大学日刊》1918年2月22日第3版。
❷ 《书法研究社启事》，《北京大学日刊》1918年12月10日第3版。
❸ 《书法研究社通告》，《北京大学日刊》1918年12月16日第2、3版。
❹ 《在校同学录》，见《国立北京大学廿周年纪念册》，第124页。
❺ 《北京大学日刊》1918年12月21日第4版，《廖书仓等津贴已停》载"本校研究生廖书仓……等津贴，现接湖南省长公署来函，略谓该生等在研究所，并不纳学费，又可兼任他职，所原有之津贴，应即停止"。
❻ 沈宁：《五四运动和北京大学》，香港《明报月刊》2005年5月。
❼ 《北京大学日刊》1919年3月26日。

头对广大平民进行讲演,讲演内容以反帝反封建为主。❶ 1919年4月3日,平民讲演团第一次在街头讲演,廖书仓头一个作讲演,讲"平民教育讲演之意义"❷。

1919年5月3日,巴黎和会外交失败的消息传来,当天北大法科学生在学生食堂刚吃过中午饭,人还没散,廖书仓跳上一个桌子,挥着胳膊大声说:"今天晚上我们在法学院的礼堂集会。我们中国在巴黎和会上失败。我们要把国家兴亡担在自己的肩上。要么中国,要么死。"❸北大学生当晚七时在北大法科大礼堂召开全体学生大会,并约请北京十三个中等以上的学校代表参加,大会推举廖书仓为临时主席,组织第二天的游行。❹ 这就是震惊中外的五四运动。

2. 新潮社

在登录室北侧,即红楼一层二十二号,是新潮社社址所在地,新潮社毫无疑问是五四时期北大最有影响的社团之一,关于新潮社的研究很多,这里着重强调的,一是《新潮》的创立得到了新文化运动主将们的大力支持,内容上与《新青年》共同擎起了"白话文学"的旗帜,在全国特别是学生界产生了重要影响。二是新潮社虽是个非常小型的组织,在1918年11月19日正式成立的时候,只有21个会员,最多时也没超过41个,但新潮社的大多数会员后来都成为"五四运动"中的学生领袖,并且从那时候起,在近代中国思想和社会的发展方面都扮演过重要的角色。❺

新潮社主要会员及成就:傅斯年(1896—1950):历史学家,曾任中央研究院历史语言研究所所长,台湾大学校长;罗家伦(1897—1969):史学家、教育家,曾任清华大学、中央大学校长;顾颉刚(1893—1980):历史学家及民俗学家;康白情(1895—1959):抒情诗人;毛准(子水,1893—1988):教育家及国学家,曾任北京大学图书馆馆长;江绍原(1898—1983):宗教历史学家;汪敬熙(1897—1968):短篇小说家、生理学及心理学教授;何思源(1896—1982):曾任山东省主

---

❶ 《五四时期的社团》(二),第134页,三联书店1979年。
❷ 《平民教育讲演团纪事》,《北京大学日刊》1919年4月11日第3版。
❸ 沈宁:《五四运动和北京大学》,香港《明报月刊》2005年5月。
❹ 许德珩:《五四运动在北京》,《五四运动回忆录》(上),第215页,中国社会科学出版社1979年。
❺ 周策纵:《五四运动史》,第74页,岳麓书社2000年。

席和北平市市长;李荣弟(小峰,1897—1971):出版家,(他的北新书局出版了不少重要的新文学作品);俞平伯(1900—1990):诗人,红学家;郭希汾(绍虞,1893—1984):中国文学批评史专家;孙福源(伏园,1894—1966):《晨报》副刊编辑、作家;孙福熙(春台):短篇小说家;谭鸣谦(平山,1886—1956):中共早期领导人;高尚德(君宇,1896—1925):中共早期领导人;杨振声(金甫,1890—1956):作家,曾任青岛大学校长;刘秉麟(南陔,1891—1956):经济学家;孟壽椿(1896—?):暨南大学文学院院长;冯友兰(1895—1990):哲学史家、哲学家;朱自清(1898—1948):散文作家、诗人;高元(承元,?):语言学家;潘家洵(介泉,?):作家。

(四)校医室

学校是人口密集的地方,卫生工作自然很重要。在红楼一层的东北角设有校医室和校医休息室,当年北大学生看病就是在这个地方。蔡元培对卫生工作非常重视,学校原有刘兆霖和陈鹏校医两人❶,蔡校长又延聘法国医院院长贝熙业博士为校医,贝博士每星期六午后四时至五时到北大出诊。❷ 1918 年 10 月 14 日,蔡元培又与夏循坦、贝熙业、陈世璋、陈鹏等发起组织以促进本校职员及学生公共卫生与个人卫生为宗旨的北京大学卫生学会。❸ 校医主要有检查新生体格、诊察学生病症、施种牛痘等职责,还要负责检查食品及寄宿舍清洁,遇有传染病发生时要及时采取措施,要能"施行健康诊断"。❹ 北大校医薪金较高,与图书馆主任和庶务主任属于同一级别,最高者每月有 200 元。❺

三 红楼第二层使用情况

如《第二层各办公室及教室》图(简称二层图)所示,红楼二层主要是校部各

---

❶ 《职员一览》,见《国立北京大学廿周年纪念册》第 61 页。
❷ 《本校增延校医记》,《北京大学日刊》1918 年 10 月 4 日第 5 版。
❸ 《北京大学卫生学会之组织》,《北京大学日刊》1918 年 10 月 14 日第 3 版。
❹ 《规程一览》,见《国立北京大学廿周年纪念册》第 8 页。
❺ 《规程一览》,见《国立北京大学廿周年纪念册》第 6 页。

办公室,即校长、各科学长、庶务主任及其下辖斋务、杂务、会计各课办公的地方。以上各处除校长室、教职员接待室都集中在二层东面,红楼二层西面主要是教学区域,此外出版部也设在这里。

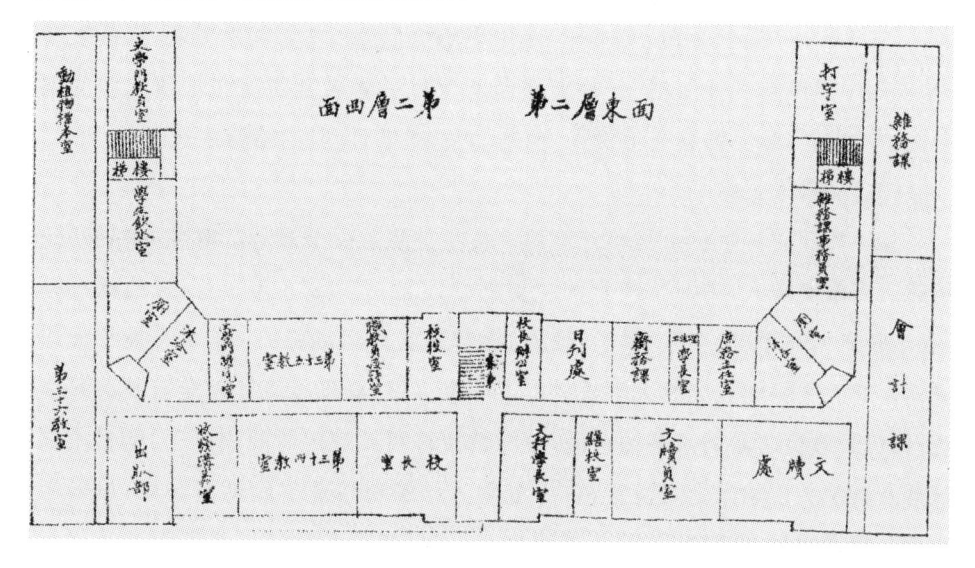

二层图

(一)校长室

进入红楼上二楼,右手朝南的第一间房就是当年蔡元培校长在红楼的办公室。[1] 到1918年下半年,蔡元培任北大校长已近两年,他主持的北大学科改革,也已初见成效,工、商两科停办,文、理两科扩充,增设史学门和地质学门,文、理、法三科各自成立研究所,校内学术研究风气日渐浓厚,社会上对北大给予了高度评价:"国立北京大学自蔡子民整顿以来,形式上精神上大有可为"。

从图中我们可以看到,在校长室对面是职教员接待室。接待室有时也用来临时召集人员或召开教职员会议。例如1918年12月30日,学校为送别杜伯斯克先生,曾召集法文门教员及学生齐聚职教员接待室,以便摄影留念。[2]

从校长室出来往西靠北的第一个房间是校长办公室。校长办公室设秘书

---

[1] 1918年下半年,红楼设校长室,景山东街校长室仍然留用。
[2] 《本校致法文门教员及学生诸君函》,《北京大学日刊》1918年12月19日第2版。

一人,办理校长函件往来事务。❶ 当时的秘书是北大最年轻的文本科教授、25岁的徐宝璜。徐宝璜(1894—1930),字伯轩,江西九江人。1912年赴美国密西根大学攻读经济、新闻等专业。1916年回国,被聘为北京大学教授兼校长室秘书。1918年他编写出版的《新闻学》是中国历史上第一本新闻学专著,因此被誉为"新闻学界最初的开山祖"。徐宝璜是北大另一著名社团新闻学研究会的副会长、导师和实际上的会务负责人,也是《北京大学日刊》的编辑主任。

(二)文科学长室

陈独秀的文科学长室与蔡元培的校长室仅隔着一个过道。陈独秀(1879—1942),安徽安庆人,中国共产党的主要创始人之一。1915年9月,陈独秀创办《青年杂志》,高举"民主"、"科学"大旗,掀起新文化运动;1917年1月被蔡元培邀请做北大文科学长。北大学长有以下职责:(甲)襄助校长计划全校及各科之进行;(乙)教员之延聘及解约;(丙)分配教授科目及规定时间表;(丁)购置书籍仪器及其他关于学术上之设备;(戊)处理入学编级毕业奖励惩戒各事;(己)考察教员授课情形;(庚)凡与教员接洽事宜;(辛)指挥管理仪器员登记整理保存修缮各仪器;(壬)编制各科预算。❷ 陈独秀无疑是一个称职的学长,他上任后,致力于北大文科的改革,他请胡适、刘半农等新派人物来北大任教;扩充文科,增设新系;允许学生自由选修各课,废除一切课程全部必修的规定;整顿课堂纪律,制定考试制度;采购图书,广设阅览室,为学生提供学习条件❸,使北大文科成为新鲜活泼、民主自由的园地。

新文化运动中很有影响的《每周评论》就诞生在这间学长办公室。由于《新青年》重在输入学理,不在批评政治,况且它又是月刊,出版周期长,纵然是能谈论时政,也还是远离现实,难得要领,《新青年》同人商量再办一个"更迅速,刊期短,与现实更直接"的刊物。1918年11月27日,陈独秀在这间办公室召集李大钊、胡适、周作人、张申府、高一涵、高承元等开会,议定创刊《每周评论》。会上

---

❶ 《大学组织章程》,《北京大学日刊》1919年12月6日。
❷ 《规程一览》,见《国立北京大学廿周年纪念册》第8—9页。
❸ 陈独秀对北大文科改革详见任建树:《陈独秀大传》第144—146页,上海人民出版社2004年。

"公推陈(独秀)负书记及编辑之责,余人俱任撰述。"❶《每周评论》于1918年12月22日创刊,这是份四开四版的小型报纸,逢周日出版,编辑所就设在文科学长室内。

红楼二层东侧北面还设了一间理、法、工学长办公室。各科学长应该有自己的办公室,这大概是这几位学长在红楼落脚的地方。当时理、法、工学长分别是夏元瑮、王建祖、温宗禹。

(三)文牍处、缮校室

文科学长室以东是缮校室,是抄写、校对各种文件的地方,缮校室设事务员一人。再往东是文牍处,文牍处设事务员两名,❷承校长、学长之命掌理以下事务:(甲)起草各种函牍送校长、学长及主任阅看后缮发;(乙)缮写宣布校长牌示;(丙)管理收发文件;(丁)保存各种卷宗;(戊)掌管校中印信;(己)编制本校统计及报告;(庚)登记全校人员之进退及其履历住址。❸

(四)庶务处

红楼二层东侧一大半的办公室都是庶务处的。北大庶务处分斋务、杂务、会计三课,各设事务若干人,受庶务主任管理。当时的庶务主任是李辛白。斋务课负责管理寄宿各事务:(甲)稽查学生出入并编定斋舍号位;(乙)掌管食堂、调养室、阅报室、憩息室、盥所、卧室及其他关于舍内卫生秩序等事;(丙)预防舍内火灾及其他危险;(丁)凡舍内设备修缮及整理保存各项器具商同杂务课办理。杂务课负责杂务:(甲)办理校具之设备整理及修缮;(乙)掌理校具总册并随时清查之;(丙)掌管全校清洁事务;(丁)管理全校仆役;(戊)稽查门禁及校内消防;(己)掌理储藏室事务。会计课的职责是:(甲)经理银钱出入并保存关于银钱出入之一切证据;(乙)保存校中重要物件;(丙)编制预算决算;(丁)经理各学生官费并存寄款项。❹

---

❶ 高承元遗稿《一九一三年——一九二五宣传民主革命之报刊》,《广东文史资料》第24期第124页,事实上胡适因母丧南归,应该没能参加这个会。

❷ 《职员一览·现任职员录》,见《国立北京大学廿周年纪念册》第61页。

❸ 《规程一览》,见《国立北京大学廿周年纪念册》第9—10页。

❹ 《规程一览》,见《国立北京大学廿周年纪念册》第11页。

李辛白(1875—1951),安徽无为人,新文化运动倡导者之一。1907年,李辛白在上海创办《白话日报》,该报完全采用白话文,这在中国报业史上尚属创举,因此被胡适誉为"我国白话文的开山老祖"。1917年初,李辛白受聘于北大任庶务主任,后又任出版部主任,负责全校书刊杂志的编辑、出版工作。1919年8月,李辛白创办《新生活》周刊,这是五四时期很著名的小型通俗刊物。李辛白创办这个刊物,是想把新文化运动的影响扩大到民间去。当时新文化运动中的著名人物如蔡元培、李大钊、陈独秀、胡适等都积极为该刊撰稿。《新生活》文字通俗简短,结合实际,采用人民喜闻乐见的多种多样的形式,编排成生动活泼的版面,售价又低,因此深受社会欢迎,发行面很广。❶

(五)日刊处

在校长办公室西侧是日刊处,即《北京大学日刊》编辑处。《北京大学日刊》(以下简称《日刊》)创刊于1917年11月,是北大最早创办的刊物。《日刊》是北大公报性质,每天出刊,刊登新闻和公告,将校内每日情况向师生发布。它为研究北大历史留下大量资料,"校中兴革诸端,自此易于征考"❷。同时《日刊》在传播新思想、新文化、新学说,介绍北大进步师生、进步社团的活动方面做出了突出贡献。可以说,《日刊》对新文化运动的发展起了重要的推动作用,也记录了新文化运动的全过程。

《北京大学日刊》的创办发展与新文化诸子的努力是分不开的。创办《日刊》是蔡元培任北大校长后的改革措施之一。在蔡元培接长北大以前,校中除了规程以外,很少有出版品,全校师生没有联络感情和交换意见的地方。《日刊》创办后,除发表校中消息,又刊登师生的论文及讨论驳难的文字,增强了学术研究的空气。学生对学校的建议也送登《日刊》,学校当局择其可行者立即督促有关部门实行。学生与学校间的意见得以很好地沟通。❸ 蔡元培请来徐宝璜担任《日刊》主任,经理一切事务。日刊处设在校长办公室旁边,非常方便徐宝

---

❶ 参见马俊如、童毅之:《李辛白:创办白话报的爱国志士》,《炎黄春秋》2003年第7期。
❷ 国立北京大学志编纂处编印《国立北京大学校史略》,1933年。
❸ 参见陶英惠:《蔡元培与北京大学 1917—1923》,中央研究院近代史研究所集刊第5期,第284页。

璜办公。又请陈独秀、沈尹默、胡适之、孙国璋为《日刊》编辑。❶

日刊处除主任外，设事务员、书记各一名。事务员负责招登广告、发送稿件、管理印刷、发卖日刊、购买纸张等，书记负责"办理缮写校对各事"。❷

(六)出版部

如图所示，在第三十六教室东侧为出版部和收发讲义室。20世纪初，高等教育方兴未艾，教材少之又少，北大的教材多仰仗于教师的讲义。当年北大的教员自编讲义后在上课前七日把讲义送到缮校室，由缮校室送到排印处印刷，再交由各科收发讲义室发到学生手中。❸ 1918年3月，因印刷品日渐增加，北大改收发讲义室为出版部，隶属于图书馆。❹ 1918年11月，经校评议会决定，出版部由11月26日起改隶属于庶务主任，负责"经理本校印刷出版物，并掌理各科讲义。"出版部有三个主要职责，一是出版印刷本校教职员著作，胡适的《尝试集》、《中国哲学史大纲》卷上，梁漱溟的《印度哲学概论》最早都是北大出版部出版的；二是设售书处，存置本校及外校出版物，以供销售，《北京大学日刊》上出版部的广告比比皆是；三是设收发讲义处，"存置讲义，豫备配发"。出版部"设事务员二人，书记若干人，承庶务主任之命，司理本部一切事务。"❺

(七)1918年北大史学门概况

红楼二层西侧主要是教学区，参考《北京大学文科一览》内附《文科教室一览表》(见图)，红楼内各教室基本是固定使用，第三十四教室为一年级史学门教室，第三十五教室为二年级史学门教室，第三十五教室西侧是史学门阅览室，西侧朝东的一间为史学门教员室，可见二楼西侧是史学门的办公及教学区域。1910年北大曾设"中国史学门"，1913年，由于经费短绌等原因，史学门没有续办。1917年，蔡元培就任北大校长，在学科设置上，他认为应以文、理两科为主，因此，他在经费有限的情况下，决定停办工科和商科，努力充实北大的文、理两

---

❶ 《一览表》，《国立北京大学廿周年纪念册》第6页。
❷ 《日刊编辑部组织法》，《北京大学日刊》1918年2月18日第2版。
❸ 《印发讲义办法》，《北京大学日刊》1917年12月8日第2、3版。
❹ 《北京大学日刊》1918年3月15日第3版。
❺ 《北京大学日刊》1918年11月26日第3版。

文科教室一览表

科，首要的举措，便是计划在暑假后，文、理两科各增设一门，"即史学门及地质学门"。于是在1917年暑假后，北京大学文科恢复开设中国史学门。❶ 当时史学门共有两个年级的学生，共47人。❷

四　红楼三、四层使用情况

结合《北京大学文科一览》上《文科教室一览表》和《第三层教室及国文研究所》(简称三层图)、《第四层教室及哲学、英文研究所》(简称四层图)就会发现，红楼三、四层是北大文预科及本科各门教室所在地和国文、哲学、英文三部研究所所在地。为了更好地了解红楼三、层的使用情况，先要了解1918年北大文科的组织建置、教员、学生的情况。

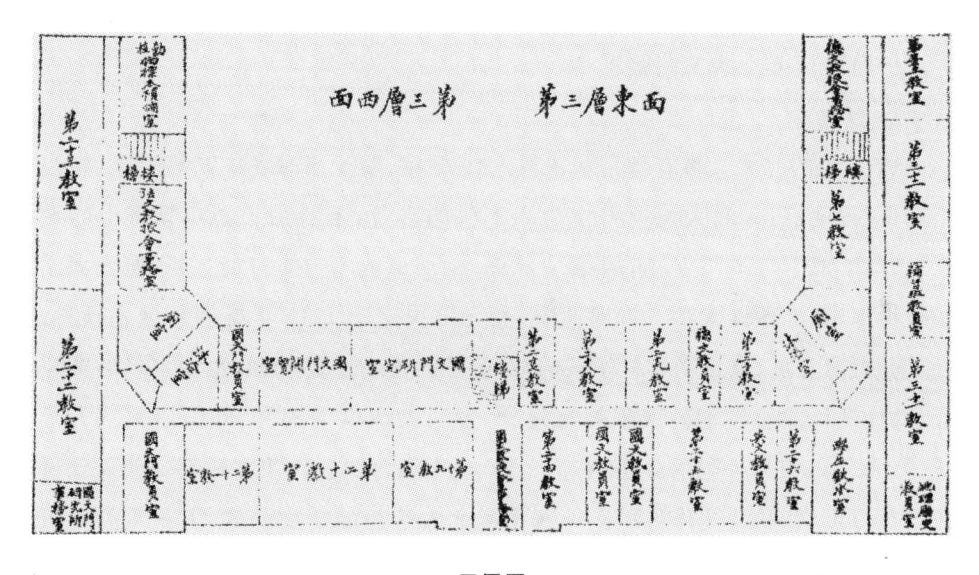

三层图

---

❶ 参考郭卫东、牛大勇：《北京大学历史学系简史(初稿)》第16、20页。
❷ 《本科学生名数表》，见《北京大学文科一览》。

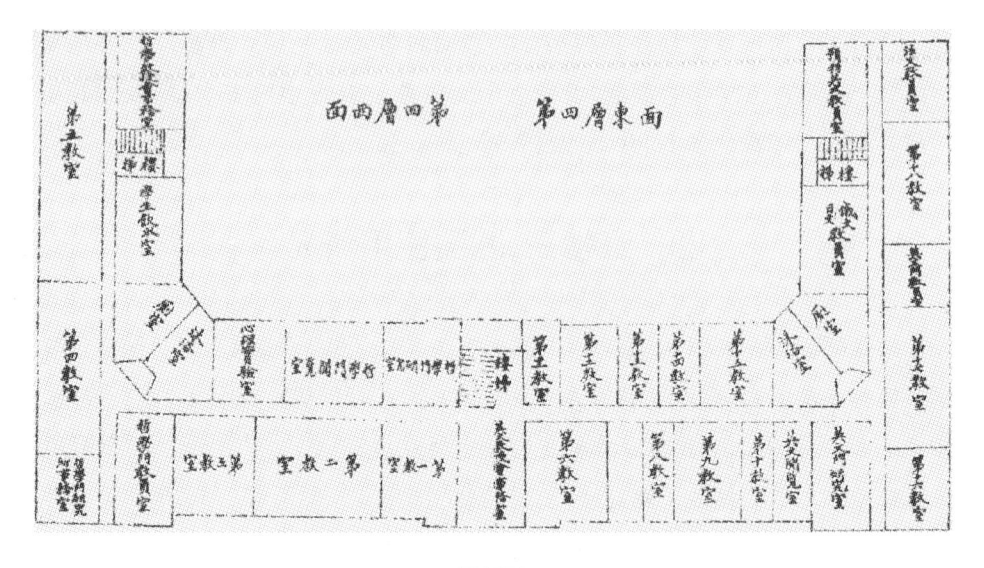

四层图

(一)1918年北大文科概况

1. 预科

1918年的北大文科有预科和本科。1912年,鉴于当时各中高等学堂(相当于高中)程度不齐,北大设预科作为入本科的准备,不料由于历年管理上的放任,预科形成了与本科争胜的半独立状态,一切课程不与本科衔接,不愿受大学校长指挥,自称预科大学。针对此弊,蔡元培决定于1917年暑假后废止预科,使其分隶属各科,直接受本科学长的管理,预科中的主要功课,也由本科教员兼任,并使预科课程与本科课程相衔接。❶ 预科功课以中国文、外国语两项为最重。❷ 预科以第一外国语分班,有英文班、法文班、俄文班、德文班等。此外预科还设补习班,补习班是针对那些外省报考北大落榜的学生开的,上一年补习班后再行考试,成绩优良的得入预科。❸

---

❶《本科现行课程表》、《预科现行课程表》,见《北京大学文科一览》。
❷《申报》1919年10月11日,转引自《北京大学史料》第2卷第68页。
❸《沿革一览》,见《北京大学廿周年纪念册》第32页。

2. 本科

1918年北大文本科设国文门、哲学门、英国文学门、史学门、法国文学门五学门，其中，国文门、哲学门、英文门历史悠久，史学门和法文学门是蔡元培校长上任后新设的❶。

3. 教员

前文已述，蔡元培主持北大，安排人事之先在文科。当时北大文科可谓群星云集，此不赘言。❷ 截止到1918年12月，北大文科共有教员67人❸，从红楼二、三、四层图可以看到，文预、本科都有教员室。教员室是供教员休息的地方，学生们可以在这里向教员请教问题，有时也用来开会。❹ 本科各学门各有一教员室，预科教员和其他相关教员的教员室以学科划分，有国文教员室，英文教员室，德文教员室，有地理历史教员室，还有教授本预科第二外语教员的俄文、日文教员室，可参看《文科教室一览表》。

4. 学生

据1917年9月公布的《修正大学令》，大学本科的修业年限为四年，预科为二年。"❺但实际上，1918年北大本、预科还是循旧制，各以三年为限。截止到1918年12月，预科有三个年级的学生共298人。❻ 本科国文门、哲学门、英文门有三个年级的学生，史学门有两个年级的学生，法文门只有一个年级的学生。

本科各门除正式生外还有选科生和旁听生。当时北大文、法本科各门有缺

---

❶ 《北京大学文科一览》的《本科现行课程表》只介绍法文门第一学年的课程，则法文门为1918年暑假后设置。

❷ 参见陶英惠：《蔡元培与北京大学1917—1923》，中央研究院近代史研究所集刊第5期，第276—278页。

❸ 据《北京大学文科一览》中的《教员表》统计。

❹ 《北京大学日刊》1918年10月31日第一版《梁漱溟启事》："今别为孔子研究一门，于研究所犹持前志，其以佛法为问者，溟星期二、五早晨必在哲学门教员室。"又1918年10月9日《哲学门教授会启事》："兹订于下星期一日午后三时在哲学教员室开会讨论本学门事宜，届时务请哲学门教授诸君出席。"又1918年11月22日第二版《法科研究所通知》："陶履恭先生订于下星期一日午后三时在文科第四层楼上教员室与政治门四年级学生商酌译名事宜，例应与会诸君届时务希前往为要。"

❺ 《教育杂志》第9卷第12号，1917年12月，转引自《北京大学史料》第2卷第102页。

❻ 《预科学生名数表》，见《北京大学文科一览》。

额时可以收选科生和旁听生。选科生和旁听生不用通过北大入学考试,经过一定的手续可以在北大学习。选科生入学比旁听生复杂,待遇也较旁听生为优。选科生入学时须有相当学力,所选科目须经该教员面试许可,选科生可以在各科学门课程中择修一种或数种功课,功课试验合格由各科给与修业证书,还有机会成为正科生。旁听生入学无须考试,但须有介绍函或履历书,经校长或学长许可后,可赴教务处报名缴费领取旁听证,成为北大旁听生,旁听生不能参与各种考试,也不给修业证书。❶ 这种制度,特别是旁听制度的建立为更多青年提供了受教育的机会,培养了人材,也充分体现了北大的开放性与包容性。1918年下半年,成舍我(成平,1898—1991,著名的新闻家与出版家),就在国文门一年级做选科生。而后来的"副刊大王"孙伏园(福源,1894—1966),也在国文门做旁听生。❷ 截止到1918年12月,文本科共有285人。

从红楼二、三、四层图可以看到,除普通教室外,二楼有动植物标本室,三楼有动植物标本预备室,四楼有心理实验室,这是因为哲学门第一、二学年及预科第三学年都有李石曾开设的"生物学",而哲学门第二学年有陈大齐开设的"心理学实验"。❸ 哲学门设理科课程,这与当时人"哲学研究的材料来源于自然科学"的观念相符。❹

当时学生上课以自鸣钟为号,教员没讲完,学生不能先离开教室;每班的座次都是固定的,学生要对号入座。教员有时要点名,学生未到则记为旷课,旷课者名单会在《北大日刊》上定期公布,同现在之通报批评。学生在教室内外不得有"大声叫唤、歌唱、毁坏桌椅门窗玻璃等",也不能有"涕唾于地",涂抹"墙壁、黑板、坐几"之行为,听讲时"不可稍有形容困顿精神不振"之行为,也不能"阅览本堂课本以外之书报"。❺

---

❶ 《规程一览》,见《北京大学廿周年纪念册》第39、40页,《文法科选科生及旁听生规则》,见《北京大学日刊》1918年6月8日第3版。
❷ 《选科生及旁听生姓名表》,见《北京大学文科一览》。
❸ 《本科现行课程表》、《预科现行课程表》,见《北京大学文科一览》。
❹ 《傅君斯年致校长函——论哲学门隶属文科之流弊》,见《北京大学日刊》1918年10月8日第3、4版。
❺ 《教室规则》,见《北京大学廿周年纪念册·规程一览》第48页。

红楼二、三、四层都有学生饮水室,楼层之间交错设置,非常人性化。

(二)教授会、研究所、阅览室

1. 教授会

当时北大文科的三大系都设有研究所、教授会和阅览室。蔡元培受德国大学的影响,主张实行民主办校,教授治校。并于1917年设评议会为全校的最高立法机构,凡大学立法均须评议会通过,以"容纳众人意见";同时它又是全校最高权力机构,凡关于各学科的设立及废止,各门课程的增损与改革,以及聘请教授等,都必须经过评议会审核通过,然后才能付诸执行。评议会由评议员组成,校长为议长,又包括各科学长和由教授推举的教员。但校长和学长仍是少数。1917年底,又组织各科教员成立教授会,以各科各门之重要学科各自合为一部,每部设一教授会,无论研究科、本科、预科,教授、讲师、外国教员皆为本部教授会的会员。各教授会设主任一人,由教授互选,任期二年。当时北大文科共设五教授会,国文教授会主任是沈尹默,英文为胡适,哲学为陶孟和(履恭),法文为贺之才,德文为顾兆熊。❶ 教授会对"本部教授法之良否"、"本部教科书之采择"有"讨论议决之责",对"本部学科之增设及废止"及"本部应用书籍及仪器之添置"有"参预讨论之责",并要"编纂本部学科课程详表一册,列举各学科为有统系的编纂,并略说各科之内容及应用之课本及参考书,……于每前一学年第二学期编成发行之。"每教授会有事务所一处,为主任与各教员接洽之所。❷ 有一段时间,胡适每日都在英文教授会办公。❸

2. 研究所

1917年底,北大评议会通过设立文、理、法三科研究所,每科研究所下是独立的学门,各所主任由校长于教员中委派一人担任,学校高年级学生,得到研究所主任的认可,可入所研究,称为研究员。毕业生以外与本校毕业生有同等程

---

❶ 《一览表》,见《北京大学廿周年纪念册》第2页,1918年北大还未设德文学门,德文教授会大概由预科教德文的教员组成。

❷ 《学科教授组织法》,见《北京大学日刊》1917年12月11日第1版。

❸ 《北京大学日刊》1918年11月25日第2版《哲学门研究所启事》"墨子考订学已拟有人手办法稿存本所中,胡适之先生每日均在英文教授会,……如有疑问可于规定时间内质问。"

度而志愿入所研究者,经校长认可,也可入研究所,本国及外国学者志愿共同研究而不能亲临研究所的,称为通信研究员。❶ 到1918年1月,各科研究所均已成立,这是中国现代大学研究所最早的雏形。其中文科国文门、英文门、哲学门设研究所。研究所每门设主任一人,当时国文门研究所的主任是沈尹默,哲学门是胡适,英文门是黄振声。❷ 有教授若干人,均为知名之士,国文门有胡适、陈汉章、马叙伦、黄侃、钱玄同、周作人、吴梅、刘师培,哲学门有胡适、陈汉章、陶孟和、陈大齐、康宝忠、马叙伦、章士钊,英文门是卫而逊和辜鸿铭。❸ 当时文科研究所三门常费为每月一千五百元,以三百元为杂项开支,余下一千二百元都用来购置书报❹。研究所设研究室一间,大概供收藏书报和开研究会议,设事务员一人,管理研究所书报仪器及一切杂务。

文科研究所的研究办法大概如下:一是"研究科",由教员指定研究科目,由研究员选择研究,教员指定参考书,每项研究科每周或数周开会一次,教员讲演,研究员讨论质问。傅斯年记录的《文科国文门研究所报告》给我们复原了当年研究所开会的情景:1917年12月28日下午四时,小说科研究会开会,到会者有教员周作人、刘复(半农),研究员傅斯年等三人,周作人先讲了研究小说的方法,刘半农嘱研究员要"指明所研究之范围",傅斯年谈了自己对小说原理的看法,希望两位先生可以多推荐些有关小说原理的书,刘教员带来英、俄、法小说各一种,由三研究员分别阅读。会议于六时结束❺;一是"特别研究",由研究员自行择题,经教员认可或由各教员拟定若干题听研究员选择,择题确定后在教员的指导下,研究员作论文一篇;一是"教员共同研究",教员提出特别问题邀集同志教员共同研究。❻

当然此时的研究所是"虽有计划,只具雏形,与后来校内外所设研究所未易

---

❶ 《沿革一览》,见《北京大学廿周年纪念册》第31、32页。
❷ 《一览表》,见《北京大学廿周年纪念册》第2页。
❸ 《职员一览》,见《北京大学廿周年纪念册》第65、66页。
❹ 《北京大学日刊》上不断发布各研究所新到书消息。如1918年2月6日第2版《文科英文门研究所启事》。
❺ 《北京大学日刊》1918年1月17日第3版。
❻ 《文科研究所办事细则》,《北京大学日刊》1917年11月30日第1版。

比拟也"❶,但其首创之功却不能忽视。

3. 阅览室

从红楼二、三、四层楼图可以看到,史学门、国文门、哲学门、英文门都设有阅览室。为给学生们创造更好的学习条件,1918年10月25日,文科学长陈独秀通知文科各教员"文科各门拟各设阅览室,以为学生读书之所。希诸君各将所授科目至不可少之参考书(汉文或洋文)约需若干部,开单赐下,以备采要购置。"❷

五 红楼之地下层

红楼是地上四层,地下一层,《北京大学文科一览》无地下层图,但地下层基本格局应与地上相同。1918年前后与红楼地下层相关史料很少,据仅有的史料,红楼地下层十五号是游艺室,内置弹子柜一座,"爱作此戏"可"购券以往"。❸ 1919年3月,体格检查处曾设在地下层西面,北大各科的学生们曾在这里体检。❹

红楼地上四层及地下层东西两侧均设有厕室及沐浴室。1918年,北大尚未招收女生入学,也无女性教职员,大概所有楼层的厕所都是男厕所。教学楼有浴室是因为建红楼原为学生宿舍之用,成为教学楼后浴室一直未开放,直到1919年3月底,学校考虑到学校教职员众多,校舍附近又没有廉价清洁的浴室,决定将红楼五层十浴室全部开放。浴室开放时间平时每天是午后二时到七时,星期天开放时间是上午十时到午后七时,本校教职员购浴券即可入浴,一层至四层浴室每人需铜币六枚,地下层每人需铜币四枚。❺ 据史料所知,当时厕所和浴室是很注意卫生的,有抹布、笤帚、簸箕等清洁物品,每月用避温水、碱末消毒。浴室烧煤的锅炉,有专门校役进行管理。

---

❶《国立北京大学校史略》第8页上。
❷《文科学长启事》,《北京大学日刊》1918年10月25日第1版。
❸《体育会通告第四号》,《北京大学日刊》1918年11月19日第3版。
❹《校医室启事》,《北京大学日刊》1919年3月11日第2版。
❺《北京大学日刊》1919年3月28日第2版。

1919年至1927年红楼使用情况考证

秦素银

随着北京大学校务各方面的发展,红楼的使用情况也不断发生着变化。纵观红楼在1919年到1927的变化,主要有以下几点:

1. 红楼从建成始,二层主要为北大校部各行政机关所在地,1919年,学校通过新的组织章程,行政机关各处室发生一系列变动;1923年下半年,学校各行政机关迁出了红楼。

2. 1919年,北大废门改系,实行选科制,红楼内教室不再像1918年那样是以班和年级分配,而更多的是以课程分配。而红楼内教室也不再只由文科各系独占,法律、经济、政治等系课程也被安排在红楼上课。但文科各系,包括哲学系、中国文学系、英国文学系、法国文学系、历史学系,及后设的德国文学系、俄国文学系、东方文学系及从哲学系分出来的教育学系、心理学系还在红楼办公。北大从1920年开始招收女生,并聘用了女教授,结束了以往红楼只有男性出入的局面。

3. 从1919年到1927年,北大图书馆一直占据红楼一层,1920年,图书馆的机构进行重大调整,新课室的设立导致了各房间的使用情况发生变动。此外,图书馆还在红楼其他楼层设置了各专门阅览室,作为图书馆的有益补充。

4. 1920年,北大出版部设印刷课,在红楼地下一层设立了小型印刷局,进一步完善了北大的出版系统。

5. 1920年11月,学校在红楼三层设置了体育办公室,后改为体育部。

6. 1922年，北大国学门研究所在红楼四层成立，1923年11月迁往北大第三院。

7. 为支持师生社团组织活动，学校辟出红楼内房间作为社团活动场所，从1918到1927年，先后有几十个社团组织以红楼为主要活动地点。

8. 红楼在建成后的短短几年内就出现安全问题，校方对其进行了局部处理，基本上没有影响使用。

9. 1927年，红楼由北京大学第一院变成京师大学校文科所在地。

以下即依上述顺序对红楼使用情况作逐一考证，希望可以勾勒出当年红楼使用情况的原貌。

一　北大校部各机关的变动与迁出红楼

自蔡元培就任北大校长后，北京大学已经发生了翻天覆地的变化，但还未达到蔡元培理想中大学的标准，按照他的改革设想，是要将学校的行政、教务和事务方面分别设立各种相关的委员会，由有关教授分别领导，统一管理，实行教授治校，无论何人来任校长，都不能任意办事，保证教学的科学化和民主化。1919年7月，蔡元培请回哥伦比亚大学教育博士蒋梦麟到北大执教并整顿北大校务。9月，学校成立了由蒋梦麟、顾孟余、胡适、马叙伦等组成的组织委员会。这个委员会主管学校的改组、整顿、起草章程和修改规则等，同时负责筹划学校内部组织事宜。1919年底，学校评议会通过了组织委员会起草的《国立北京大学内部组织试行章程》，在新的组织章程下，学校内部组织分四部，(一)评议会，司立法；(二)行政会议，司行政；(三)教务会议，司学术；(四)总务处，司事务。新组织章程进一步健全了学校的领导机构，确立了教授治校的宗旨，在评议会通过后即开始实行，并成为整个二十年代北大的施政纲领。

评议会是全校的最高立法机构，凡大学立法均须评议会通过；同时，它又是全校最高权力机构，凡关于各学系的设立废止及变更，校内各机关之设立废止及变更；各种规则；各行政委员之委任；预算等重要事项，都必须经过评议会审核通过，然后才能付诸实行。评议会由校长和由教授互选的评议员组成。评议员占教授总额的五分之一，任期一年。评议员还有提案之权，关于校内一切设施，评议员有疑义时，得以书函或口头向校长提出质问，要求答复。校长为评议会的议长，此外评议会还设书记一人❶，负责会议记录等，胡适就曾担任评议会的书记。

  行政会议由各委员会委员长及教务长、总务长组成，校长兼行政会议议长，会员以教授为限。行政会议下设若干专门委员会，各委员会委员由校长推举，评议会通过，操一部分行政之权。包括：组织委员会，主管大学改组、整理起草章程、修改规律等事项；预算委员会，订制大学预算；审计委员会，审查大学帐目；聘任委员会，审查各方面荐来教职员之资格；图书委员会，操图书馆之行政；仪器委员会，操仪器室之行政；出版委员会，审查出版书籍，并策划出版部之行政；庶务委员会，操斋务、卫生、杂务、收发之行政。❷

  教务会议是教务长和各学系主任组成的机关。北大教务原由各科学长负责，各科都设有教务处。1917年底，各科教员成立教授会，参与教学工作的进行。1919年3月，学校通过文理科教务处组织法，准备成立统一的教务处。这个组织法原决定这一年暑假后与分系制一起实行，后因理科学长秦汾调任教育部，文科学长陈独秀请假南归，蔡元培决定提前进行改组事宜。即由各科教授会主任合组文理两科教务处，直接受校长领导，办理以下事务：教员之延聘及解约；分配教授科目及规定时间表；计划关于学术上设备；办理入学、毕业、奖励、惩戒各事；编制各学系预算。❸ 教务处设教务长一人，负责执行会议决议及召集会议，即教务会议，教务长由各主任投票选举产生。1919年4月，马寅初当选为北大第一任教务长。此后担任过北大教务长的还有陶孟和（1920年1月—4月）、顾孟余（1920年4月—1921年9月，1922年—1926年），胡适（1922年4月—12月），其中以顾孟余担任教务长时间为最长。在新的组织章程里对教务处

---

❶ 《评议会规则修正案》，《北京大学日刊》1920年4月15日第2版。
❷ 《北京大学日刊》1920年12月17日第2版。
❸ 《大学本科教务处成立纪事》，《北京大学日刊》1919年4月10日第3版。

的组成和职能作了修正。按照文理科教务处组织法,教务处由各科教授会主任组成,无论学术上大政方针还是有关教学的各种细务如入学、毕业、奖励、惩戒都归教务处负责。1919年下半年已经废门改系,在新章程里,各学系之教授讲师组成学系教授会,并推举主任一人,各学系主任互相推举教务长一人,教务长与各学系主任合组教务会议,决定增减及支配学系课程、增设或废止学系及其他教务上事件❶,教务处的事务工作则划归总务处注册课办理。❷

总务处是由校长委任的总务委员会组成的。其中一人由校长委任为总务长,直接受校长领导负责全校事务。总务处分校舍、杂务等课。又合数课为一部,由总务委员负责,称为某部主任。1919年12月8日,蔡元培委任总务委员六人,以蒋梦麟为总务长兼文牍、会计部主任,以郑寿仁为注册、编志、询问、介绍部主任,李大钊为图书部主任,陈世璋为仪器部主任,李辛白为出版部主任,沈士远为校舍、斋务、杂务、卫生部主任。❸ 1920年3月,总务处机构又进行了细微调整,总务处下辖六部,总务部,包括文牍、会计、日刊三课,直属总务长;注册部,包括介绍、询问、注册、编志四课,由注册主任负责;庶务部,包括斋务、卫生、杂务、收发、校舍四课,由庶务主任负责;出版部主任和图书部主任分别负责出版部和图书馆事务。❹

北大内校部各机关一直主要集中在红楼二层,学校组织机构发生变动后导致红楼二层的布局也发生变动。1919年4月教务处成立后,改原文科学长室成为教务长室。总务处成立后,又在红楼二层设总务长室,可惜现无资料考出总务长室的具体位置。蒋梦麟长期担任北大总务长,并在蔡元培离校时代理校长职务。

1920年8月,北大校方把各办事机关所用屋舍重为布置❺,把原月刊编辑所和询问处所在的红楼二层第二号室改为校长接待室,询问处并入注册部询问

---

❶《国立北京大学现行章程》1920年11月。
❷ 参照1920年初修正章程,见《北京大学日刊》1920年3月15日第2版。
❸《北京大学日刊》1919年12月8日第1版。
❹《北京大学日刊》1920年3月25日第3版。
❺《北京大学日刊》1920年8月26日第2版。

课,月刊编辑处附入总务处日刊课。❶ 把原有缮校室改为教务处教务会议室。参考 1918 年红楼第二层图,原缮校室紧邻原文科学长室,现在教务会议室就在教务长室旁边,方便教务长召集教务会议。又把原紧挨缮校室的文牍员室划出两间作为缮校室。1919 年 3 月,新闻研究会觅定二层第十二号(文牍处对面房间)为事务所❷。1920 年 4 月,校役夜班教务处搬到此处,把这间房间改为各委员办公室,而把校役夜班教务处移到原史学门教员室的位置。本楼西首原动植物标本室划出两间作为出版部主任室,剩下一间为教员休息室。1920 年 9 月,注册部办公室在红楼二层西截设立,学校所有转学、旁听、请假、休学、复学、改部、改系、请发证书等事务,均归注册部总办理❸,教务处随之取消。❹

在 1923 年 9 月的开学典礼上,代理校长蒋梦麟宣布由于外界谣传要焚毁红楼,学校决定将行政机关搬到北大二院。虽说是谣传,但绝非空穴来风。1921 年 4 月,红楼内发生三起火灾。先是 26 日上午十点,校役发现红楼二层楼西头厕所门背后一只木箱起火,幸好发现及时,很快扑灭,仅将门板烧焦。后来发现门后还剩有没烧尽的易燃材料,如乱纸、枕席等。28 日下午四时,红楼二层第一教室内又出现火光,幸好当时离第一教室不远的出版部有人在,去救火又发现教室的门窗都紧锁着,后毁门而入,极力扑救,才将火扑灭,失火烧毁桌、椅各一张。这天晚上,代理校长蒋梦麟召集在校教职员开会商议处理办法,又传来四层楼第四十四教室起火的消息。救火时发现火起于讲座下,讲座下置有蜡烛,正燃着,旁堆着鸡毛及讲义纸一堆,蜡烛尚未烧到底,所以还没烧起来。❺ 几

---

❶ 1919 年 2 月,学校设月刊编辑所于红楼二层第二号室,1919 年 10 月 21 日,学校评议会决定在第一院设置询问处,主要职责答复本校教职员、学生及校外询问本校规程及办法和接待来校参观人员,询问处设事务员一人,书记一人,暂设于月刊编辑所内。

❷ 据《北京大学日刊》1919 年 3 月 22 日第 3 版《新闻研究会启事》"本会现已觅定文科第二层第二号为事务所",但此时二层第二号为月刊编辑所,所以不可能是"第二号",又因《日刊》1920 年 8 月 26 日第二版,"现在之校役夜班教务处及新闻学研究会改为各委员办公室",可见校役夜班教务处与新闻研究会在一间房内,即二层第十二号。

❸ 《北京大学日刊》1920 年 9 月 17 日第 1 版。

❹ 《北京大学日刊》1920 年 10 月 1 日第 1 版。

❺ 《京报》1921 年 4 月 30 日,见王学珍、郭建荣:《北京大学史料》第二卷,第 2139 页,北京大学出版社 2000 年;《胡适日记》第 3 卷,第 229 页,安徽教育出版社 2001 年。

次起火的情况都表明,是有人故意纵火,图谋焚毁红楼。正如当时人所言:若焚毁红楼的阴谋得逞,"则北大必将解体"❶,究竟是何人想焚毁北大校舍呢,所有矛头都指向了北洋政府。

1920年3月,北大等北京国立专门以上八校教职员,因教育基金无着,薪资积欠,遂举行争取教育经费独立的运动,到1921年,经费更加困难,这年3月,各校教职员相继罢教。4月,因政府对于国立八校教职员的要求不加理会,北大教职员因此由罢教发展到一律辞职,并和学生一起向当局请愿,还决定除星期日外教职员每人至教育部追索欠薪。也就是在这个时候,红楼就发生了火灾。

1923年,北大与政府的关系更加紧张,1月17日,蔡元培因教育总长彭允彝干涉司法独立,非法要求逮捕北大兼课教师、财政总长罗文干,愤而辞去北大校长的职务。对此,全体北大师生发起"驱彭挽蔡运动",就在蔡元培离校的第二天,北大全体教职员大会通过决议:除蔡元培外,不承认任何人为北大校长。北大学生会更发表宣言称:倘若政府方面另行委派校长,"唯有以极激烈之手段对付,誓以三千学子之热血,涤此大学历史之腥膻!"❷北大评议会对于走马上任的教育总长彭允彝采取了完全不合作的立场,"无日不以驱此恶物为职志"。据传,彭允彝曾先后试图由章太炎、章士钊、杨度等取代蔡元培,却均未能如愿。当年五四纪念游行,北大等校学生冲击并捣毁彭氏宅邸。面对如此"骠悍"的北大师生,政府当局只能"俯顺舆情"保留蔡校长职务,并在北大师生的持续斗争下,于1923年9月免去了彭允彝的教育总长职务。

正是在上述背景下,学校认为焚毁红楼"虽是谣传,却是十分重要,不可不注意。"因为"学校的会计机关,注册部以及历来的重要文件,都在第一院,万一不慎,真不得了。"为慎重起见,决定将行政机关移到第二院去。相比临街的一院红楼,二院关防可以比较严密,更安全一点。❸

---

❶ 《京报》1921年4月30日,见学珍、郭建荣:《北京大学史料》第2卷,第2139页,北京大学出版社2000年。
❷ 《北京大学日刊》1923年2月23日第2版。
❸ 《北京大学日刊》1923年9月12日第2版。

经过一段时间的整理和搬运,到1923年11月,学校各行政机关除注册课、杂务课等在一院留下个别办公人员处理一院事务外都搬到二院办公❶,至此红楼结束了作为北大校部的历史。

二 北大废门改系,红楼称为第一院

1919年9月学校开学,北大正式废门改系。蔡元培考察了科学演变的历史及其发展趋势,看到了学科之间互相渗透和相互交叉的特点,因此他除主张把北大办成文、理科为主的大学外,还提出必须通融文、理两科的界限,学习文科各门的学生,不可不兼习理科中的某些门,学习理科的学生也不可不兼习文科中的各门,他认为目前按文、理科分门的办法,容易造成两者之间的界限,也往往出现使习文者轻理,学理者轻文的倾向。遂于1919年暑假后采取分系制,废去文、理、法科之名称,改门为系。各科分五组,十八系,第一组:数学系、天文学系、物理学系;第二组:化学系、地质学系、生物学系;第三组:哲学系、教育学系、心理学系;第四组:中国文学系、英国文学系、法国文学系、德国文学系、俄国文学系;第五组:史学系、经济学系、政治学系、法律学系(天文学、生物学、教育学、心理学、俄文五系已有课程,但还未成系,尚在筹备中❷)。原来分属于文、理、法三科的各学系,分别称为第一院,第二院,第三院。❸ 红楼自建成后一般被称为新大楼,也叫文科大楼,红楼内教室称为文科教室,自此以后用"新大楼"、"文科大楼"称呼红楼越来越少,提到第一院即指红楼。❹

北大在改门设系的同时,又正式对旧学制进行了改革,开始实行选科制。按照旧学制,各系课程均为必修,实行选科制后,规定预科学生学满四十个单位

---

❶《本校电话一览》,见《北京大学日刊》1923年12月第1版。
❷ 1924年北大新设了教育学系和东方文学系(包括日文和梵文两组),1925年成立生物学系,1926年在哲学系心理门的基础上扩大成立了心理学系,至此北大共设置18个系,原定设立的天文学系没有办成。
❸ 参考梁柱:《蔡元培与北京大学》(修订本),第54—56页,北京大学出版社1996年。
❹ 目前最早见第一院之名见《北京大学日刊》1919年10月23日第2版《本校纪事》,"总教务处合设于第一院(汉花园),而设教务分处于第二院(景山东街),第三院(北河沿)。"

（每周一学时，学完全年为一单位），本科学生学满八十个单位即可毕业。在学习年限上，开始实行预科二年、本科四年制。预科去文、理、法称呼，设甲、乙两部，规定预科甲部结业后可升入上述本科第一、二学组，乙部结业后可升入第四、五组；甲、乙两部俱可升入第三组。学校按照学组的不同要求，安排预科的课程和单位数量。规定预科四分之三课程为共同必修和分部必修课，四分之一课程为选修课。共同必修科为国文、伦理学大意和第一、二外国语。分部必修课：甲部为数学、物理、化学三项，乙部为哲学概论、科学概论、古文、本国及世界近代历史，同时有数学、物理、化学，但分量较轻。此外为选习科：甲部学生将来拟入物理、化学、地质学系者分别选习物理实验、化学实验和图画，并得选习哲学概论、科学概论；乙部学生拟入法律学系者选习法学通论，拟入政治、经济学系者选习经济通论，拟入文学、哲学、史学系者选习文字学。这样预科的必修和选修的课程设置，既顾及学生学业的全面发展，又为升入本科准备一定的专业基础。本科学生每年所习学科约为二十单位左右，规定一半为必修课，一半为选修课（后改为三分之二为必修课，其余为选修课）。本科四年皆为分系选科制，第一年按各学组要求选习共同的学科，二、三、四年级学生所习学科，以本系课程为主，而每人得以其余力选习相关的学科或本人有兴趣的学科，但规定三年中所习学科至少须有三十单位在本系和相关的系内。

此时北大实行的选科制和现在高校通用的学分制已十分类似。而实行选科制与红楼的关系就是红楼内教室不再像1918年那样是以班和年级分配，而更多的是以课程分配。而红楼内教室也不再只由文科各系独占，法律系、经济系、政治等系课程也被安排在红楼上课❶。

1920年8月，学校对三院校舍房屋重新布置，原主要用于教室的红楼三、四层布局发生变化❷。其中主要变化有二：一是取消多间教员室，调整增加了教室，二是重新分配了各系教授会办公室。参考1918年红楼三、四层图可以看到，红楼三、四层除36个教室，国文、法文、英文、德文、哲学教授会事务室，国

---

❶ 《北京大学日刊》1920年9月25日第2、3、4版。

❷ 《北京大学日刊》1920年8月26日第2版。

文、哲学、英文三科研究所外，还有各类教员室13个，占用了大量空间。现除以原国文教授会事务室、原英文教授会事务室（即三、四层楼梯正对的房间）和原动物标本教员室、平民教育讲演团办事室❶、哲学教授会事务室、预科英文教员室（即三、四层楼东西楼梯以南房间）改为教员休息室外，其他教员室均取消改为教室。1920年9月，红楼内共有教室45个❷。

还有一个情况要注意，红楼内教室的次序也发生了变化。从《北京大学文科一览》附《文科教室一览表》可以看到，1918年红楼内教室的序列号是从四楼往下排的，从第一到第十八教室在四楼，第十九到三十三教室在三楼，第三十四到第三十六教室在二楼。从1920年9月开始，红楼内教室序列号从二楼往上排，据现有资料只知第一、二教室在二楼，第十二号到四十五号教室在三、四楼。另外，因为1923年9月北大校部搬离红楼，红楼二、三层教室次序号可能又有所调整。1922年资料显示，第三、四教室在红楼三层❸，到1925年，第六教室在红楼二层❹。

在新的学系制下，一个学系的教授聘任、课程设置、学生管理、经费预算等等，均由系主任负责提出具体办法或建议，然后经教授会讨论通过，各系设教授会办公室，供系主任日常办公及教授会开会用。原文科各系，包括相对来说历史较长的哲学系、中国文学系、英国文学系、法国文学系、史学系，后设的德国文学系、俄国文学系、东方语言文学系及从哲学系分出来的1924年设立的教育学系❺、1926年设立的心理学系教授会都设在红楼。1920年下半年红楼三层设有史学系教授会、中国文学系教授会、法文学系教授会，可考者中国文学系教授会设于原国文门阅览室❻。四层楼设哲学系教授会、英国文学系教授会、俄文教授

---

❶ 据《北京大学日刊》1919年10月30日第2版《平民教育讲演团启事》，平民教育讲演团事务所设于红楼三层东边，却不知具体位置，从其它资料可知，教员休息室的位置十分规整，则平民教育讲演团应设于原德文教授会事务室处。
❷ 《北京大学日刊》1920年9月25日第2版。
❸ 《北京大学日刊》1922年11月29日第3版、《北京大学日刊》1922年4月14日第4版。
❹ 《北京大学日刊》1925年1月17日第2版。
❺ 《北京大学日刊》1926年12月3日第2版，教育学教授会在一院三层路东第十二号房间。
❻ 《北京大学日刊》1920年10月19日第2版。

会,哲学系教授会位于原哲学门教员室,俄文教授会位于原哲学门研究所事务室。

纵观二十年代的北大一院各学系,集中了许多学有专长的教授,如中国文学系有沈兼士、马裕藻、吴虞、周作人、周树人、钱玄同等;史学系有朱希祖、陈汉章、冯承钧、陈翰笙、何炳松等;哲学系有胡适、陶孟和、朱经农、徐炳昶、李石曾、王星拱、陈大齐、张竞生、梁漱溟等;英文系有杨荫庆、胡适、林语堂、陈源、温源宁、徐志摩、毕善功等;法文系有贺之才、李景忠、宋春舫等;德文系有杨震文、朱家骅等;教育系有高仁山、刘廷芳、戴夏等;心理系有樊际昌、梅卓生、傅斯年等。

这一时期毕业于北大一院各学系的不少学生都很快成为各领域的佼佼者。中文系有俞平伯、杨亮功、罗庸、郑天挺、朱自清、成舍我、魏建功、游国恩等;哲学系有顾颉刚、潘菽、杨晦、陈雪屏等,英文系有罗家伦,史学系有姚从吾,德文系有冯至。

北大是中国教育史上第一所给男女学生同等待遇的高等学府。五四运动以后,妇女解放运动蓬勃兴起,她们要求和男子享受同等的教育,展开"大学开女禁"运动。1919年5月,甘肃女学生邓春兰写信给蔡元培,要求北大招收女生,实行男女同读。时值蔡元培辞职离京,她的要求一时未能实现,但这已引起社会的广泛关注。9月,蔡元培返京复职后,便明确表示同意女生入学。1920年2月,一直很想到北大读书的北京大学学生王昆仑的姐姐、北京女子高等师范学校学生王兰,找到当时任北大代理教务长的陶孟和请求入学,陶孟和欣然应允她入哲学系旁听,于是王兰就成为北大第一个女学生。紧接着北京协和女子大学一班的学生奚浈和查晓园转入北大英文系旁听,❶邓春兰也如愿进入北大。到这年3月,已有九位女生进入北大文科旁听,除上述四人外,还有在哲学系旁听的韩恂华、赵懋芸、赵懋华、杨寿璧,中文系旁听的程勤若。❷ 到1920年年底,预科及本科各系女生已达到18人。❸

---

❶ 王学珍、郭建荣:《北京大学史料》第二卷,第902、904页,北京大学出版社2000年。
❷ 《北京大学日刊》1920年3月11日第2版。
❸ 《北京大学日刊》1920年12月17日第8版。

虽然当时北大女生数量很少,但校方对这些女生非常重视。1920年3月,学校庶务委员会开会决定于"暑假后增设女学生寄宿舍一所",❶1920年下半学期开学后,学校又决定辟出红楼三层东首第十八号房屋为女生导师办公室及女生休息室,"以便各女生接洽事务及膳息之用。"❷1921年11月,又辟红楼三层东头浴室为女生浴室。❸

当时在西方大学也还没有实行男女同校,北大的敢为天下先固然值得称赞,而这些敢于无视"男女礼教大防"的女生们更显得难能可贵,一些外籍人士纷纷对中国女子教育表示支持。1920年3月,随夫来中国的杜威夫人特意在王府井宴请就读于北大的九名女生,以示鼓励。❹ 1921年8月,美国前公使克兰先生的夫人又捐助北京大学美金四千元(合华币八千多元),在北大设立奖励女生学额,凡中学毕业想继续学习而又没钱上学的女生可通过考试获得在北大上学的费用。学额包括正科生六人,即从预科一年级起至本科毕业六年中,每年每人可得学费150元;旁听生九人,可在本科旁听两年,每人每年得学费150元。❺ 开始北大在校生不能报考克兰夫人学额,后学校考试委员会修正了招考克兰夫人奖励女生学额章程,在校生也可补请此项学额。❻

到1922年,前后入学的北大女生已有五六十人,在校生有近三十人,这年10月,毛一鸣、奚浈、杨寿璧、冯淑兰等女生发起成立"北大女学生会",并于29日在第一院三层第十九教室开筹备会。❼ 可惜由于材料限制,二十年代"北大女学生会"是否成立,有何活动不可而知。但北大女生的存在确实给北大生活增添了更多的色彩。1922年12月17日,北大召开二十五周年成立纪念会,女生们在第三院大会场表演跳舞❽,相信给在场的男同学们留下了深刻的印象。

---

❶ 《北京大学日刊》1920年3月18日第2版。
❷ 《庶务部通告》,《北京大学日刊》1920年9月11日第2版。
❸ 《庶务部杂务课启事》,《北京大学日刊》1921年11月1日第1版。
❹ 《北京大学日刊》1920年3月11日第2版。
❺ 《北京大学日刊》1921年8月3日第2版。
❻ 《北京大学日刊》1922年5月20日第2版。
❼ 《北京大学日刊》1922年10月28日第2版。
❽ 《北京大学日刊》1922年12月17日第1版。

二十年代北大女生多数学有所成,最突出的要属冯淑兰和张挹兰。冯淑兰是著名哲学家冯友兰的妹妹,后成为现代史上著名的作家、文史学者。张挹兰受李大钊等的思想熏陶,投身革命群众运动,1927年与李大钊等共产党员一起被奉系军阀杀害。

三 二十年代的北京大学图书馆

依照1919年12月通过的新的组织章程,图书委员会操图书馆部分行政之权。图书委员会由教授组成,图书馆主任是当然的委员。图书委员会的职责是"协助校长谋图图书馆之扩张与进步"❶,它既是咨询机构,又是决策机构,从图书馆的重大问题(如确立图书馆制度,图书经费)到一般性业务工作(如增订书报,建立卡片目录),均由图书委员会讨论通过,并报校长批准后执行。❷ 1920年5月,图书委员会通过了由李大钊主持制订的《北京大学总务处图书部试行条例》,对图书馆机构进行了重大调整。调整后北大图书馆的机构是:主任一员,职责是"承校长之命商同总务长综理本部事务",并下辖事务员、书记若干名;馆中设四课,登录课主管新到书刊的登录、加工和统计,购书课主管书刊的采购与征集,编目课主管书刊的整理、分编和目录编制,典书课主管书刊的收藏、借阅、阅读指导与借书账目的管理,每课有"领课"一人,由一等事务员充任。又新设装订室负责书报装订,打字室负责书目、书单及函件的打印。❸

针对上述变化,1920年8月,位于红楼一层的图书馆布局做了以下变动❹:原为书法研究社的房屋改为图书部新设购书课,原文科事务室已在这年3月改为出版部,❺现与杂物课课员住室(无考,疑为原杂务课储藏室)和新潮杂志社均改为书库;西头浴室东面的书库及东头浴室西面的日报搜集室都靠近蒸汽管,

---

❶ 《国立北京大学内部组织试行章程》,《北京大学日刊》1919年12月6月第1版。
❷ 参考吴晞:《北京大学图书馆九十年记略》,第44页,北京大学出版社1992年。
❸ 《北京大学日刊》1920年5月10日第2、3版。
❹ 《北京大学日刊》1920年8月26日第2版。
❺ 《北京大学日刊》1920年3月26日第2版。

不适宜做书库,将原有书库腾出一间作为阅书报人饮水室,日报搜集室则改为图书部办公室。估计原图书馆主任室、登录室、编目室位置应不变,只是名称改为图书部主任室,登录课和编目课。图书馆各阅览室已于1919年底作过一次调整,即将原东方馆改为第三阅览室,原第三、四阅览室改为第四、第五阅览室。第一阅览室置汉文杂志,第二阅览室置各种日报,第三阅览室置西文、日文杂志,第四、五阅览室供阅览图书。❶ 于第四阅览室设典书课,❷后因典书课与阅览室设在一起,干扰读者阅读,1921年2月典书课办公室才与阅览室分开。❸ 1922年1月,北大图书馆又对红楼一层各阅览室作出调整:阅览室属图书部典书课,第一阅览室,红楼一层二十八号,藏国文书籍,日文书籍(日文法律书在第五阅览室);第二阅览室,红楼一层二十九号,藏中外杂志;第三阅览室,红楼一层三十一号,藏中外日报;第四阅览室,红楼一层三十四号,藏法文书籍、英文书籍、德文书籍及西文地图;第五阅览室,红楼一层三十五号,藏年鉴、英社会、英德法日之法律、政治、经济书籍及坂谷赠书。❹ 图书馆新设的装订室、打字室也应设在一层,但现在无资料考出其具体位置。

  图书是学术研究的必备条件,为方便读者看书,图书馆除在红楼一层设五个阅览室外,又在第二院设自然科学阅览室,第三院设社会科学阅览室,还在一院为各系学生设置了各种专门的阅览室,放置某类书籍供学生参考。1921年2月26日,图书馆发出布告:印度哲学参考室已布置在第四层第二十四号房,阅书时间:自每早十时至十二时,又午后一时至四时止。每星期二、三、五梁漱溟先生均在参考室备同学质问参讨。❺ 这年10月,又在红楼四层第二号成立法语学研究室❻、第二十六号成立世界语阅览室。❼ 11月,在红楼四层第十一号房成

---

❶《北京大学日刊》1919年11月18日第1版。
❷《北京大学日刊》1921年2月1日第4版。
❸《北京大学日刊》1921年2月4日第2版。
❹《北京大学日刊》1922年1月16日第4版。
❺《北京大学日刊》1921年2月26日第1版。
❻《北京大学日刊》1921年10月18日第2版。
❼《北京大学日刊》1921年10月24日第2版。

立哲学研究室❶,第六号房成立法律学参考室❷。12月,在四层十四号成立政治系研究室。❸ 此外,红楼内还设有德文阅览室、俄文阅览室等,成为图书馆读者服务的重要组成部分。

1922年12月,李大钊辞去了图书馆主任的职务,由皮宗石继任图书馆主任。这时的图书馆曾一度分为中文、西文、古物美术三部,分别由单不庵任中文部主任,马衡任古物部主任,而皮宗石则兼任西文部主任,三部之下仍设登录、编目、购书、典书四课,职员约二十人。单不庵是国内著名的古籍专家,马衡是著名的文物考古学家,皮宗石是英国留学生,对西文图书的分编很有研究。1923年,我国近代著名的图书馆学家袁同礼任北大图书馆主任。他们都为北大图书馆的发展做出极大的努力,但苦于时局,图书馆的建设受到了严重制约。一是红楼在建筑上本不适合做图书馆,阅览室、书库都十分狭小,房间不够用的情况十分明显。北大校方曾拟以募集义捐的形式筹款建一宏阔的图书馆,1920年蔡元培赴欧美时也曾着手募集,但随着时局日趋动荡,靠募捐筹款建图书馆的希望渐成泡影。一是图书馆在1923年以后的几年中经费毫无保障,以致图书馆在数年中几乎无法买书,严重影响了图书馆的服务,这种情况一直到1929年北大复校以后才得改变,北大图书馆也终于在1931年迁往松公府新址,开始了她的新篇章。

四 北大出版部

如上文所述,北大出版部原隶属于庶务主任,设售书处和收发讲义处,"经理本校印刷出版物,并掌理各科讲义"。1919年学校新的组织结构确立后,出版部自成一部隶属总务处,由原庶务主任李辛白任主任,连同出版委员会负责出版部的各项事务,下辖售书、讲义、印刷三课。印刷课为新设,1920年3月,学校

---

❶ 《北京大学日刊》1921年11月3日第2版。
❷ 《北京大学日刊》1921年11月14日第2版。
❸ 《北京大学日刊》1921年12月2日第1版。

第五次总务会议通过李辛白的提议,用红楼地下室两间房设印刷课,由学校拨款四千元,从商务印书馆购买机器、铅字等设备,在红楼设一小型印刷工场,从此使北大的出版系统趋于完善。印刷工场由本校书记郝桂林担任经理,工人从社会中招聘,到1920年11月,已有50余人。❶

印刷课主要负责印刷北大中、西、日文讲义及各种文件,解决了在印刷课成立之前,北大的讲义需送到校外印刷局印刷,所费时日甚多的问题❷。印刷工场除印讲义外,还负责印刷本校出版的书籍和期刊,比较有影响的有日刊课编辑的《北京大学日刊》、北大歌谣研究会编辑的《歌谣周刊》、现代评论社编的《现代评论》❸等。出版部印刷课的另外一个责任是印试卷。印试卷,特别是北京大学本预科入学试卷是非常严格的。命题人出好题后,即交由地下印刷工场进行排印,排印时有专人连同出题人一起监印。排印后,出题人校对无误,印成若干份,加封待用,监印人还要看着版被拆去方能离开。❹

五　北大体育部的成立与体育教学活动的展开

蔡元培出任北大校长后,开始大力提倡体育,体育锻炼的风气逐渐在北大形成。1917年12月,北大成立了由学生发起的体育会,"以练习各种运动技术强健身体为宗旨",蔡元培对此十分支持,并将这一年开始向学生征收的体育费移作体育会经费,体育会就成为北大开展体育运动的重要机关。后来,体育会

---

❶ 《北京大学日刊》1920年3月26日第2版《总务会议纪事》"出版部印刷课地点,用地窖两叚全部",疑"叚"为"间"误写。关于印刷课工人情况,参考《申报》1920年11月23日《北京通信:北大印刷工人全体罢工》,见王学珍、郭建荣《北京大学史料》第二卷,第490页,北京大学出版社2000年。

❷ 《北京大学日刊》1919年11月25日第1版。

❸ 《现代评论》是一个周刊,综合性刊物。1924年12月13日在北京创刊,是一部分曾经留学欧美的大学教授创办的同人刊物,署"现代评论社"编,实际由陈源、徐志摩等编辑,现代评论社出版发行,主要撰稿人有王世杰、高一涵、胡适、陈源、徐志摩、唐有壬等,出至1928年12月29日终刊,一共出版209期,另外有三期增刊。第1到138期由北京大学出版部印刷,此后各期由上海印刷,16开本。

❹ 《胡适日记全编》第3卷,第471页:"我与孟馀同到第一院印刷课监印明天外国语入学试题。贺培之也在此。排印后,孟馀与培之校对讫先归,我等印毕看他们把版拆去后始归,已二时了。"安徽教育出版社2001年。

归入北大学生会,另立体育股,体育会这个组织就被取消了。1920 年,鉴于同学们对于体育活动的迫切需要,学校约请热心体育的教授组成体育干事会,聘请王文麟、乐笃周为导师,在红楼三层设立体育会办公室,专管体育方面事务,由体育干事会主任干事王文麟主持,❶计划分骑术、游泳、球类、溜冰、雪床等五组开展体育活动。❷ 1921 年 10 月,体育会办公室迁到第一院一层第二十五号房(东边北头即校医室旧址)。❸ 1921 年 4 月初,红楼前新建了排球(当时称"队球")场,成立排球队,从此排球成为北大传统强项。

1922 年 4 月 23 日,北京大学首届运动会在红楼后操场举行,比赛项目有百米赛跑、跳远、跳高、铁饼、铁球等,许多教职员在运动会中担任了职务,校长蔡元培任主席,教务长顾孟余任评判长,丁燮林(物理系教授)任司令员,李四光(地质系教授)、陈启修(仪器部主任)、燕树棠(法律系教授)担任计时员,胡适、沈士远(代理总务长、庶务部主任)、马衡(中文系教授)、罗惠侨(注册部主任)等担任评判员❹。学生比赛结束后,教职员们又参与了自行车赛慢、教职员百码赛跑、盲人化装竞走等"余兴",既锻炼了身体又给在场所有人带来无限乐趣。❺

为加强体育教学力度,1922 年 4 月,北大组织成立了体育委员会,并把体育会改成北大体育部❻。时值直奉战争爆发,北大三百多学生组织保卫团警备学校,在蔡元培的主张下,将保卫团变成一种永久性的体育组织,并仿照欧洲各国国民军的组织,于这一年 6 月将保卫团改为学生军。从此体育部分为学生军和体操两部。学生军以锻炼身体、增进军事常识为宗旨,全校学生编成六个军,每军分三队,每队分三排,进行军事训练。学生军除进行军事操练外,还设军事学、军制学、战术学等课程,请蒋百里、黄郛等军事专家来讲授。学生军课程均在一院红楼上,从 1923 年 10 月起,蒋百里在红楼第九教室讲授军事学❼。学校

---

❶ 《北京大学日刊》1920 年 11 月 11 日第 1 版。
❷ 《北京大学日刊》1920 年 12 月 17 日第 5 版。
❸ 《北京大学日刊》1921 年 10 月 25 日第 1 版。
❹ 《北京大学日刊》1922 年 4 月 23 日第 3 版。
❺ 《北京大学日刊》1922 年 4 月 24 日第 2 版。
❻ 《北京大学日刊》1922 年 5 月 4 日第 1 版。
❼ 《北京大学日刊》1923 年 10 月 9 日第 1 版。

还把红楼二层二十六号辟为沙盘兵棋室❶,用来讲授沙盘兵棋。体操包括各种软体体操、架梁体操、足球、技击、网球、蓝球、滑冰、舞蹈(女生选习)等项目,每周三时❷。当时北大各体育课目,本科学生听其自由选习,预科则是必修课。

六　北大国学门研究所的创立❸

回顾1918年红楼的使用情况,当时红楼三、四层设有国文、哲学和英文研究所,这是中国现代大学研究所最早的雏形,但是办了三年以后,蔡元培检讨说,由于研究所虽以文、理、法科为名,实际上是各系分设,颇为散漫,致有几系竟一点成绩都没有❹。1921年12月,蔡元培决定改组研究所,经学校评议会第三次会议讨论,通过了《国立北京大学研究所组织大纲》。按组织大纲规定,研究所分设自然科学、社会科学、国学和外国文学四门,但由于学校和人力条件的限制,到1922年,只开办了一个国学门。而就是这个硕果仅存的国学门,被现代史家认为是我国第一个具有现代科学意义的文史专业研究机构,影响深远。国学门成立之初,因一时找不到合适的地点,只好暂设于红楼四层,1923年11月,学校把第三院的一幢工字楼拨给国学门,国学门才搬出红楼。

1922年1月,研究所国学门正式成立。根据研究所组织大纲,国学门设主任一人,由文科教授沈兼士担任,负责经理本门事务,下设助教及书记若干人,受主任指挥,助理一切事务。又设国学门委员会,规划国学门应进行之一切事宜并审查研究生入所资格及其研究所得之论文。第一届研究所国学门委员有所长蔡元培(当然委员长),教务长顾孟余,主任沈兼士、图书馆主任李大钊(均为当然委员)、马裕藻、朱希祖、胡适、钱玄同、周作人。❺除培养研究生从事专题

---

❶ 《北京大学日刊》1925年3月19日第1版。
❷ 《北京大学日刊》1922年11月6日第1版。
❸ 参考陈以爱:《中国现代学术研究机构的兴起——以北大研究所国学门为的中心的探讨》,江西教育出版社2002年。
❹ 《北京大学日刊》1920年9月17日第2版。
❺ 《国学季刊》第一卷一期,见王学珍、郭建荣:《北京大学史料》第二卷,第1447、1448页,北京大学出版社2000年。

研究外,国学门的组织还包括编辑室(分辑、编、译三部分)、登录室、考古研究室和歌谣研究会、风俗调查会、明清史料整理会等机构,具有学术研究机构特色。研究所国学门在红楼时间还不到两年,尚在草创阶段,但已初具规模,取得了一些成绩。

(一)培养研究生

研究所国学门由于是一所设立在大学中的研究所,它首先负有培养学术研究专门人才的职责,根据《研究所国学门研究规则》,凡北大毕业生有专门研究之志愿及能力者,乃至未毕业之学生及校外学者而曾作特别研究、且已有成绩者,皆可随时到国学门研究,而已毕业之学生及校外学者,亦可报名作通信研究。❶ 在教师指导方面,研究生可通过国学门主任,请北大教员或国内外专门学者负责指导,王国维、罗振玉❷、钢和泰❸、陈垣❹、伊凤阁❺、夏曾佑❻等校外学者受聘为国学门导师。郑天挺、张煦、罗庸、容庚、冯沅君(女)、商承祚、董作宾、陆侃如等日后的国学大师分别于1922年、1923年入研究所国学门读研究生。研究所国学门成立后广泛搜集图书,不少北大教授积极向研究所赠书,远在法国的著名汉学家伯希和听闻北大成立研究所国学门也非常高兴,特意将其十年来所著与东方史学考古学有重要关系的论文二十余篇赠与该处❼。为方便师生,图书馆在红楼四层东边设一特别阅览室,专供研究所使用。❽

(二)编印、出版书刊杂志

国学门编辑室是国学门同人编辑、出版书籍、期刊所在。国学门在"整理国故"口号中成立,整理古籍是其工作的重要内容。研究所成立伊始就着手剪辑

---

❶ 《国学季刊》第一卷一期,见《北京大学史料》第二卷第1448页。
❷ 同上第1449页。
❸ 钢和泰(Alexander von Stall—Holstein,1877—1937),著名东方学家、汉学家、梵语学者。
❹ 《国学季刊》第一卷二号,见王学珍、郭建荣:《北京大学史料》第二卷,第1452页,北京大学出版社2000年。
❺ 俄国汉学家。
❻ 《国学季刊》第一卷四号,见王学珍、郭建荣:《北京大学史料》第二卷,第1454页,北京大学出版社2000年。
❼ 《北京大学日刊》1922年3月11日第2版。
❽ 《北京大学日刊》1922年2月27日第2版。

《太平御览》《艺文类聚》《太平广记》，为之编定引用书目及分书校勘，为研究国学者提供工具书。1922年2月，蔡元培在国学门委员会第一次会议中提议创办《国学季刊》，会议又推胡适为主任编辑。经过一年的努力，第一期《国学季刊》终于在1923年1月出版。《国学季刊》上发表了一些关于中国的文学、史学、哲学、语言学以及考古学等方面的研究成果，自创刊后一直被中外学界视为研究中国学最重要的刊物之一。这份刊物在形式上也可圈可点，虽是研究国学的刊物，文章一律以横行排印，加新式校点，并附英文提要，为我国杂志史上之创举，以此显示国学门同人是以新眼光、新方法来研究国学的。《国学季刊》封面特请鲁迅设计，由蔡元培题签。《国学季刊》创刊号中《发刊宣言》由胡适所写，被认为是整理国故运动中最重要的一篇文章，文章具体而清晰地说明了整理国故的原则、方法和研究方向，预示并促进了中国传统学术体系向现代的转化，奠定了现代国学的基础。

（三）整理明清内阁档案

1922年5月，北洋政府由于经费支绌，将教育部辖下的历史博物馆所藏四分之三的明清内阁档案售以故纸商，为罗振玉以三倍价钱购得。消息传出后，国学门同人马上共同商议该如何办理此事。最后沈兼士等人商定，请蔡元培校长以北京大学的名义向教育部申请，将历史博物馆余下的档案全数拨归北大。5月22日，北大派沈兼士、朱希祖、马衡三人前往历史博物馆办理接收事宜，到6月17日，将61箱1502麻袋的档案搬运回北大。分别藏于一院和三院，其中藏于第一院的有：东方馆，14箱；第十二书库25箱，43麻袋；第四层第七号，6箱，46麻袋；第一教室，435袋；四层第六号，61袋。❶ 随后，研究所国学门与史学系、国文系的教职员共同组成整理档案会，制定了具体的整理办法，对档案进行整理❷，并将摘录的档案目录与重要资料在《北大日刊》上发表。由于这批档案数量过于庞大，仅靠部分教员整理，进展非常缓慢，1922年11月，学校决定让

---

❶ 《北京大学日刊》1922年6月19第2、3版。

❷ 《北京大学日刊》1922年7月15日第2版。

史学系学生加入整理档案的工作,作为实习功课。❶ 档案整理室原设在三院,1923年5月,考虑到整理档案的教员和学生多在一院上课,把档案整理室改设于一院四层楼研究所第八号屋内❷。在学生的支援下,到1924年,对档案的分类、编号、摘录事由等初步整理工作终告完成,成为明清史研究的重要材料。

(四)歌谣的征集和刊印

1918年2月,北大设歌谣征集处征集近世歌谣,1920年12月又成立了歌谣研究会,由沈兼士、周作人主持,但其后因为经费短缺,再加上周作人健康情况不佳,这个团体在成立后的两年间,几乎没什么活动。1922年研究所国学门成立后,歌谣研究会并入研究所国学门,专辟歌谣研究室,由周作人主持❸。歌谣研究会同人致力于歌谣的征集、整理和发表,在《北大日刊》上刊登《北大歌谣研究会征集全国近世歌谣简章》,❹并于1922年底发行《歌谣》周刊,刊登征集到的歌谣和对歌谣进行研究讨论的文章。起初《歌谣》是随《北大日刊》附送的,从1923年9月第25期起,改为单独发行。它不但是研究所国学门同人征集与讨论歌谣的一个机关刊物,是中国第一份民间文学刊物,还被认为是当时中国推动歌谣事业的惟一工作中心。《歌谣》由歌谣研究会同人编辑发行,在红楼地下室内的印刷场印刷,是不折不扣的"红楼出品"。

(五)考古调查

国学门初办时,原是以古物的调查与发掘作为发展重点,故草创之初,即首先"将本校所藏之古器物及金石甲骨拓本陈列于一室"❺,成立由马衡主持的考古学研究室。考古研究室一方面通过购买收集古器物,一方面计划从事古迹发掘。但因研究所财力有限,一时无力从事探险与发掘,遂决定先组织一古迹调查会,1923年5月24日,研究所国学门正式于考古学研究室下设以"用考古学的方法调查研究中国过去人类之物质的遗迹及遗物"为宗旨的古迹调查会,希

---

❶ 《北京大学日刊》1922年11月3日第1版。
❷ 《北京大学日刊》1923年5月25日第1版。
❸ 《北京大学日刊》1922年1月24日第1版。
❹ 《北京大学日刊》1922年12月4日第2版。
❺ 《北京大学日刊》1922年2月18日第1版。

望能集合更多学者加入到考古学研究的行列,这是中国学者组成的第一个考古学团体。

七 红楼内社团

蔡元培自担任北大校长后,提倡学生建立各种组织,在课外进行高尚娱乐,他对各种社团都予以大力支持,除亲自参加社团活动外,如出席社团会议,担任名誉会长,还设法为社团活动提供场所。从1918年起,北大各种学生组织以红楼为活动场地的不下几十个,现根据手头现有资料,将相对重要社团组织在红楼的活动情况列于下表:

名称	成立年月	以红楼为场所时间	宗旨	主要活动	红楼内活动地点
新潮杂志社	1918年11月	1918年11月	批评的精神、科学的主义、革新的文词	编辑出版《新潮》	一层二十二号
书法研究社	1917年12月	1918年12月	昌明书法,陶养性情	每周任写各体书呈教员评定	一层十三号
哲学研究会	1919年1月	1919年1月	研究东西诸家哲学沦启新知	讨论哲学问题,讨论会每月一次公开演讲	四层哲学门研究所
国故月刊社	1919年1月	1919年2月	昌明中国固有之学术	编辑出版《国故》	三层三十三号
新闻学研究会	1918年10月	1919年3月	研究新闻学理,增长新闻经验,以谋新闻事业之发展	听导师讲演学习新闻学知识	二层十二号
平民教育讲演团	1919年10月	1919年10月	增进平民智慧、唤起平民之自觉心	开始在街头不定期讲演,后利用官立的讲演所并在北大附近设点定期演讲	三层西楼梯北面

续表

名称	成立年月	以红楼为场所时间	宗旨	主要活动	红楼内活动地点
校役夜班	1918年4月	1920年4月	对本校全体校役所施教育，以引起其道德观念增进其生活常识	讲授修身、国文、算术、外国语等课程	二层十二号
世界语研究会	1919年10月	1921年			四层东边设世界语阅览室
		1923年5月			三层第二十五教室
		1926年12月			三层西首三十六号
政治研究会	1921年2月	1922年10月	本互助的精神研究政治，增进学术	讨论、剪报，出版《政治评论》	剪报室在三层办公处在三层十三号
法律研究会	1921年10月	1921年12月	研究法律学理，促进法律发达		红楼四层法律系阅览室
二十五周年纪念会学生筹备会	1922年11月	1922年11月筹备二十五周年纪念活动	二层西头三十八号		
经济学会	1921年11月	1923年1月	本互助之定神谋经济学术之发展	聘请名人讲演，进行社会经济调查，出版《北大经济学会半月刊》	二层西头
行知社	1923年12月	1923年12月	所知所信而勉行之	名人讲演	三层东首路北
教育研究会（1925年11月改名教育学会）	1922年3月	?	研究教育学理及实际问题	名人讲演，研究、调查	阅览室在四层西
					会址在四层西首三十六号
					分组研究在二层第六教室

续表

名称	成立年月	以红楼为场所时间	宗旨	主要活动	红楼内活动地点
国语辩论会	1921年	?	修饰词令，阐发学理	每周在导师辅导一下开展辩论、演说	二层第二教室第一教室
法文戏剧社	1924年1月	1924年1月	研究及介绍法国戏剧	编译法文戏剧并排演	法文教授会
国文系读书会	1924年1月	1924年1月	交换学识联络感情		二层二十八号
史学会	1922年11月	1924年3月	联络同志研究史学	请专家演讲，出版《史学季刊》	四层楼东头路南十七号
爱智学会	1924年	?		编辑出版《国学月报》、《社会科学》	二层西头三十八号
国语演说会	1924年10月	1924年10月	练习语言交换智识	每周演说一次	二层第一教室
学生会筹备会	1924年11月	1924年11月筹备学生会		二层东头	
社会科学研究会	1924年10月	1924年	研究社会科学及社会问题	个人研究与团体研究相结合，开会交换心得	四层东头
北京大学学生会	1925年1月	1925年3月	发扬文化、改进社会、协助学校谋利会员		二层楼西头
		1927年1月			四层
法律学会	1925年1月	1925年1月	研究法学、敦笃友谊	专门研究、刊行出版物、辩论实习、建议本系改良事宜	三层西头
社会调查团	1925年1月	1925年1月	调查社会状况，解决社会问题	开展教育调查、工业调查	三层十二教室、十六教室
学术研究会	1925年12月	1925年12月	研究学术	学术讲演、分组研究、宣读论文、刊行杂志	四层东

续表

名称	成立年月	以红楼为场所时间	宗旨	主要活动	红楼内活动地点
孔子学说研究会	1925年3月	1926年1月	研究孔子学说	研究孔子学说并发表	二层第二十八号
中国书法研究会	1926年1月	1926年1月	研究中国各体书法，俾发扬光大固有之艺术		二层西首第二教室

其中比较有影响的社团除新潮社和书法研究社以外，还有国故月刊社、新闻学研究会和平民教育讲演团。

在这三个社团里以新闻学研究会与红楼关系最密切。北大新闻学研究会是中国第一个有组织的新闻学研究团体。1918年10月，由北大校长蔡元培、北大文科教授徐宝璜和时任《京报》社长邵飘萍发起组织，原名北京大学新闻研究会，1919年2月改名北京大学新闻学研究会。蔡元培任会长，徐宝璜任主任，邵飘萍任导师，徐宝璜讲授编辑新闻、邵飘萍则偏重评论新闻及新闻记者之外交术❶，其宗旨是"研究新闻学理，增长新闻经验，以谋新闻事业之发展。"办有《新闻周刊》，为实习和传播新闻知识的园地，是中国最早的新闻学刊物，共出版3期。李大钊、高一涵都曾应邀到学会演讲。中国共产党早期组织成员毛泽东、高君宇、谭平山、罗章龙等都是该会的会员。北京大学新闻学研究会的成立，开中国将新闻作为一门科学进行研究之先端。会员们系统接受了近代新闻学的知识，培养了一批新闻工作人才，不少会员成为当时一些报刊杂志的主力。该会的成立推动了新闻学和新闻学研究活动在中国的开展。

新闻学研究会成立后的主要活动都在红楼，红楼见证了新闻学研究会的发展。1918年10月"北京大学新闻研究会"成立后，规定每逢周一、三、五晚上8点至9点，全体会员聚集在理科第16教室或红楼第34教室（二层西三十号）听课、练习、研究、议事。1919年2月19日，学会在红楼二层第34教室召开改组

---

❶ 《北京大学日刊》1919年1月27日第1版《新闻学研究会启事》。

大会,修改、通过简章,更名为"北京大学新闻学研究会",并改选了职员。蔡元培亲临会场并当选为正会长,徐宝璜当选为副会长,黄杰、陈公博当选为干事。此次大会到会会员有毛泽东、谭植棠、区声白等24人。❶ 1919年3月,新闻学研究会觅定红楼二层十二号为会所,仍以第34教室为研究地点。这年4月16日,新闻学研究会在第34教室召开会议,决定出版《新闻周刊》❷。从1919年下半学期起,新闻学研究会于每星期日上午9点至11点在红楼第35教室(二层三十一号,34教室对面)开研究会由导师演讲。❸ 10月16日,新闻学研究会在红楼一层的文科事务室举行研究期满式,首由干事曹杰主席,报告开会理由及一年中过去情形。次由会长蔡元培先生发给证书,并致训词,导师徐宝璜及会员代表陈公博发表演说。陈公博、谭植棠、区声白、谭鸣谦(平山)、杨亮功等得听讲一年证书,来焕文、毛泽东、常惠、高尚德(君宇)得半年证书。❹ 1920年3月22日,会员在红楼二层的新闻学研究会事务所开茶话会,讨论进行办法。1920年6月,新一届新闻学研究会会员取得了听讲证书。8月,红楼布局发生调整,新闻学研究会事务所改成各委员办公室,新闻学研究会事务所迁到何处现不得而知。1920年10月以后,研究会的活动,终因领导人出走的出走,会员毕业的毕业,惟一负责人徐宝璜就任民国大学校长,基本上不在北大,而逐渐减少、停止,终至不宣而散❺。

国故月刊社:1919年1月26日下午一时,北大教授刘师培、黄侃、陈汉章及北大学生陈钟凡、张煊等数十人,在刘师培家里开会,"慨然于国学沦夷",成立国故月刊社,刘师培、黄侃被推为总编辑。该刊章程规定"以昌明中国固有之学术为宗旨"❻。时值新文化运动风起云涌,社会上趋新的风气盛极一时,此时谈"昌明中国固有学术",无异于公然反对新文化运动。和陈独秀、胡适等提倡新

---

❶ 《新闻研究会之改组纪事》,《北京大学日刊》1919年2月20日第3、4版。
❷ 《新闻学研究会启事》,《北京大学日刊》1919年3月22日第3版。
❸ 《新闻学研究会本星期日开会启事》,《北京大学日刊》1919年10月18日第1版。
❹ 《新闻学研究会发给证书纪事》,《北京大学日刊》1919年10月21日第2版。
❺ 参考萧超然:《我国第一个新闻学研究团体——"北京大学新闻学研究会"始末》,见《北京大学与近现代中国》,第376-385页,中国社会科学出版社2005年。
❻ 《北京大学日刊》1919年1月28日第4版。

文化的新派人物相比，刘师培、黄侃等被社会上视为旧派人物。蔡元培校长虽然倾向于新派，但本着"兼容并包"的原则，仍然对国故月刊社予以支持，除垫付一部分出版经费外，还为之提供活动场所。这年2月，国故月刊社觅定红楼三层三十三号（1918年红楼三层图国文门教员室）为社址，接收该社编辑、社员函件、稿件❶。3月20日，《国故》月刊出版，成为与《新潮》、《国民》并列的北大三大学生刊物。国故月刊社同人虽无意卷入新旧之争，《国故》内容主要以学术为主，但他们所要"挽救"和"昌明"的，正是陈独秀、胡适、傅斯年、罗家伦等必欲打倒而后快的"旧思想旧文化"，双方难免在思想上发生冲突，社员张煊发表的《言文合一平议》、《驳〈新潮〉〈国故和科学的精神〉篇》就对新文化诸子的主张提出了批评。但实际上《国故》一共只出了四期，1919年下半年黄侃离京南下，11月18日刘师培病逝于北京，几位主要的学生编辑也相继毕业，国故月刊社也就自动解散了。

北大平民教育讲演团：1919年3月，北大学生邓康（后改名邓中夏）、廖书仓、罗家伦、康白情等发起成立北京大学平民教育讲演团，并于这年3月23日正式成立，一直持续到1925年还有活动。北京大学平民教育讲演团以"增进平民智慧、唤起平民之自觉心"为宗旨，以露天讲演为手段。讲演分定期与不定期两种，前者每逢星期日借北京城内各处讲演所举行，后者遇有特别事件发生或放假，经本团团员认为必要时举行。讲演内容以反帝反封建为主，包括反日爱国、民主自治、破除迷信、反对封建家族制度、普及科学知识和提倡文化学习等方面。创办不久，颇见成效。五四运动之时，平民教育讲演团在北京东、南、西、北四城宣讲所讲演"青岛问题"、"青岛交涉失败的原因"、"争回青岛"❷、"为什么要爱国"、"日本的野心和中国救亡的法子"❸等题目，唤起普通市民对学生爱国运动的同情。这一年，平民教育讲演团觅定红楼三层原德文教授会事务室（参考1918年红楼三层图）为事务所，在这里议事、开会、收缴会费，处理团内各种

❶ 《北京大学日刊》1919年2月22日第3版。
❷ 《北京大学日刊》1919年5月14日第2版。
❸ 《北京大学日刊》1919年6月5日第2版。

事务。1920年8月红楼内布局进行调整,取消平民教育讲演团事务室改成教员休息室,平民教育讲演团事务室迁到二院。同年12月,学校出于对讲演团在提高国民常识、推行平民教育方面成绩的认可,特于马神庙东口租屋一间,做为该团的讲演场所。❶

讲演团成立初期,邓中夏、廖书仓是主要负责人,后期主要由朱务善负责。许德珩、周炳琳、康白情、罗家伦、常惠、俞平伯、孟寿椿、段锡朋、朱自清、杨钟健等都是讲演团的早期成员。更值得一提的是,北大最早的共产党员大都是讲演团的成员,并负责领导工作,从1920年4月开始,讲演团开始到农村和工厂中去讲演,使具有初步共产主义思想的知识分子获得了联系工农群众的初步经验,并为中国共产党在长辛店开展工人运动打下了基础。

八　红楼周围环境及建筑问题

红楼所在地当时称为汉花园。光绪二十八年(1902年),京师大学堂因新增设了不少学科,校舍不够使用,也没有体育场,于是内务府就把由他们所掌管的皇家产业,现在沙滩大院(《求是》杂志社)南部,当年八百多平方丈的空地"汉花园",和用一千五百两白银租用"松公府"(清光绪年间一等忠勇公松椿的府地)的余地拨给了大学堂以增建校舍。当时首先建了操场,每年春秋二季,在此召开运动会,其余时间作学生们的踢球场。❷ 1916年,北大与比利时仪品公司订立借款合同,借洋二十万元,在此地建筑预科学生寄宿舍,也就是现在的北大红楼。

红楼建成后,北面仍然辟为大操场,又在其周围增建围墙一座,成为一个单独的院落,东面与北河沿平行,开有东便门(见图3),南与东斋找齐,以红楼门厅正对处开正门,建有号房和校警室,并于1919年在现在文物出版社读者服务部的位置设售书课,售卖图书及讲义。正西面与东斋建筑平行,西北面有腰门,通

---

❶ 《北京大学日刊》1920年12月24日第3版。
❷ 王画初:《记优级师范馆》,见陈平原、夏晓虹:《北大旧事》,第12页,三联书店1998年。

向东斋。北面以松公府建筑南墙为界。院墙以里,1920年曾在红楼南部挖游泳池一座,但后来由于游泳池地基不稳,修理多次而仍不胜水压❶,最终没能投入使用。红楼北部,是宽阔的大操场,同学们在这里进行各种体育活动,学生军也在这里操练。

红楼院墙的四周,东侧有一条河向南流去,这是明清两代的御河,被刘半农称为"北大河",据他回忆,1920年前后,这条河除"隆冬河水结冰时,有点乌烟瘴气,其余春夏秋三季,河水永远满满的,亮晶晶的,反映着岸上的人物草木房屋,觉得分外玲珑,分外明净。……两岸的杨柳,别说是春天的青青的嫩芽,夏天的浓条密缕,便是秋天的枯枝,也总饱含着诗意。"只是过了不到十年,河水越来越少,春、秋两季都没有水,"夏天有了一些水了,可是臭气冲天,做了附近一带的蚊蚋的大本营。"❷河的两岸,东侧称黄城根儿,西岸称为北河沿儿,不少北大的老师、学生流连于河边,吟诗造句,朱自清就留下一首著名的《北河沿的路灯》。红楼南侧为汉花园大街,这条东西向的大街,东到北河沿,西到河滩路口(即现在的北池子北口),汉花园东侧建有两座御河桥供通过"北大河"。汉花园大街南侧为民房,有一条名为新开路南北向的胡同,由于北大宿舍一直紧张,胡同内的平房许多租给北大学生做公寓,更有不是北大正式学生,只在北大课堂听讲的,也住在这里,所以这里也是学生扎堆的地方。红楼东侧为1909年建造的北大第二寄宿舍,因为在第一寄宿舍的东侧,被称为东斋。东斋院落不大,房间也很小,为一列列或朝南、或朝北的排房,一个房间住两个人。

当年北京极少高大的西式楼房,红楼一建成,便成为庞然大物,有雄视一方之势,并很快取替马神庙校舍成为北大的标志性建筑。

但红楼在工程结构上有一定问题,建成后不久就凸显出来。1920年初,红楼建成后还不到两年,就出现了墙壁有裂缝,地板与墙有数处分离的现象❸;这年11月初,红楼遭遇大风,房顶木制支架部分破裂,并致使四层楼上数教室顶

---

❶ 《北京大学日刊》1921年11月22日第4版。
❷ 刘半农《北大河》,见陈平原、夏晓虹:《北大旧事》,第572、573页,三联书店1998年。
❸ 《北京大学日刊》1920年3月3日第1版。

蓬塌下❶;1924年11月,红楼西北角厕所又出现要倒塌的征兆❷。校舍是人口密集的地方,对红楼的安全问题,校方每次都十分重视,除要求红楼施工监理单位仪品公司对红楼损坏部分进行修理,还聘请专业建筑工程师察看红楼是否有危险,所幸每次专家都认为红楼除房顶木架结构不符合工程原理、易破损,最好拆掉重建外,红楼基底、围墙、及全部结构,均甚坚固,绝无危险。

红楼内还发生过几起火灾,除上文所述1921年有人蓄意于红楼纵火外,1924年1月6日下午8时红楼三层东头烟筒失火,烧毁西邻室内地板一部分,幸发觉尚早,很快扑灭,未致成灾。学校认为设于红楼建筑内的烟筒是极大的安全隐患,遂作出将红楼内浴室所用两个火炉停用的决定。❸ 为防火灾,这年5月,学校又规定不允许在一院聚众开会。

幸运的是虽然红楼出现了诸多安全问题,但都没有酿成重大事故影响教学活动和学校的正常运行。

九 红楼由北京大学第一院变成京师大学校文科

从1917到1927年的十年无疑是北大历史上最重要的十年,正是在这十年中,蔡元培校长的改革使北大奠定了学术自由、民主进步的传统,奠定了北大在学术上的地位,成为名副其实的中国第一高等学府。但在这十年中的后几年,北大也面临着无数的困难,甚至曾被取消。民国建立后,各届军阀政府忙于内战,国家预算多作军费,致使教育经费奇绌。北京政府于1919年确定北大经费每年为七十九万二千余元,这个数目直至1924年止没有变更,而实际上北京政府常以国库支绌为由,不照预算发付,最严重时一年仅发五个月经费。教职员欠薪情况非常严重,有时一个月只能领半薪,许多教员不得不用兼课的办法维持生计。在这种困难的情况下,蔡元培及在蔡元培离校期间主持校务的代理校

---

❶ 《北京大学日刊》1920年12月15日第3版。
❷ 《北京大学日刊》1924年11月15日第1版。
❸ 《北京大学日刊》1924年1月8日第1版。

长蒋梦麟多方筹措经费,在各位教职员的配合下,勉力维持教学。但从1926年下半年开始,北京国立各校的经费更加困难,北大因经费无着,这一年延迟到10月20日才开学,而实际到11月中旬才正式上课。到1927年初,已无力印发讲义,红楼在寒冷的一月份已有数日不能举火取暖。教职员往往只发薪俸四成,许多教授纷纷离校他去。但这些对于北大来说还不是最严重的,1927年大革命失败后,全国迅速进入了白色恐怖的黑暗统治时期,统治着北京的奉系军阀张作霖决定取消北京大学,将北京的国立九所高等学校,合并成立所谓"京师大学校",北大第一院红楼成为京师大学校文科所在地,门口原挂着的"国立北京大学"匾额也被"国立京师大学校"代替,直到1929年8月才恢复了北京大学的名字。1930年12月,蒋梦麟正式出任北京大学校长,在他的带领下,北大进入"中兴"时代,红楼也于1931年成为北大文法学院。

1928年至1937年红楼使用情况考证

田 丹

一 红楼：文法学院的所在地

（一）复校后北大校舍状况

进入二十世纪二十年代，军阀割据和混战加剧，北京大学在黑暗而动荡的形势中艰难度日。雪上加霜的是，预示着北京军阀政府对知识阶级以及人民恐怖时代到来的1926年三一八惨案发生后，北大教授日渐星散，多数南行。至1929年，国内局势又发生重大变化。先是奉系军阀张作霖于1926年12月底入主北京，紧接着南京国民政府北伐成功。北京教育界更深受其害，北京大学久为众矢之的，遭遇空前不幸，三年之内五次改制易名❶。1929年8月，持续近一年的北大师生复校运动终于告成，由陈大齐代理校务，内部组织恢复1927年8月之前之旧貌。1930年12月4日，国民政府正式任命蒋梦麟出任北京大学校长。

---

❶ 国立北京大学五次易名为：
　① 京师大学文科、理科、法科第二院（1927年8月—1928年6月）
　② 中华大学（1928年6月—1928年9月）
　③ 国立北平大学文、理、法三学院（1928年9月—1929年3月）
　④ 国立北平大学北大学院（1929年3月—1929年8月）
　⑤ 恢复国立北京大学原名（1929年8月）

经过连年的军阀混战与数次政治变迁,此时复校后的北京大学受经费积欠及其它不安定之影响已到了山穷水尽的地步,处于风雨飘摇之中。教学秩序极其混乱,科学研究工作几乎停顿。学生自由散漫,教授大量流失,还在职的教授们一身而兼数课者,比比皆是,严重影响了教学质量。学校经费枯竭,十之七八的经费都用于支付教职员工的薪水,无力添置书刊资料及仪器设备,更不用说扩充校舍了。而北京大学校舍的现实情况是严重不敷使用,突出表现在校图书馆简陋与学生宿舍付缺如。

北京大学图书馆初设于该校第二院之后院,1918年10月迁至第一院红楼第一层。红楼初建时并非为图书馆而设计,一切设备均不合用,所以蔡元培主校时,与蒋梦麟总务长、胡适教授等人曾积极谋划兴建新图书馆,但限于时局动荡下建筑经费难以筹措而未克实现。随着北大规模扩大,图书馆日渐的发展,红楼建筑不适宜用作图书馆的缺陷愈益显露,至二十年代末,北大图书馆设备不齐全、局促的环境等不利条件在制约着学校教学与科研的发展,建筑新图书馆实为急不容缓之事。

位于红楼一层的图书馆里天天闹人满为患,狭小的房屋不便于陈列和查阅,学生们上下课都要经过一层,发出的足声则容易分散阅书者的注意力。由于红楼一层空间有限,无法容纳数十万卷的北大藏书,不得不在第二院、第三院加设两个阅览室,分别存放自然科学、社会科学书籍❶,给师生借阅图书带来了极大不便。一位署名"之季"的学生在其为学校"整顿现状,充实内容"所撰写的《由欢迎蒋校长说到我们第一步的希望》文章中就发出如此感慨:"硬生地把图书三分了!其实彼此都是衔接的,哪里可以割裂,例如社会学那真不如放到三院好还是放到一院好。"❷不尽人意的馆舍条件也间接造成了大量馆藏图书散失。自"京师大学校"时期以来,北大图书散失非常严重,傅斯年就因在北平小书摊上常看到卖北大图书馆的书致函蒋梦麟,询问究竟。对此,于民国十八年度担任过北大图书委员会委员的周作人向他分析了原因:正是在于我校图书馆

---

❶ 《北大图书部月刊》发刊词,民国十八年第1卷第1期。
❷ 《北京大学日刊》民国二十年一月十四日,第2531号。

条件差，使得教员、学生不愿去那里看书以致大量外借，在传借中遗失。他同时提出治标的办法，就是"增加刊物，扩充地盘，这才办得好，这才能够使大家去多看书，少借书"。❶ 另外，红楼建筑属砖木结构，多系木料，本身就存在安全隐患。一但不慎引起火灾，为值甚巨的馆藏书籍便将付之一炬，损失之大，何堪设想。1921年与1924年红楼内两次失火已向每一位北大人发出了警示。在北大复校后迎来的建校三十一周年校庆纪念活动中，学校对在校学生进行了民意心理测验。测验单里边设有"北大最大的缺点是什么"的题目，统计结果表明，选择"无大规模图书馆"的人数居第一位，占到了回答该题总人数的四分之一以上。可见改善馆舍环境成为全校一致之呼声。

增建学生宿舍则是全校的另一共同愿望与要求。老北大可不像如今的北京大学拥有集中的学生宿舍区，从京师大学堂时代发展到二十年代末，北大学生宿舍分散在三院周围，共有五处，称作"五斋"。❷ 分散住宿的情形本已令学生感到不便，更糟的确是，伴随学生人数的增多，学校连这样的宿舍床位也不敷分配，一时又无法解决，只能让相当一部分学生居校外民房或公寓，那里屋宇污秽，空气恶浊，人声嘈杂，根本不是读书钻研和生活之所。复校后，那些备受住公寓或民房之痛苦的学生立即组成"要求增加宿舍会"，向学校情愿，他们表示不达到有宿舍住的目的，决不停止奋斗。1931年2月6日，学生会向蒋校长呈递了关于改进校务的《学生会建议书》，书中所提建议达十五条之多，第一条便是催促学校尽快添置学生宿舍，并列出四点颇具说服力的理由。据学生会统计，目前"我校同学共有一千二百三十人，而住校者仅七百十三人，不得住校者尚有五百十七人。"❸

---

❶ 《函牍：与傅孟真谈图书馆事书》，《北京大学日刊》民国二十年三月六日，第2575号。
❷ 复校后的北大共有学生宿舍五处，分别是西斋第一宿舍（建于1904年，位于马神庙景山东街西口，今沙滩后街59号，约容三百余人）；东斋第二宿舍（在一院红楼的西北边，光绪末年建成，约有房间一百五十四间，能容两百余人。）；三斋第三宿舍，（位于红楼迤南约一里东华门内的北河沿路西，约容一百余人）；四斋（嵩祝寺后椅子胡同）；五斋（地处松公府夹道，居于二院和西斋之间，今沙滩后街57号），为女生宿舍。在随后几年里，北大第三院改成了宿舍，五斋迁至北大第二院西南角，三斋被取消。
❸ 《北京大学日刊》民国二十年二月十七日，第2560号。

(二)蒋梦麟扩充校舍计划及应急措施

通过上述分析可知,解决校舍问题是蒋梦麟回长北大后所面临的当务之急与大势所趋。而且,全校师生把校舍问题的解决寄予在他身上,这不仅是因为他曾三度代理北大校长,并协助蔡元培革新北大,后又担任过浙江省教育厅长、浙大校长及国民政府教育部长等职,极富社会资本和管理能力,更重要的在于,与蒋梦麟北上就职的同时,一笔数额可观的款项即将注入北大。它可为北大革新提供物质上的保障,是帮助北大走出困境,重新振兴的关键。此款项即由热心北大事务的胡适、傅斯年等人为消除蒋梦麟出任北大校长的顾虑,而几经周折争取到中华教育文化基金董事会(the China Foundation for Promotion of Education and Culture)❶支持的"合作研究特款",其初步补助案在1931年1月9日中基会第五次常会上被与会董事一致通过,即"自民国二十年度起,由基金会每年提出国币二十万元,赠与国立北京大学,以五年为期",用于"设立北大研究教授,扩充北大图书仪器及他种相应的设配,设立北大助学金及奖学金。"❷

以五年为期的一百万元"合款"补助❸使改革北大的经济基础得以稳固,解决了蒋梦麟"巧妇难为无米之炊"的后顾之忧,令全校上下为之欢欣鼓舞。于是,他决心中兴北大,自言要用三个月的时间来观察实际情况,来发现问题,上任伊始便筹备起了在学校行政组织与教学制度、师资阵容、设备与课程等方面对北大进行改革与整顿。身为教育学者的蒋梦麟视良好的教学条件为高校发展的第一要工具,早年就与其他北大同仁为此努力过,所以此时面对方方面面的呼吁,他更是决心将扩充校舍作为北大改革中的一个重要方面。

首先,蒋梦麟将学校酝酿已久拟买松公府校址的事落实下来。在现有经费仍很困难的条件下,他不惜以私人关系向银行举债,于1931年2月13日花费七万四千元购置了红楼以北偏西、广袤约百亩松公府的全部房地。其实,红楼

---

❶ 该会简称"中基会",1924年9月在北京成立,是负责保管、分配和监督使用美国第二次"退还"的庚子赔款的科学文化机构。其宗旨为"使用该款于促进中国教育及文化事业",所以自成立后,对民国教育的发展产生了相当影响。

❷ 《胡适日记全编》第六卷,第12、95页,安徽教育出版社2001年。

❸ 此项资助计划在1934年作了调整,改为中基会每年拨10万元,而期限由原来的五年延长到七年。

背后的操场空地亦属于松公府。民国二十二年度《国立北京大学一览》中的"校舍沿革"部分对此有明确记载：1918年2月红楼由宿舍改为文科教室，"教室之北，为松公府空地，向其租得一部分以作操场"。松公府，即一等忠勇公府，是前清乾隆孝贤纯皇后弟弟傅恒的赐宅，位置在今沙滩北街（民国时称松公府夹道）。学校拥有了这块基址，就可建筑图书馆、各科科学馆、体育馆、大礼堂及学生宿舍或在松公府建筑教室，建成后把一院红楼充作宿舍，并开辟"大学路"贯通仅隔几条短街的汉花园第一院与景山东街第二院（在今沙滩后街55号）及新建筑，形成一整个的大学区域。这是蒋梦麟的打算，同时他也深知，虽然下学年度中基会资金就可领得，可它不是主要用于扩充学校的建筑设备，且兴建校舍所需的建筑费数目不小，须经过一段时期的积累，所以上述校舍扩充计划目前尚无法进行，但考虑到下学年开学新生住宿肯定是无法解决的，老生住宿问题不能再拖延下去，必须在图书馆与学生宿舍问题上对全校师生有所交待。1931年5月，蒋梦麟与校行政会议就此事筹商出了一个权宜之计，决定"自下学年起，以松公府旧房，稍加修葺，暂充图书阅览室，将一院图书移此，一院图书室充法学院教室，而以三院改充宿舍，暑假期内可修理竣事，大约可容两百余人"。学校的此项校舍应急措施很快便经学生会公布在是年5月28日的《北京大学日刊》第二版上。❶

（三）红楼成为文法学院

如前所述，蒋梦麟上任伊始就计划对北大实行全方面的革新。关于北大学制改革，1931年1月30日，他在胡适家中着重谈了他的想法，决定采用院长制。胡适认为"此是一大进步"，甚表支持。❷ 遂经3月26日学校第五次评议会通过，秉承蔡元培校长民主治校理念，蒋梦麟从4月1日起开始遵照国民政府于1929年7月26日公布的《大学组织法》和同年8月14日公布的《大学规程》正式筹备学校组织方面的改革，"增设文、理、法三学院"首当其冲成为其初步北大

---

❶《学生会通告》，《北京大学日刊》民国二十年五月二十八日，第2639号；《北京大学行政之新计划》，《京报》，民国二十年八月三日。

❷《胡适日记全编》第六卷，第51页，安徽教育出版社2001年。

组织改革计划的主要内容。3月31日天津《大公报》第四版还以"北大改变组织,文理法三科改组为院"的标题就此作了简要报道。

1931年7月,《国立北京大学行政组织系统草案》拟定,8月在全校试行开来。《草案》对北大学制方面的调整为:废除原有的学系制,改文、理、法三科为文、理、法三学院,实行学院制,全校共设14个学系。各学院各置院长一人,由校长就教授中聘任;各学系各置主任一人,由院长商请校长就本系教授中聘任。各院有院务会议,各系有系务会议,审查及计划院务与教学事宜。❶ 原属各院的事务和教务统归事务处和教务处负责,改变了过去教授兼任事务的制度,贯彻了蒋梦麟上任初始所提出的"教授治学、学生求学、职员治事、校长治校"16字办学方针,有利于学术与事务的明显划分,使得曾遭军阀践踏的北大学风有了很好的恢复。

这样北大第一、二、三院便有了新名称,分别为文学院、理学院、法学院。与此同时,图书馆和法学院迁址的计划措施也着手执行。具体负责北大图书馆搬迁工作的是于3月以史学系教授身份就任图书馆长的毛子水,他上任后立即针对亟待解决的馆舍落伍问题向蒋梦麟献计献策,图书馆暂迁入松公府的临时方案从形成到最后通过与他的积极努力是分不开的。1931年暑假(7月1日至9月8日)北大图书馆由红楼迁出进住新购买的松公府前部,法学院则从北河沿第三院(今北河沿大街147号)迁至红楼一层。至于二者搬迁的详细经过现已无从考证,只知,这期间未离校的学生响应学生会号召参与了图书整理工作。1931年9月9日开学,一院红楼正式成为文法学院所在地,因而整个二十世纪三十年代除第一院大楼的叫法外,红楼亦被称作文法学院大楼,这可从主要登载那一段时期北大行政及学术消息的校刊《北京大学日刊》及《北京大学周刊》上得到查证。

目睹北大校舍变动,尤其是"把第一院囚室般的图书馆阅览室迁移至松公府新馆,学生们莫不笑逐颜开,认为是北大未来的光明",❷ 而他们所真正期待的

---

❶ 《北京大学日刊》民国二十年八月二十九日,第2676号、民国二十一年六月十七日,第2861号。
❷ 青光:《我对于北大图书馆的一点意见》,《北大新闻》民国二十一年四月二十日,第2号。

"北大未来光明"终于在1935年秋季以后相继来到。那就是学校经过三年努力,利用中基会补助余款和全校教职工及北大毕业生的捐助,在红楼身后拔地而起了三大建筑,"一个容量相当大的图书馆,一个很实用的地质馆,以及一所漂亮的学生宿舍",均为当时全国各大学中难得见到的一流建筑设备。同时,计划扩建的大学路也随之筑成。它成十字形,横路自北河沿经过北大操场、图书馆前,直至景山东街以地质馆为最西之尖端,纵路即将东斋门外马神庙小马路加宽建筑,并向北延长。全路用石子铺填,把北大沙滩校区连成一片,解放战争时期就读北大的老校友回忆当年经常称道的"北大沙滩区"就在这时初显轮廓。

二 红楼各层的使用情况

北京大学经过"京师大学校"、"大学区制"的大变动后,直到1929年4月13日,自1927年8月7日停刊的该校校刊《北京大学日刊》才正式恢复出版,这样,1927年8月7日至1929年4月12日这段时间的红楼各层使用情况无从考证。所以这里所考证三十年代红楼使用情况起止时间为1929年4月13至1937年7月1日。为了便于说明这近十年的红楼各层使用情况,本文将利用《(民国二十二年度)国立北京大学一览》❶中所附"国立北京大学第一院校址图"从红楼成为文法学院以后说起,原各层设置(指1929年4月13日至1931年9月8日)发生位移、迁出或未变动的会作以交待。

(一)文学院(三、四层)

1. 学系

学院制下文学院共设五个学系,即哲学系、教育学系、中国文学系、外国语文学系、史学系。❷ 心理学系划入理学院,原与教育系同在红楼三层的心理学

---

❶ 乃当时校方印刷的宣传品,供学生选课参考用。它包括"沿革"、"组织及规章"、"课程"、"教职员录"、"学生一览"等五部分。

❷ 遵照国民政府教育部令,北大于1930年度停招预科生。至1931年6月北大预科二年级生全部毕业后,北大各院只有本科各学系。另外,1934年度北大心理学系被并入文学院教育学系,改称心理学组,不过该系实验室仍在北大第二院。

國立北京大學第一院校舍圖

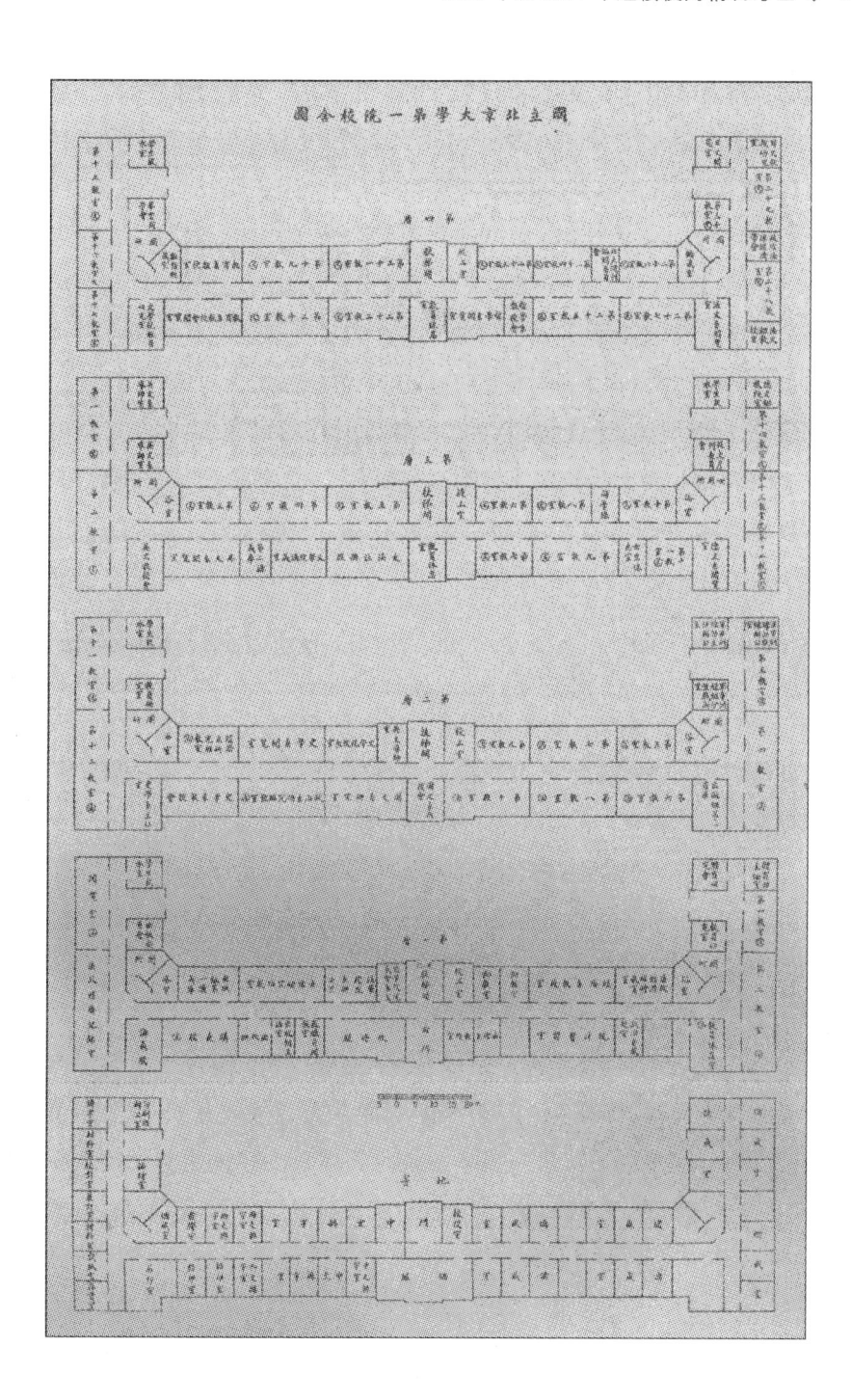

系，于1931年新学年开学前就从红楼迁出移到景山东街北大第二院，三层主要分配给外国语文学系使用。这里的外国语文学系是校长蒋梦麟合并原有的英文学系、法文学系、德文学系、东方文学系而来，内分英文组、法文组、德文组、日文组。虽然"国立北京大学第一院校址图"（民国二十二年度，即从1933年9月至1934年6月）是考证三十年代红楼各层布局所仅有的一张平面图，但通过笔者查阅这时期北大出版的所有校刊，摘录其中各种关于北大师生在红楼房间活动的布告，再与此图对照，不仅能够明确1931年9月新学年开学，红楼成为文法学院后，当时每层的规划设置同它基本符合，而且其后三年中红楼各层使用也未有多大变化。因而从该图可清楚地了解到1931年暑假过后，第一院文学院各系教授会室、主任办公室、阅览室及教室主要分布在红楼三四层，中国文学系和史学系的办公地点则未变动层次，仍在二层（其教授会室、主任办公室及阅览室的具体位置可能有所调整），不过两系学生上课都在三四层。

据"国立北京大学第一院校址图"所示，我们仅能找到文学院史学系系主室的具体位置，而没有发现其余各系的系主任办公地点。一位于1934年入北大史学系就读的北大老校友余行迈教授的回忆文章解释了此疑问。原来系主任办公室与系教授会室在一处，"一里一外，隔为两间"。❶ 这一时期的教授会可不同于蔡元培时代的，它管理学校事务的权力范围明显缩小了。坚持民主治校理念，蒋梦麟在三十年代的社会环境中发展了蔡元培的教授治校管理模式，提出并实践了他的"校长治校"方针。体现这一方针的《国立北京大学组织大纲》于1932年6月16日正式公布。在学系组织方面，它规定，各学系主任商承院长主持各系教学实施之计划，其人选原由本系教授选举产生，现改为由院长商承校长就本系教授中聘任。"各系设系务会议，以系主任教授副教授组织之，主任为主席，计划本系教学事项"。原先保障教授共同体权力行使的聘任委员会被取消，各院各学系教员的任用都得由院长商请校长聘任之。❷ 至于教员，分成四种

---

❶　余行迈：《老北大的工友》，北京大学档案馆藏。
❷　《北京大学日刊》民国二十一年六月十七日，第2861号。

职级,即教授、副教授、讲师、助教。❶ 实行教授专任制度,严加限制教授校外兼课。规定聘请教授以专任为原则,提高专任教授之待遇。在他校兼课者,则薪金较专任者少;在他校兼课较多者,则改任讲师。同时还改变过去教授第二年续聘后无任期限制的办法,重新规定新教授初聘订约一年,续聘订约二年,在聘约有效期内不得中途他去。

各系教授会办公之所就是教授会室,设有助教一名每日定时在这里办公。除系主任经常于此召集教授会会议商讨系务外,教授会室也是各系教授对本系各年级学生进行课外指导的地方。自1931年度开始,每逢新学年开学各系教授会要推定几位教授在每周工作日内(当时一周里只有星期日休息)轮流指导学生,具体时间、地点会公布在校刊上,每指导期以一学年为限,一学年后再重新划分。各院各系教授们课外指导地点大多在本系教授会室,其中也有个别教授被安排在别处,比如说文学院,各系共用的教员休息室会被使用。外国语文学系英文组确是例外,专门置有英文导师室,英文组教授多在那里指导学生。从图上看英文导师室不止一处,该组长期借用位于红楼二层靠近中间扶梯间右边朝北的文学院院长会客室作英文导师室。导师制的实行益于学生修学及生活之进步,增近师生间感情,同学间亦可增多联络,所以各系保持实施它并尽力谋完善。

系阅览室是在北大复校后纷纷复会或新成立的各系学会为促进本系之发展向校方要求下设立的。外国语文学系、史学系最先开辟,随着图书馆从红楼移至松公府,同学们均感到借书及阅览不便,其他各系学会更是积极向校方申请房间筹建阅览室。至1931年11月初,文学院各系都有了属于本系的图书阅览室。那里陈列着该系应用参考书籍,以便同学阅览,由本系学生轮流负责管

---

❶ 1927年6月,国民政府教育行政委员会公布《大学教员资格条例》。该《条例》规定:"大学教员名称分一、二、三、四等,一等曰教授,二等曰副教授,三等曰讲师。四等曰助教。"《条例》对任职教员的资格作了如下规定:助教须为国内外大学毕业,获学士学位并有相当成绩者,或在国学上有所研究者。讲师须为国内外大学毕业,获硕士学位并有相当成绩者,或在国学上有贡献者,或担任助教一年以上且成绩突出者。副教授须在外国大学研究若干年,获博士学位并有相当成绩者,或在国学上有特殊贡献者,或担任讲师满一年以上且有特别成绩者。教授须担任副教授两年以上,且有特别成绩者。

理。同时,阅览室也是文学院各系及学会举办活动的场所,有的学会还把社址设在阅览室,如日文学会。三十年代文学院各系中,要属史学系和教育系的阅览室办得出色。史学系阅览室中"善本中文书籍,自居各校之冠",考虑到西文书籍寥若晨星、不能应用,该系主任陈受颐极力扩充,年假期间由欧美订购大批最近出版名著,以供参考。❶ 教育学系则于1936年底在该系阅览室的基础上成立教育陈列室,向各地教育文化机关征集现行教育及教育史上有关之照片、挂图、刊物、教本、教材等,以资陈列而广宣传。从于1936年12月19日到次年学校放暑假前教育系在校刊《北京大学周刊》刊登的"鸣谢启事"中,可窥见其时教育陈列室中所陈列各地机关捐赠书物的数量之大,种类之全,这些书物无疑也为该系教员学生学习研究提供了第一二手资料。

2. 院长室

图上看,从二层扶梯间右数第二间朝北房间为文学院院长室。院长正是早年在五四新文化运动中提倡白话文,推动文学革命而暴得大名的胡适先生。1930年11月28日,胡适携眷离沪迁平。他租得地安门内米粮库四号的宽绰大洋楼重新定居下来,并于1931年2月10日重返北大讲台,担任北大哲学系两点钟的"中古思想史",但不受薪俸。文学院院长之职起初由校长蒋梦麟兼任,后经蒋校长、张颐等人多方劝说,胡适义不容辞,允其所请。1932年2月15日,他正式就任文学院院长,其在日记中这样写到,"九点半到第在一院,校长秘书郑天挺把文学院的图章交给我"。❷ 其时,院长不用全日办公,学校安排卢逮曾❸做胡适的专职秘书,襄理院务工作。

院长职责在规定课程、延聘教师、计划出版和指导学生选课,不担任事务性

---

❶ 《北平周报》1933年2月26日第9期。
❷ 《胡适日记全编》第六卷,第176页,安徽教育出版社2001年。
❸ 卢逮曾(1902—1954),字吉忱,山东菏泽县人。1918年考入北大预科就读,1920年升入本科,在文科哲学系学习,受教于胡适之先生之门,1924年毕业。1926年赴英国伦敦大学深造,1928年返国后,任教于山东省立第二师范、国立北平女子文理学院、私立辅仁大学等校。1931—1937年在北大文学院襄理院务与文科研究所工作,期间曾先后主编南京《中央日报》"文史周刊"与天津《益世报》"文史周刊",七七事变发生后奉学校命留守北大校产,1938年离平。抗战期间在重庆经营独立出版社,

的工作。❶ 虽然北大是"校长治校",但除行政事务多由蒋梦麟决定外,教务方面完全由各院院长负责,校长不予干涉。如此,胡适便能够放手去整理院务,为建设"新北大"努力谋划。

　　复校后,北大最大的困难还不是经费积欠问题,而是缺少优秀之教授。力促北大旧教授回校、延揽新教授可谓整顿北大的关键。作为蒋梦麟的得力助手,凭着自己的声望和关系,胡适在六年多里为文学院网罗了一批学有专长、成绩卓著的国内外文科一流学者,于是,学界新锐名宿云集于红楼,请看阵容:中国文学系有马裕藻(系主任)、刘复、罗常培、魏建功、郑奠、罗庸等;史学系有孟森、马衡、钱穆、陈受颐(系主任)、姚从吾、傅斯年、蒙文通、皮名举、毛子水、赵万里等;外国语文学系有周作人、徐志摩、梁实秋(系主任)、朱光潜、叶公超、徐祖正、洪涛生(德籍)、邵可侣(法籍)、潘家洵、赵诏熊等;哲学系有张颐、汤用彤(系主任)、马叙伦、贺麟、郑昕等;教育学系有吴俊升(系主任)、樊际昌、陈雪屏、杨亮功、杨廉、邱椿、尚仲衣、潘渊等❷。以上还只是把三十年代在北大文学院担任过各学系教授、副教授人名列举出来,没有包括各系讲师,而那时北平其他著名高校、研究所名流学者在北大兼职任课,级别只能定为讲师的更不在少数,如陈垣、闻一多、范文澜、陈寅恪、刘崇鋐、蒋廷黻、李济、董作宾、金岳霖、刘廷芳、吴宓、谭其骧、顾颉刚等等学界贤人。

　　有了一流师资队伍的保障,各学系所开课程相应也在不断更新,进而形成较为完善的课程体系。这时期北大开设课程以多和特著称,如史学系课程屡有增损,除去文学院一年级共同必修课外,史学系前后开设课程超过一百种。❸ 每一学年度末,胡适总要与文学院各系主任商量下年度课程改定事宜。1934年度胡适自兼中文系主任后,他更有把北大"养成一个健全文学中心"的抱负。❹ 各系课程改革的具体内容尽管不同,但总的指导精神是一致的,那就是在坚持蔡

---

❶ 萧超然:《北京大学校史》增订本,第281页,北京大学出版社1988年。
❷ 上述三十年代北大文学院各系教员人名主要参考1930年至1937年间北大毕业生所编的各年毕业同学录或纪念册而来。
❸ 牛大勇:《北京大学历史学系简史》初稿,第71页。
❹ 耿云志:《胡适书信集》中(1934年—1949年),第615页,北京大学出版社1996年。

元培通才教育思想的基础上更注重对学生进行专门化训练。四年学程中一二年级课目致力于基本训练，三四年级则注重专题研究。这样也更有利于保证学术教育，达到蔡元培、蒋梦麟始终遵循的设学宗旨，即"大学者，研究高深学问者也"。

1932 年任文学院院长不久，胡适因吴晗转学北大未成向校教务会议就新生入学考试制度提出改革建议，随之还有外国语修习改革办法及成绩考查改革办法，均被很快通过实行。1932 年考入北大的邓广铭正是胡适改革北大新生入学制度受益者，而对新入学的文学院新生，胡院长更是关怀备至，不论多忙，总会抽出时间指导新生入系选课。这里应说明的是，那时新生报考北大只须选择进文学院还是理、法学院，没有具体到系别，入院一年后，北大学生可申请转系或转院。由于文学院各系课程弹性较大，新生在选择学系、课程上感到无所适从，身为文学院院长的胡适因而非常重视之。1934 年 9 月 15 日的《北平晨报》就曾报道过胡适在红楼文学院史学系阅览室同新生谈话的详细内容，现在的青年学生不妨找来一读，或许会从胡适先生在指导学生如何选专业方面所提出的两点原则中受到启发。

3. 教员研究室

位于红楼四层西首朝南的文学院教员研究室，顾名思义就是该院教员研究学术之所，更确切的说，它主要是为本院研究教授而设。前一部分提到的中基会对北大"合作研究特款"资助主要用于聘请研究教授，其人选"以对所治学术有所贡献，见于著述者为标准"，经北大与中基会会同组织的"合作研究特款顾问委员会"审定，由北大校长聘任。研究教授每月薪俸可有 400～600 元，设备费一年 1500 元以内。研究教授每周至少授课六小时，并担任学术研究及指导学生之研究工作，不得兼任校外教务或事务。此外，研究教授为学术上的需要还可往国外研究。❶

研究教授待遇如此之丰厚，令当时国内其他大学望尘莫及，成为北大得以

---

❶ 转引自耿云志：《胡适评传》，第 133—134 页，上海古籍出版社 1999 年。

吸引大批人才的重要原因。1931年至1937年间,北大通过"合款"从本校任职者或国内学者中每年约聘请16～22名研究教授,其中文学院有汤用彤(哲学)、陈受颐(史学)、周作人(外文)、刘复(中文)、徐志摩(外文)、张颐(哲学)、梁实秋(外文)、叶公超(外文)等人。❶ 任教北大期间,他们均在各自研究领域取得卓著的学术成果,如西洋史专家陈受颐先生的《近代中欧文化接触史》、国学大师汤用彤先生的《汉魏两晋南北朝佛教史》等,带动了北大文学院的教学与研究工作。良好学风逐渐恢复之下,文学院各系都培养出众多有为青年,尤其是史学系,现代中国的著名史学家,有相当一批是那时候由北大史学系培养出来的。❷

(二)法学院(一、二层)❸

1. 学系

1931年9月9日北大开学时,法学院正式入住第一院红楼。从图上可知,当时该院三系,即法律学系、政治学系、经济学系的系主任办公室、教授会室都集中在红楼一层东边,三系学生上课在二层法学院专用教室。

三系阅览室不像文学院各系那样单独设置,而是合并在一起称为法学院阅览室,与法政经济阅览室相邻设在一层西头大房间内。其开辟时间也较晚于文学院各系,1932年10月初,原统计实习室被改为法学院阅览室,法学院同学可在每日(周日及例假日停阅)上午九时至十二时,下午二时至五时去那里阅书。❹

法学院阅览室开辟的同时,设立于1922年12月的法政经济记录室也由北大第三院迁至红楼一层西头原统计教室。蔡元培主校时计划筹设研究所国学、社会科学等四门,仅研究所国学门得以实现,1922年1月建立了北大研究所国学门,是中国大学建立专门研究机构之嚆矢。社会科学研究所惟"本校图书异常贫薄,一切可供专门研究材料,如各种国内外统计、公牍、学术期刊之类,尤形缺乏"而未能设立,但那时的北大法科教授顾孟馀、何基鸿等促成社会科学研究

---

❶ 耿云志:《胡适评传》,第135页,上海古籍出版社1999年。
❷ 牛大勇:《北京大学历史学系简史》初稿,第47页。
❸ 北大各院在组织管理、教员聘任等方面均相同,在介绍文学院各室时对此已作阐述,故在说明法学院各室时不再赘述。
❹ 《北京大学周刊》1932年10月1日第3版。

所筹备处——法政经济记录室的设立,以便"一面购置本国、西洋及日本等国社会之定期刊物,一面设法搜集其他研究材料"。当时规定"本校法律政治经济三系教授均为纪录室纪录员。凡本记录室会计事件、搜集材料事件及关于本室材料阅览及使用事件,由纪录员会议决定之。记录员互推书记一人,执行记录员一切议决事件。本室随事务之繁简,得雇佣助手,襄助本室书记事宜。本室记录之职务:一搜集并购买一切关于法政政经济之研究资料;二整理上项研究资料。"❶三十年代北大图书经费有了"合款"的保障,各系能够大量购进参考书等书籍资料,充实三院图书参考室,从而为师生提供了良好的教学、科研环境。

2. 院长室

红楼一层同文学院院长室相对应的位置正是法学院院长室。1931年蒋梦麟筹备北大革新时,邀请了当时在清华大学任教并在北大经济系兼课的周炳琳"回母校帮忙",任法学院院长同时兼经济系教授。周炳琳(1892—1963),号枚荪,浙江黄岩人。1913年考入北京大学预科,1916年升入北京大学法科经济门,1919年参加五四运动,曾任全国学生联合会主席。1920年毕业。后赴欧美留学,研究社会科学理论、经济学等。1925年回国后,应聘为北京大学经济系讲师。同年,经李大钊介绍入国民党。1926年8月到广州国民党中央党部工作。1929年他因想摆脱国民党内部派系斗争而重新回到大学里教书。

抗战前六年中,周炳琳除任职北大,还兼任过国民党北平特别市党部委员,1934年又一度离开北大出任冀省教育厅长,其时的北大左派教授马叙伦等人把他看作"政府派",但北大这位法学院院长虽是国民党员,"终因北大的训练,不脱自由主义的意味",❷这"自由主义"表现在教育上,如相当重要的法学院师资问题,周炳琳仍是本着"学术自由,兼容并包"的北大传统原则,为三系皆聘请了当时蜚声海外的国内社会科学领域顶尖学者。一时间,北大法学院新老名师荟萃。当时的法律学系,主任为戴修瓒,教员有燕树棠、刘志敭、陈瑾昆、蔡枢衡、董康、李祖荫、王化成、张映南、赵凤喈等;政治学系,系主任为张忠绂,教员有陈

---

❶ 《北京大学日刊》1922年11月22日第1114号、1922年12月22日第1137号。
❷ 《胡适日记全编》第六卷,第140页,安徽教育出版社2001年。

启修、张慰慈、邱昌渭、许德珩、陶希圣、陈受康、钱端升、张奚若、张佛泉、萧公权等；经济学系，主任为赵迺抟，教员有周作仁、秦瓒、吴定良、杨西孟、胡谦之、卢郁文、千家驹、赵人隽、樊弘等。❶

北大法科教育要比文、理科教育起步早，亦在中国社会科学教育中历史悠久，发展到二十年代已初具规模，北大法科渐成中国近代社会科学教育和科研的重要阵地。此时周炳琳主持北大法学院后，一改京师大学堂以来长期形成的仿日学科体系，转为仿美，即注重专业的多学科背景又深入钻研所学专业，具体为一二年级学习专业基础课，同时兼习本院其他学系及社会学课程，还可选修其他院系课程。据钱穆先生回忆，他于三十年代在北大历史系教书开"中国政治制度史"时，法学院院长周炳琳告其同事，学生来校只知西洋政治，不知中国政治，今文学院开此课，当令学生前往听讲。遂有政治系全班同学来选听此课。❷ 法学院三四年级课程则趋重理论及实际调查研究。在抗战前的几年里，经济系主任赵迺抟就曾亲自率过三届毕业班同学，分别前往青岛、塘沽和日本各地作调查研究。

限于资料，以上仅就师资、课程方面谈了周炳琳综理院务工作的情况。该院系主任对其人其工作给予较高评价。1935年3月12日法律系主任戴修瓒致函周炳琳院长这样写道，"公自长院以来，多所兴革，学生风纪及在学成绩，以较昔年为进步。"❸

3. 教员研究室、三系研究班教室

法学院研究教授人数均少于文、理学院，在1931年至1937年间，该院仅有赵迺抟、刘志敭、张忠绂、吴定良被聘为北大研究教授，但他们的研究成果同样突出，代表了那时期中国社会科学领域所取得的学术成绩。例如赵迺抟的《英国制度经济学——前驱人琼斯》、《重农学派与重商主义比较》，张忠绂的《欧洲

---

❶ 上述三十年代北大法学院三系教员人名主要参考1930年至1937年间北大毕业生所编的各年毕业同学录或纪念册而来。
❷ 钱穆：《八十忆双亲师友杂忆》，第162页，三联书店2005年。
❸ 转引自李桂连：《百年法学——北京大学法学院院史》(1904—2004)，第115页，北京大学出版社2004年。

外交史(1815年至1933年)》、《中华民国之外交(1911年至1922年)》等。研究教授赵迺抟先生为解决学生中的经济困难,还捐出自己部分薪金于1936年设立"赵母奖学金",奖励北大经济系学业优秀而又家境清寒的同学。❶

如图所示,红楼一二层靠近楼东、西边扶梯间紧邻厕所的位置有两处法学院教员研究室,除法学院研究教授使用外,还为方便本院各系担当研究院研究导师的教授使用。报有学术上中兴北大决心的蒋梦麟来校后更积谋研究所的发展。1932年9月,北大研究所正式扩充为研究院,原研究所国学门改为研究院文史部,增设自然科学和社会科学部❷。文史部位于新购买的松公府宅院内,1931年11月原研究所国学门从第三院搬到那里。自然科学部和社会科学部没有单独的场所,附设在两学院院址中。社会科学部包括经济学、政治学、法律学三学类,因而我们从这张图上可看到有法学院三系研究班教室,即法律系研究班教室、政治系研究班教室、经济系研究班教室。1932年10月,研究院第一次录取新生,三部中的社会科学部共招十名研究生。❸ 实际上1931年度北大各系毕业生在未开设研究班以前就可作为北大续读生在本系继续研究,不收学费,以一年为限。❹

这时期的北大研究院开始走上正规化,有入学考试,有论文答辩,有学位设置等。法学院教授周炳琳、张忠绂、陶希圣、许德珩、刘志敭、赵迺抟等担当了社会科学部或法科研究所研究导师。1935年北大法科研究所被教育部令暂缓招生。同年,该所部分专业与文科研究合并招生。具体专业有中国社会经济史,导师,陶希圣、周炳琳;中国政治制度史,导师,张忠绂、陶希圣、张佛泉;中国法律史,导师,董康、刘志敭、李祖荫。❺ 值得一提的是,辩证唯物史观者陶希圣先生的社会史研究在当时产生一定影响,北大及北平其他高校的部分学生像何兹

---

❶ 《北京大学周刊》1936年9月26日第222号。
❷ 1934年6月北大修订《国立北京大学研究院暂行规程》,将三部改为文科、理科、法科三个研究所。
❸ 《北京大学周刊》1932年10月8日第1版。
❹ 《北京大学日刊》1931年10月21日第2713号。
❺ 《国立北京大学研究院招考章程》(1936年7月),转引自王学珍、郭建荣:《北京大学史料》第二卷,第1347页,北京大学出版社2000年。

全、全汉升、鞠清远、沈巨尘等都接受其治学方法,展开对中国社会史研究,进而产生"食货学派",而北大红楼法学院"经济史研究室"正是这一学派人物的聚集地,他们的科研成果也就在此室诞生了。比如抗战前一两年中陶希圣带领学生武仙卿、连士升等在法学院经济研究室完成了唐代经济史料丛编八册以及搜辑辽金经济社会史料,制作成大量卡片。❶ 只可惜这些保存于法政经济纪录室有价值的材料随同该室其它藏书在抗战爆发后散失了。

(三)校行政机构

这时期北大校部主要集中在北大第二院,如校长办公室、秘书处及其各组(出版组除外)、课业处及注册组办公室均在第二院。学校校务会议(每年度预算草案与课程计划)、教务会议、行政会议及各委员会召集的年度会议、临时会议等都在第二院会议室或宴会厅进行。❷ 第一院红楼内只有体育组、军事训练组、出版组的办事机构,此外为便于工作,校方在红楼复设了事务组、注册组的部分分支机构,即从"国立北京大学第一院校址图"可看到的收发股、文法学院注册股。

1. 体育组

北大体育是在早年蔡元培校长提倡下发展起来的,无论是体育组织、体育项目,还是体育设施、器材等方面,都渐次形成,步入正轨,学生对体育运动的兴趣也逐渐培养起来,德、智、体得到全面发展。进入三十年代,日本不断扩大侵略战争的阴影笼罩北平城,加紧体育锻炼,养成强健体魄以抵御外侮的意识在北平大中学校青年学生中蔚然成风。受大环境影响及校方本身重视,此时北大体育在各方面均比从前有所提高和完善,对此,可从具体负责当时北大体育事

---

❶ 陶希圣:《潮流与点滴》,第137页,台北传记文学出版社1964年。

❷ 蒋梦麟主校后对北大行政体制也作了较大变更。根据前述《国立北京大学组织大纲》规定,原立法机构——评议会被取消,改设校务会议为学校最高权力机关;设立教务会议、行政会议及考试、图书、仪器、财务、出版、学生事业等委员会;改教务处为课业处,课业长商承校长并商同各院院长综理学生课业事宜。课业处下设注册、军事训练与体育三组,由校长聘任课业长、各组主任、事务员、助理员等;原总务处改为秘书处,秘书长商承校长处理全校事务及行政事宜,并监督所辖各机关。秘书处下设庶务、出版、文牍、会计、仪器、卫生六组,由校长聘任秘书长、各组主任、及事务员。1934年度,秘书处组织有所调整,其庶务组改称事务组,仪器组被取消,增设调查介绍组及计核室。

宜的体育组所做的工作上得到体现。

体育组的办事机构仅有图中显示红楼一层东北隅体育组主任室,可能该室也充当体育组的办公室。1929年复校时原体育部就在红楼,现体育组的位置很可能是1931年红楼内部使用大变动后重新设置的。体育组由主任领导,置导师及助理员若干人,先后有王耀东、李仲三❶担任北大体育组主任。两人莫不热心提倡和整顿本校体育,扩充了体育场,例如修整红楼后边学校唯一一处大操场,将其中间足球场四周加上跑圈、在新购松公府空地增设网球场而把红楼前的网球场改为篮球场等❷;积极举办各种球类、国术、溜冰、健身操等项体育运动并配有体育导师指导学生练习,尤其鼓励本校女生参与诸项运动;组织校队代表北大参加国内外体坛盛会,而且取得骄人成绩,令北大不仅在学术上占重要位置。1935年体育被定为北大一年级必修课后❸,体育普及化更成为体育组努力的方向,1937年春举行了由该组筹办的北大第一届体育普及运动会,学生各项体育成绩皆甚优异。

2. 军事训练组

军事训练组乃训练北大学生军的机构。北大首开学生进行军事教育的先河。1922年第一次直奉大战爆发,北大三百多名学生组成保卫团,由白雄远任总教官,警备本校。战事过后,全体团员虽仅经短期训练却大受益处,经蔡元培先生倡导,北大遂将保卫团作为永久性体育组织。1922年6月,添设军事训练,改保卫团之名为学生军,归体育部管理,规定"军事教育每周三小时,为学生正式课程,与其他功课并重,但仅限于预科学生,本科学生则听其自由选习。"❹聘白雄远任教练之责,亦请蒋百里、黄膺白两位军事家任军事学讲师。北大学生军以锻炼身体,增进军事常识,陶育指挥民众之人才为宗旨,"忍劳耐苦、不畏严

---

❶ 李仲三(1905—?):当时跳高名将,德国军事体育大学毕业。

❷ 据《国立北京大学一览》(民国二十二年、民国二十四年度)记载,这时期北大体育设施分布在北大第一、二、三院,共有体育室一所,体育器械室一所,大操场一处,网球场八处,队球场二处,篮球场三处,乒乓球室二所,技击室一所,临时健身房一处。

❸ 《北京大学周刊》1935年9月21第1版。

❹ 《国立北京大学一览》(民国二十四年度),第7页。

寒酷暑"是学生军必备之精神,发展两年,其规模益具,成绩斐然,其他高校纷纷仿效之。

1929年,国民政府训练总监部会同教育部,通令全国高中以上的各大学,一律添加军事训练为必修科目,本科男女学生均须受此课,军事教育遂普及于全国。北大遵令执行,将体育部与军事训练分别办理。1929年10月,军事训练部成立,有主任、教官、助教、书记等职教员。自1927年夏中断训练的北大学生军也同时组编而成,分为三大队,1929年度北大共有本预科三百多名学生接受军事训练。

军事训练部办公机构最初设在红楼二层东北角,与图上标注的军事训练组办事机构位置相吻合,证明在1931年红楼各层使用大变动时,该部机构位置没有变化,而且根据此图,还可了解到军事训练部办公机构设置情况,即包括有该部主任办公室和教练办公室。1931年北大行政组织变革后,军事训练部改称军事训练组❶,该组主任从1929年到抗战爆发长期由白雄远先生担任。❷ 二层东边邻厕所的沙盘战术室则是北大学生军上沙盘演习课的地方。学生军军训术科中"凡操场不易实习,黑板不能表示之处,如关于行军之序列,攻击防御兵力之配备,各种战壕之构筑"等,均用沙盘战术之泥质模型表现。❸ 此课程由来已久,二十年代的北大体育部开设沙盘兵棋课目,上课地点为红楼二层东首二十六号室。❹ 1933年3月14日的《京报》在详细报道了北大沙盘战术室内沙盘模型样貌的同时,也描述了该室大致摆设。"室内四壁均系军事教育挂图,中间架设方形木盘一具,大约一丈见方。内盛沙土⋯⋯"教官用沙盘演习,学生军如临战场,上课效果甚佳,也吸引校外参观者,沙盘演习在校内外皆受到称赞,该组亦在1933年将沙盘扩大。

---

❶ 1936年北大因经费异常支绌不得不缩减机构,对课业处的调整为,体育组与军事训练组合并,原体育组为体育甲组,原军训组为体育乙组。
❷ 白雄远,字锦韬,河北密云人。保定军官学校毕业。蔡元培先生曾给予其这样的评价,"白君勤恳有恒,历十年如一日,实为难得的军人"。
❸ 白雄远,见《北大学生军之过去及现在》《北大一九三四年毕业同学录》。
❹ 《北京大学日刊》1926年11月27日,第199号。

三十年代华北时局紧张不已，北大同学因而踊跃报名受训，在白雄远严厉管理、军训设备日臻完善之下，北大学生军军事训练开展得热烈扎实，一批批受过训的队员们具备了军事常识，体格得到锻炼，精神奋勇，准备随时投入到民族解放战争中去，为抗战的胜利起了非常积极的作用。

3. 文法学院注册股、收发股

行政组织变革后的北大从1931年9月开始，各学院教务、事务性工作不再由教授兼任，而是统归课业处和秘书处处理，让"职员治事"。属课业处的注册组分有介绍、编志、注册三股，各置事务员若干人，受注册组主任管理（当时学校规定注册主任由课业长兼任）。注册股负责学生开学报到、选课，安排上课教室及学生座次，记录师生缺席和请假情况，组织学期、学年考试与试验成绩登记、考核，学生转学、系或休学退学事项等学生课业事宜。当时设在红楼三层中间教员休息室西侧隔壁房间的文法学院注册股则主要负责文、法两学院学生的课业管理工作。据统计，1934年度，文学院本科生，男生三百九十一人，女生十五人，共计四百零六人。史学系占一百一十九人，为该院之最多数，哲学系三十人，为最少数。法学院本科生，男生一百七十六人，女生十人，共计一百八十六人。经济学系占八十七人，为该院之最多数，法律学系三十六人，为最少数。法科研究所男生二人。❶

三十年代北大学生每学期学费十元，体育费一元，每年每人有二百元即可维持简单的读书生活，学生除正式录取的本科生、研究生外，还有蒙藏试读生、东北寄读生、旁听生（一部分为留学生，以日本留学生较多），学生在校人数每年维持在八、九百人。虽然当时的课业长樊际昌不断修正学则，严格管理学生学业，并要求注册股按照学则认真执行点名等制度，但"自由散漫"好像是北大学生一贯的特征，上课仍旧随意，教员自然不会过问，执行机构也未真正执行，这样一来，又为北大"偷听生"提供了方便。所以，三十年代听课自由、课堂公开依然是北大独特的风景。许多这时期在北大学习、生活过的老校友们，如张中行、

---

❶ 《本校概况略》，《北大校友》1935年2月1日第3期。

朱海涛先生等,追忆起当年的北大、红楼都会提及这种体现北大真精神的校园景象。那时主要在红楼文法学院"偷听"的学生中也不乏有在日后中国各领域出名者,像"未名四老"之一、我国著名梵语专家金克木先生就是其中之一。

复校后,北大一院红楼也设有收发课,1931年改称收发股后,其办公地点移到图上所示的一层前门左边朝南的第一间宽敞房室。隶属于秘书处事务组的收发股,办理业务仍延续从前,设在红楼内的主要是为这里的文法学院各办公机构、部分校行政机关收发信件(包括航空信件)等,及为两学院学生收发信函、书籍印刷、快邮挂号、包裹四类物件。❶ 1934年度开始,秘书处事务组收发事务拨归该处文牍组管理。

4. 出版组

北大具有悠久的出版传统,1929年北大复校后,其设在红楼内的出版部也恢复工作,不过它下属的印刷课(印刷工厂)从1929年9月到1930年2月改为校营商办❷,随后收回自办。1931年出版部改称出版组,下设三课则称为讲义、印刷、售书三股。也在这一年,除占据红楼地下室西边一半房舍的印刷股工作地点未变外,出版组及讲义股办公室均有所调整,如出版组办事地点从原红楼二层移至现在我们能从图中找到的一层前门左边朝南第三间房间。该房间分为里外间,出版组主任在里间办公,这时期出版组主任一职都是由李续租先生❸代理或担任的。各股则有事务员、助理、书记等职员。

讲义股职责是,逢学年末通知下学年将要代课的诸位先生把其为所上课程编写好的讲义稿件掷于该股,以便及时交由印刷股排印;再为,开学后向持有入学证的学生发放免费讲义。为方便分发各科讲义,出版组在各院还另设有讲义室。

印刷股主要印刷讲义、教科书与参考书、本校教授书稿和著作、刊物、校行

---

❶ 《北大日刊》1929年5月16日第2169号。
❷ 即商人租赁出版部印刷机器、铅字材料等全部物品,出版部全部中西日文各项讲义及各种文件交由商人承印。
❸ 李续租(1890—?):字晓宇,河北宛平人。1917年毕业于北大化学门,后留校并长期在北大任职,担任过理科研究所事务员、化学系讲师等。

政机关文件及行政用品（如事务组报告书、注册组编的各年度各系课程指导书、学生一览和入学考试简章；试卷、稿纸、图书卡片），同时还承接校外印刷业务。具体印刷工作采用包工制度，由百名工人完成，印刷则分铅活字印刷和石印两种。印刷设备包括电动印刷机、石印机、中西字模等，并且不断更新。印刷纸张原多用洋纸，自发生九一八事变以后，改用国产的毛边纸、宣纸等，尤其不用日本纸。❶ 此图注明了当时位于红楼地下室西边北大印刷股的各印刷工作间具体位置，从中我们也能知晓出版组印刷股的整个印刷工作流程。还应说明的是，从 1932 年度开始，校方对讲义的印刷有了限制，出版组不能像从前那样随意印刷之。各系学年应印之讲义，在未付印以前，要先由各院院长审定，其应付印者，由各院院长室送交课业处，由课业处登陆后再汇交秘书处付印。十份以下之中文讲义改为油印，西文讲义改用打字，不再铅印，以免浪费。❷

售书股负责发行本版印刷品及代售校外书籍。本校学生凭出版组发给的优待券，可享受购书优惠。另外，为发行需要，在本版印刷品中刊登有出版组售书广告，售书股也备有简要书目，免费供人取阅。根据李续祖先生晚年提到三十年代出版组在学校临汉花园大街的南墙偏西处，开了一门脸，挂有《北大出版组》的牌子（今文物出版社读者服务部），笔者判断此门脸应该就是出版组售书股。

1933 年，校当局为谋本校出版事业更好的发展，改组出版组，另由校出版委员会管理之。该委员会要审查拟印校内外书稿、著作及制订出版计划书，出版组则照计划执行。从这年至 1937 年，北大出版事业都由出版委员会直接负责管理，委员每年改选，人数在八九人左右，胡适、张景铖、曾昭抡、陈受颐、陶希圣教授连任四年出版委员会委员，曾昭抡为委员会主席。出版组在该委员会管理之下，整理了北大积存的新旧讲义几百余种，出版物的印刷质量、学术水平均有所提高（1933 年开始影印善本书籍），北大丛书的数目得到增加，亦为学校创造

---

❶ 《出版组启示》，《北京大学日刊》1931 年 10 月 23 日第 3 版。
❷ 《国立北京大学课业处致文理法学院院长室及出版组函》，转引自王学珍、郭建荣：《北京大学史料》第二卷，第 2050 页，北京大学出版社 2000 年。

了可观的收入。所以三十年代成为北大出版事业的黄金时代,北大出版组在当时北平已算是一个大型印刷发行机构。❶

这时期出版组印刷的讲义在后来成为专著、名著的也是不少,如有胡适先生的《中国中古思想史提要》、钱穆先生的《先秦诸子系年》、《近三百年中国学术史讲义》、钱玄同先生的《文字学音篇》、陶希圣先生的《中国社会史》、《中国政治思想史》等等。为本校教授出版的著作有刘复先生的《十韵汇编》(被列为北大文史丛刊第五种)、《音阶图释》、孟森先生的《元明清系通纪》、魏建功先生的《古音系研究》、曾昭抡、高崇熙先生合译的《英文化学实习》等。影印的善本书籍有《北词广正谱》(清初原本影印)、《今乐考证》等。印刷的刊物分为学校、学生两种,学校刊物有《国学季刊》、《社会科学季刊》、《自然科学季刊》、《北大学生月刊》、《北京大学周刊》、《歌谣周刊》等;学生刊物有《史学论丛》❷、《国立北京大学一九三六年毕业同学录》、《民国廿六年级国立北京大学毕业同学录》等。

5. 校工室

从图中我们可发现红楼各层中间扶梯间左侧都设有校工室。那时全校事务上行政事宜由秘书处处理,其事务组除分有上边介绍过的收发股之外,还包括杂务股、管理股、营缮股、器物管理股、校警训练股。各股有事务员若干人,接受事务组主任的领导。管理股负责"管理各院各斋工人、房屋、器具、门禁及一切整理清洁事务,每院每斋各设管理事务员一人,负其责,设合办事处于而二院,有当值管理员支持之。"❸这里提到的"工人"就是指校工(或称校役),各院各斋舍的整理清洁等事务具体就由这些校工们担负执行的,他们不属于北大职员,三学院院系、行政机构所需用的校工由杂务股商同各院系、行政机构办理。一院红楼内的校工室可算作管理股分设的办事处,其事务员管理那里的校工。据余行迈老校友回忆,红楼两院系、校行政机构办公室至少有一个校工,属两院

---

❶ 白化文:《我所知的老北大出版组》,《出版史料》2003 年第 3 期。
❷ 该刊物是由杨向奎、高去寻、孙以悌、胡厚宣、张政琅、王树民等北大史学系学生于 1932 年冬组织的读书团体——潜社负责编辑的。
❸ 《秘书处事务组启事》,《北京大学日刊》1931 年 9 月 28 日第 2694 号。

各系共同使用的文法学院教室、教员休息室由两院各系的校工共同管理,而且他们尽职尽责,服务周到。"每次上课,教室里总是整整齐齐,清清爽爽的。上课前有关某系的工友,要把黑板讲桌擦干净,把粉笔放好。往往站在门口等候教师进来,把门带上关好。教师来上课,课前课后于教师休息室里稍事停留,会有工友送上热手巾热茶,殷勤照顾。……各系外来兼课者很多,每周何时何人来上什么课,在哪间教室,系中工友必须心中有数,以便及时准备。我曾见到正门楼梯口前,不知是何院何系的工友,站在那里等待某位教师来到,到来时,即快步迎上前去,接过教师手中的皮包,带引教师进办公室"[1]。三院各斋的工友们许多都是自蔡元培主校时就在北大工作,熟悉这里的人、这里的物,他们无限怀念蔡校长,称道其对工友厚道的同时,继续为现在的北大师生热情服务,尽心尽力地处理学校日常事务性工作,保证了北大全体教职员学生能够在良好的校园环境中工作学习生活。正如余行迈先生在其行文最后指出的那样,"老北大的工友,就整体而言在北大百年历史中占有一定的位置,值得后人追思"。

营缮股,管理房屋及装裱等营造修缮事务,办事处设二院。这时期该股也经常派工匠维修红楼房舍,更新楼内设备。笔者现把目前已从当时北大校刊中搜集到的所有关于三十年代红楼房屋修缮、设备更换的记载,摘录如下:1933年12月30日《北京大学周刊》第三版上专载的"庶务组最近工作报告提要"中提到,"一院216号门外墙灰脱落一方,约六尺余(已修)";1934年5月26日《北京大学周刊》第二版登载"庶务组营缮股由四月一日起至五月十三日止修理各斋原房屋及各种零活等报告"提到,"修理一院头层楼各层屋内灰顶数处,修理大门里外洋灰地面等,修理三层楼第四教室门外墙壁一块,修理四层楼两旁汽管出口";1935年2月23日《北京大学周刊》第三版刊载的"国立北京大学开支旬报"第三号(续)提到,"一院教室新做玻璃黑板16块,长52寸,宽36寸","一院印刷课配玻璃52块";1935年3月23日《北京大学周刊》第九版刊载的"国立北京大学开支旬报"第七号提到,"修一院大楼厕所抽气管"。此外,以前红楼厕所

---

[1] 余行迈:《老北大的工友》。

里置有手纸，复校后，校方以购置手纸费多益少，不再置办。所以这时期红楼厕所内没备有手纸。

  三十年代红楼建筑保险期已过。1933年11月28日，北大一院红楼后身西南边浴室突然坍塌，压死学生一人。遂后，校方请工务局勘查各院全部房舍以便修理。勘查结果为北大三斋学生宿舍年久失修，非常危险，不能再住。现没有找到北平市工务局当时对一院红楼建筑检查的报告书。不过根据工务局勘查结果就意味着红楼建筑是能够使用的。但学校也没有因此放松警惕，1935年6月决定对建筑期较久、恐发生意外的一院建筑进行改建，即将木质楼梯改建成美观耐用的洋灰铁筋者，并全部刷新。[1]

---

[1] 《北平晨报》1935年6月7日、1935年9月11日。

编年纪事资料汇编

1918年至1927年北大红楼编年纪事

秦素银

1918年

9月,红楼建成。

9月30日,北大文科教务处及文科事务室搬入红楼。

10月2日,北大文科开始在红楼上课。

10月8日,《北京大学日刊》办公处迁至红楼二层。

10月12日起,北大图书馆开始迁往红楼。

10月14日,下午三时,北大哲学门教授会在红楼四层哲学教员室开会,讨论本学门事宜。

10月20日,上午九时,因会长雷国能毕业,北大雄辩会在红楼二层第三十五教室开选举会。

10月22日,北大图书馆搬迁工作结束,各阅览室布置完毕,开始在红楼办公。

10月24日,北大编译处发出公告,大学编译处设在红楼一层第二十一号室内,凡有关于编译处事项可函达该处或于每日下午一时至三时到该处接洽。

10月26日,北大图书馆发出公告,图书馆第二阅览室设在红楼一层第三十一号室,专以陈列各种日报,现已到有十五种,凡本校教职员及学生均可随时入览。

10月30日，下午四时，北大国文学门研究员在红楼三层国文学门研究室开会，讨论研究方法并认定研究问题。

10月底，毛泽东经杨昌济介绍，李大钊主任同意，到位于红楼一层的北大图书馆第二阅览室工作，每天负责登记新到的报刊和前来阅览者的名字。

11月1日，下午四时至六时，北大雄辩会在红楼二层第三十五教室开选举大会。

11月4日，北大文科自即日起每日下午七时至八时在红楼二层三十六教室为本预科选修生物学的学生开设法文音读班，共计一个月。

11月14日，上午十一时半，北大学生在红楼北面集合，准备参加欧战协济会组织的学界游街大会。

11月22日，下午一时半至三时，北大研究诸子考订学的同学在红楼四层哲学门研究室开会。

11月25日，下午三时，北大教授陶孟和在红楼四层教员室与政治门四年级学生商酌译名事宜。

12月3日，新潮杂志社发布启事，已觅定红楼一层二二号为社址，每日下午二时至四时为接洽时间。

12月12日，下午一时，北大哲学门三年级全体学生在红楼四层哲学研究所开茶话会，欢送生物学讲师李石曾赴法，蔡元培校长与会。先由级长赵健致欢送辞，然后李石曾致训词，继而由蔡校长讲话，最后在红楼北面偏西摄影留念。

12月13日，下午七时，北大书法研究社在红楼一层第十三号召开第四次大会，修订简章，改选执事，规定办公时间。执事由原拟二人改为四人经理社中事务。大会选举廖书仓、刘翰辜、杨湜生、薛祥绥四人为执事。书法研究社以昌明书法，陶养性情为宗旨，会址设在红楼一层第十三号。

12月14日，下午四时，北大国文学门研究所成员在红楼三层国文门研究所事务室开会，讨论研究方法。

下午三时，北大哲学门教授会在红楼四层哲学教授会事务室开会，讨论《北京大学月刊》及哲学研究会事宜，北大前哲学会会长陈钟凡、狄福鼎及哲学门各年级代表与会。

12月20日，上午十一时，北大法文门教员及学生齐集红楼二层职教员接待室，欢送杜伯斯克，摄影留念。

12月21日，下午二时，北京图书馆协会在红楼一层文科事务室开成立会，通过会章并选举了职员。该会以图谋北京各图书馆间之协助互益为宗旨。清华图书馆代表袁同礼当选为会长，汇文大学图书馆代表高罗题（Mr. Galt）当选为副会长，北大图书馆代表李大钊当选为中文书记，协和医院学校图书馆代表吉非兰女士（Miss Crifillon）当选英文书记。

1919年

1月14日，下午四时，北大国文研究所教员、研究员在红楼国文门研究室开会。

1月21日，晚七时，北大书法研究社假红楼一层文科事务室开第一次谈话会。导师沈尹默、刘三（季平）先后莅会，会员到会三十五人。沈尹默演讲书法大要，后又到书法研究社社址观赏社员所习书法。

1月25日，下午三时，北大哲学研究会在红楼四层第四教室开成立大会。会议由北大哲学门教授陶孟和主持，再由陈大齐教授提出前拟定哲学会简章，逐条解释，略加修改，一致通过。会议公推陶孟和、胡适、陈钟凡、狄福鼎为会务细则起草员。哲学研究会以研究东西诸家哲学，沦启新知为宗旨，附设于北大哲学研究所中。

2月15日，上午十一时，北大画法研究会与北大学生储蓄银行在红楼二层校长室订立存款合同，北大画法研究会在学生储蓄银行存款1000元，定期八年。

2月19日，下午，北大新闻研究会在红楼二层第三十四教室召开改组大会，修改、通过简章，更名为"北京大学新闻学研究会"，并改选了职员。蔡元培亲临会场演讲并当选为正会长,徐宝璜当选为副会长,黄杰、陈公博当选为干事。此次大会到会会员有毛泽东、谭植棠、区声白等24人。

2月22日,北大国故月刊社发布通告,已觅定红楼三层第三十三号为社址,接收该社编辑、社员函件、稿件。

2月26日,北大校方宣布,为便利收稿及编辑起见,特设月刊编辑所于红楼二层第二号,并指定事务员孙君为书记、陶君、马君负责收稿及抄写,除星期日外,每日上午九时至十二时,下午二时至五时为办事时间。

3月5日,下午四时,北大校长蔡元培召集朱锡龄、马寅初、郑寿仁、黄振声、胡适、秦汾、张大椿等审计委员在红楼二层校长室开会,投票选举委员长,马寅初当选。

3月5日,北大文预科一年级英文甲班学生在红楼四层第六教室开英语会成立会。先由吴景林报告成立英语会缘起,然后通过简章,公推马凤桐为干事。该会由吴景林、马凤桐、傅馥桂、缪金源等发起,以练习英语、交换学识为宗旨,会址设在第六教室。

3月6日,张克诚在北大文本科(红楼)讲演成唯识论。

3月7日,下午四时,北大校长蔡元培召集陈大齐、周作人、胡适、马寅初、黄振声、朱锡龄等在红楼二层校长室开会,讨论北大制服、徽章等问题。

3月8日,下午二时,北大哲学教授会在红楼四层哲学门教员室开例会,并讨论哲学研究会进行事宜。

3月10日至20日,北大为未经检查体格诸生补行检查身体,体格检查处在文科大楼下层西面,共分五部。

3月15日,下午,北大审计委员会在红楼一层文科事务室开第一次茶话会。审计委员会会员及校内各机关主任及事务员到会。审计委员会委员长马寅初请各机关主任将各机关收支情形及与他部关系等等,开一详单,交于审计委员会,用于研究进行方法。

3月22日,北大新闻学研究会发布启事,已觅定红楼二层二号为事务所,研究地点以后改为红楼二层第三十四教室。

3月24日，晚七时半，北大新闻学研究会请北大教授高一涵在红楼二层第三十四教室演讲。

4月7日，从本日起，红楼五层十浴室全部开放，浴室开放时间平时每天是下午二时到七时，星期天开放时间是上午十时到下午七时，本校教职员购浴券即可入浴，一层至四层浴室每人需铜币六枚，地下层每人需铜币四枚。

4月8日，蔡元培校长召集文理两科各教授会主任及政治、经济门主任开会，决定文理科教务处组织法提前实行，成立教务处，秦汾、俞同奎、沈尹默、陈启修、陈大齐、贺之才、何育杰、胡适等八人到会。

4月16日，下午七时半，北大新闻学研究会在红楼二层第三十四教室开全体大会，决定出版《新闻周刊》。

4月18日，下午四时，北大编译会召集王宠惠（亮畴）、马寅初、胡适、王建祖（长信）、秦汾（景阳）、陈独秀、张大椿（菊人）等在红楼一层第二十一号该会事务所开会，审查稿件。

4月19日，下午三时，北大哲学研究会在红楼四层第四教室举行第一次讲演会，由胡适演讲《中国古代之自然哲学》，陈大齐演讲《中国文学直读横读之实验的研究》。

4月22日，下午三时，北大评议员在红楼一层文科事务室开临时会，讨论通过由法科学长王建祖及法律、政治、经济各门主任草拟的《法科教务会组织法》和蔡元培校长提出的《北京大学附设中学简章》。

4月23日，下午二时，北大教务长马寅初召集各教授会主任在红楼二层文科教务长室开临时教授会主任会议。

5月4日，上午十一时，北大学生在红楼后面的操场集合排队，前往天安门参加在京高校学生集会，随后游行示威，这就是震惊中外的"五四事件"。

5月5日，上午10点，北大法科法律门研究所在红楼二层校长室开会，由校长蔡元培主席，王宠惠、罗文干、黄右昌、左德敏、龚湘等参会。会议通过了《法科研究所法律门译名译书及作报告简章》及本学年法律门四年级评定译书分数标准。

5月7日，下午三时，北大评议会在红楼一层文科事务室开会，决定法科教务处与文理科合组，但法科保留学长，处理法科庶务、会计等事。

5月9日，下午四时，北大哲学教授会在红楼四层哲学门教员室开会，讨论本系下学年课程及应用书籍等事务。

5月13日，晚七时，北大评议会、教授会召开联席会议，商量在蔡元培校长离校后维持大学之法，北大工科学长温宗禹、教授朱锡龄、孙瑞林、何杰、张大椿、马裕藻、俞同奎、沈尹默、胡濬济、沈士远、胡适、顾孟余、贺之才、冯祖荀、黄右昌，前理科学长秦汾到会。会议由温宗禹主席，先由秦汾报告教育部挽留蔡校长的指令，会议议决以挽回蔡校长为本校共同目的，在蔡校长离校期间，校中行政及教务、庶务各方面应由评议会及教授会各举出委员三人襄同蔡校长所委托之温宗禹代行主持，评议会举出理科学长王建祖及张大椿、胡适两教授，教授会举出黄石昌、俞同奎、沈尹默三教授，共同组成委员会，襄同温宗禹主持校务。

5月17日，下午三至六时，北大哲学研究会在红楼四层第四教室开第二次例会，由会员尚中讲演《哲学研究之对象为何，又其范围有无消长》。

8月6日，上午十时，法科研究所在红楼二层校长室开会，讨论《北京大学法科研究所刊行法学研究录简章》及《北京大学法科诉讼实习章程》，决定将研究所法律门通信研究暂行停办，蒋梦麟、王宠惠、罗文干、黄右昌、左德敏、龚湘参加会议。

9月21日，上午十时，北大国文教授会在红楼三层国文教授会事务室开会，讨论本学年进行事宜，决定组织教员会。

9月22日，下午三时，北大哲学教授会在红楼四层哲学门教员室开会，讨论本学年进行事宜。

10月6日，北大国文教授会在红楼三层国文教授会事务室开会，讨论修订教员会章程，杨敏曾（逊斋）、陈于存、伦明（哲如）、程演生、刘半农、吴梅（瞿安）、钱玄同、马裕藻（幼渔）、沈士远、魏友枋（仲车）、沈兼士、沈朵山、毛常（夷庚）、孟寿椿、朱希祖等十五人到会。

10月15日，北大国文研究所在红楼三层国文研究所开会，讨论编纂语典方法。

马裕藻、周作人、刘复、钱玄同、沈尹默、沈兼士、毛常、常惠、毛准、沈颐、朱希祖等参加会议。

10月16日，晚八时，北大新闻学研究会在红楼一层文科事务室举行了第一次研究期满式，干事曹杰主席，由其报告开会理由及新闻学研究会过去一年的发展，然后由会长蔡元培发给证书，致训词，导师徐宝璜演说《中国报纸之将来》，会员李吴祯、黄欣、陈公博相继演说。陈公博等二十三人获听讲一年证书，毛泽东等三十二人获听讲半年证书。

10月19日，上午九时，北大新闻学研究会在红楼二层第三十五教室开第一研究会，导师徐宝璜出席并讲演。

10月21日，下午四时，北大评议会在红楼一层文科事务室开会，通过《评议会选举法》《教务处改组办法》，讨论讲师俸给、设询问处等事。

10月23日，北大新闻学研究会宣布，今后每星期日上午九时至十一时在红楼二层第三十五教室开研究会，由导师演讲。

10月25日，下午二时，北大教授在红楼一层文科事务室举行评议员选举，共收到选举票68张，由蔡元培校长及徐宝璜、程振钧二教授公同开检，胡适、蒋梦麟、俞同奎等15人当选为评议员。

下午三时至六时，北大哲学研究会在红楼四层第一教室开第三次讲演会，屠孝实讲演《新理想主义之人生观》，吴康讲演《社会学与各科学之关系》。

10月26日，下午二时，北大新闻学会研究会旧会员与会长蔡元培、副会长徐宝璜在红楼北门摄影留念。

11月5日，下午四时，北大评议会在红楼二层教职员接待室开会，决定为协助校长调查策划大学内部组织事务成立组织委员会，通过该会简章及会员，蒋梦麟、马寅初、胡适、俞同奎、陶履恭、顾孟余、马叙伦、陈世璋、沈士远等被选为北大组织委员会会员。

11月7日，下午四时半，北大校长蔡元培召集组织委员会委员在红楼二层接待室开会。

11月12日,日本人诸桥辙次与高森良人来北大参观,在红楼课堂内听胡适讲哲学一小时。

11月14日,晚七时,北大雄辩会在红楼二层第三十六教室开秋季大会,讨论进行事宜并改选职员。

11月15日,下午四时,北大体育会在红楼一层文科事务室开职员会。北大体育会以强健身体活泼精神为宗旨。

11月18日,北大图书馆发布告,红楼一层阅览室进行调整,一层第三十三号房(原东方馆)改为第三阅览室,第三十四号房(原第三阅览室)改为第四阅览室,第三十五号房(原第四阅览室)改为第五阅览室,阅中文杂志及小册子,到第一阅览室,阅日报到第二阅览室,阅西文、日文各杂志及小册子到第三阅览室,阅书籍到第四、第五阅览室。

11月19日,晚七时半,北大新潮社在红楼一层文科事务室开全体大会,到会二十人。改举职员,罗家伦当选为编辑,孟寿椿君当选为干事,并由二人推举王星汉、李小峰(荣弟)、宗锡钧、高尚德(君宇)、顾颉刚为副干事,编辑、书记等,并决定将该社从杂志社改变为学会,出版新潮丛书。

11月22日,晚七时,北大组织委员会在红楼二层校长室开讨论会。

11月27日,下午四时,北大平民教育讲演团在红楼三层该团事务所开干事会,解决并讨论进行事宜。

12月1日,下午四时,北大组织委员会在红楼二层校长室开会。

12月3日,下午四时半,北大评议会在红楼二层接待室开会,通过《国立北京大学内部组织试行章程》。

12月6日,下午二时,北大国文本预科教员在红楼三层国文研究所开教授会议。

晚七时半,北大平民教育讲演团在红楼三层该团事务所开会。

12月9日,下午四时半,北大评议会在红楼二层接待室开临时会,修正、通过学校各委员会委员名单。

12月15日,晚七时,北大平民教育讲演团在红楼一层文科事务室开职员会议,讨论各种事宜。

1920 年

1月17日,午后一时,北大庶务委员会在红楼二层接待室开第一次会议。

1月23日,下午四时,北大总务委员会在红楼二层总务处开第一次会议,总务长蒋梦麟、仪器部主任陈世璋、庶务部主任沈士远、注册部主任郑寿仁、出版部主任李辛白到会。会议由蒋梦麟主持,通过教务处改组案、规定了总务处各部分之名称、北大第二、三院办公人员数额并讨论了各委员提出的议案。

1月26日,北大总务委员会在红楼二层总务处开第二次会议,总务长蒋梦麟、庶务部主任沈士远、注册部主任郑寿仁、出版部主任李辛白到会。会议讨论了请邮局在本校设立支局、拨房屋与校舍课作办公室等。

1月28日,北大湖南同乡会在红楼三层第十六教室开选举大会,选举旅京湖南学生联合会代表,到会30余人,易克嶷、周长宪、田奇镌、苏清卓、罗敦伟当选。

1月30日,下午七时,北大平民教育讲演团在红楼二层该团事务所开干事会。

2月1日,上午九时,北大戏剧研究会在红楼二层第三十六教室开会,议定通过《戏剧研究研究股细则》。该会成立于1919年12月,以谋中国戏剧之改良及发达为宗旨。

2月2日,下午四时,北大总务委员会在红楼二层总务处开第三次会议,总务长蒋梦麟、出版部主任李辛白、图书部主任李大钊到会。会议先由李辛白报告与商务印书馆订购印刷机合同,后讨论《北京大学日刊》改组办法,并订定出版部、图书部职权界限。

2月4日,下午四时,北大评议会在红楼接待室开常会,通过杨昌济教授、刘师培教授身后由学校各赠送两月俸金等事、增修了《国立大学职员任用及俸薪规程》。

2月5日，下午四时半，组织委员会在红楼二层总务处开组织委员会。

2月6日，下午四时，北大总务委员会在红楼二层总务处开总务委员会讨论总务处各部事务。

原位于红楼二层西端的史学门阅览室移到红楼三层第三十三、三十七号。

2月9日，北大校役夜班在红楼一层文科事务室开会，对班次的分配、功课的变更、钟点的分配、改组教授会等问题进行讨论。

2月28日，下午四时，北大庶务委员会在红楼二层庶务主任室开临时会，决定在庶务部设置收发课，通过《总务处庶务部收发课暂行组织大纲》。

自本日起，北大平民夜校请蒋梦麟于每星期六日下午二时至四时在红楼二层三十六教室讲教育原理及教授法二小时。

2月29日，北大校方请美国建筑工程师麦肯齐、郭伯烈察看红楼建筑情况，认为红楼于数十年中决无危险，现在有几处墙壁虽有裂缝无甚妨碍，地板与墙各有数分隔离之处系木料干缩所致，于房舍之安全无妨。

3月10日，下午四时，北大本科史学系在红楼三层史学教授会开会，商量史学研究所及毕业考试办法。

3月10日，下午四时，北大总务委员会在红楼二层总务处开第五次会议，总务长蒋梦麟、庶务部主任沈士远、注册部主任郑寿仁、出版部主任李辛白到会。会议通过李辛白提出的出版部事务五项，通过沈士远提出的《庶务部试行条例》，决定在红楼一层设"普通招待室"，红楼二层出版部先移至红楼一层旧文科事务室；原位于红楼一层的旧文科教务处先移至二层注册部；位于红楼二层的月刊编辑室与日刊编辑室合并，月刊编辑室，改为校长会客室。

3月13日，下午三时，北大庶务委员会在红楼二层庶务主任室开第二次常会，通过《国立北京大学总务处庶务部部员会议暂行规则》、《国立北京大学总务处庶务部试行条例》，决定：1.前法科学长室，改为第三院校长室。第二院校长室，仍应留存，不得列作他用；第一院门外，建筑人力车夫休息所一所；3.暑假后，增设女学生寄宿舍一所。

下午四时，平民夜校在红楼二层第三十六教室开本校教务会教授会联席会议。

3月15日,下午四时,北大总务委员会、组织委员会在红楼二层行政各委员会会议室(总务处)开联席会议,通过总务处人事调动。

3月16日,上午,协和大学教授 Miss Ullunc 等来北大参观,在红楼旁听胡适教授中国哲学史大纲一小时而去。

下午四时半,北大修改预科课程委员会在红楼二层教务处开会。

3月17日,晚七时半,北大平民教育讲演团新任干事在红楼三层平民教育讲演团事务所开会。

3月19日,下午四时,北大入学考试委员会在红楼二层教务长室开会。

下午四时,北大图书委员会在红楼二层行政各委员会会议室开会。

3月22日,下午四时,北大总务委员会在红楼二层总务处开第七次总务会议,总务长蒋梦麟、注册部主任郑寿仁、图书部主任李大钊到会。会议决定补刻刘申叔先生遗著四种。

晚七时,北大新闻学研究会在红楼二层新闻学研究会事务所开茶话会,讨论进行办法。

3月23日,上午十时,云南省议员段君、全国各界联合会云南省代表张星晟由北大询问处接待参观红楼一层北大图书馆。

3月25日,晚六时半,浙江同乡会在红楼二层三十六教室开干事会,商议编印同乡录等事。

3月27日,北大庶务委员会在红楼二层庶务主任室第四次常会。

晚七时半,北大平民教育讲演团在红楼三层平民教育讲演团事务所开会,通过"乡村讲演"具体办法。

3月29日,下午四时,北大总务委员会在红楼二层总务处开第八次总务会议,总务长蒋梦麟、仪器部主任陈世璋、庶务部主任沈士远、注册部主任郑寿仁、出版部主任李辛白到会,通过学费改现(即由现洋改洋票)等事。

北大校役夜班教务处搬到红楼二层十二号。

4月1日,北大评议会在红楼开会,陶孟和、沈尹默、马叙伦(夷初)、胡适等到会。会议通过《评议会规则修正案》、《评议会会议细则案》。

4月9日，河南教育厅科长黄琳、河南留学欧美预备学校校长张鸿烈、全国青年协会总务干事谢乃壬等来北大参观，在红楼旁听胡适西洋哲学史课约半小时。

4月10日，下午，福建省青年会代表张贞樑、许显时、谢兆同三人来北大参观，参观了位于红楼的北大图书馆、新潮杂志社、平民教育讲演团办事等处。

4月19日，下午七时，新闻学研究会在红楼二层本会事务所开研究会。

4月20日，下午四时，图书委员会在红楼二层行政各委员会会议室（即总务处）开会。

4月21日，下午二时，法文教授会在红楼三层法文教授会事务室开会选举法文教授会主任，李景忠、包玉英、贺之才等到会，贺之才当选。

4月24日，下午三时，庶务委员会在红楼二层庶务主任室开第六次常会。

4月28日，下午四时，总务委员会在红楼二层总务处在第九次总务会议，总务长蒋梦麟、仪器部主任陈世璋、庶务部主任沈士远、注册部主任郑寿仁、出版部主任李辛白、图书部主任李大钊到会，会议讨论了平民教育讲演团请学校津贴、第一院事务员兼工科事务加薪等事。

4月29日，下午四时，北大各系教授会主任在红楼二层教务长室开会选举教务长，顾孟余当选。

4月30日，上午九时，北大福建同学会在红楼四层开全体紧急会议，讨论脱离旅京福建学生联合会事件。

下午三时，北大评议会在红楼二层接待室开会，派朱锡龄、陶孟和、陈大齐、俞同奎、胡适、贺培之、马寅初等组织委员会，修改北大教职员待遇章程，并推定陶孟和为委员会主席。

5月1日，晚七时，北大新闻学研究会在红楼二层该会事务所开第三次常会。

5月7日，下午四时，北大图书委员会在红楼二层行政各委员会会议室（总务处）开会，通过《国立北京大学总务处图书部试行条例》。

晚七时，北大平民教育讲演团在红楼三层该团事务所开干事会，决定关于印讲演录等事。

5月8日，上午九时半，北大各系主任在红楼二层教务长室开会。

上午十一时，北大入学考试委员会在红楼二层教务长室开会。

5月11日，上午十时，北大聘任委员会在红楼二层接待室开会。

5月14日，威海卫敬业学校教授谷健之偕高师学生四人来北大参观，参观第三院大礼堂，位于红楼一层的北大图书馆各书库，及第二院实验室、书法会、学生会等处。

5月15日，下午三时，北大庶务委员会在红楼二层行政各委员会会议室（即总务处）开第七次常会。

5月19日，下午四时，北大各系主任暨注册郭主任在红楼二层教务长室开会，议决凡曾在北大预科毕业的北洋大学学生愿转入北大理科第一年级者准其由下学年入学肄业，非由北洋大学移送者不得入学。

晚，北大平民教育讲演团在红楼三层事务室召开干事、书记联席会议，决定另组织一"科学讲演组"，由潘元耿、杨钟健两人筹备，所有一切仪器标本用品，皆由学校借用。

5月23日，上午九时，北京大学湖南同乡会在红楼二层第三十六教室开春季常会，改选职员，并欢送本届毕业同乡。

5月25日，天津高等女子师范校长及教员马承恩，率领该校学生四十余人，来北大参观，由询问处引导，先到第一院红楼参观，又到第二院参观，约二小时。

5月26日，下午四时，北大教务长顾孟余召集入学考试事务委员会员在红楼二层接待室开会。

5月27日，下午四时，北大各系主任暨注册郭主任在红楼二层教务长室开会。决定本学年考试定于六月二十一日开始举行；选科生及旁听生之愿改为正科生者，须于暑假前随同本科生应学年考试，及格者方得补考预科全部试验，及格改为正科生。

5月29日，下午三时，北大庶务委员会在红楼二层行政各委员会会议室（即总务处)开第八次常会。

5月31日,南京高等师范学校商业专科三年级生二十余人、武昌高等师范专任教员王其澍率领学生十余人,来北大参观,游览红楼图书馆各书库、阅览室及教室。

6月3日上午,南京高等师范学校文史部主任教员柳诒征率该校三年级学生十三人,来北大参观,在红楼听讲道家哲学、中国通史课。

下午四时,北大教务长顾孟余召集各系主任暨注册部主任在红楼二层教务长室开教务会议。

下午四时半,陶孟和召集俞同奎(星枢)、贺培之、胡适、朱锡龄(继庵)、陈大齐(百年)、马寅初在红楼二层接待室讨论修正教员待遇章程。

6月4日,下午四时至六时,北大教务长顾孟余召集各系主任暨注册部主任在红楼二层教务长室开教务会议,胡适等参加,决定本学年考试完毕后,自6月28日起至8月7日止,本预科各种主要学科仍继续上课。

下午五时,北大校长蔡元培召集北大各班班长在红楼二层第三十六教室开会。

6月5日,下午三时,北大庶务委员会在红楼二层行政各委员会会议室(即总务处)开第三次临时会,通过北大电话分配方案。

下午四时半,北大哲学系教授在红楼四层哲学阅览室开哲学系教授会,胡适等参加。

6月8日,下午三时,捷克公使Hess暨其秘书Hauc在红楼二层第三十六教室讲演。

晚八时,北大浙江同乡会在红楼二层第三十六教室开干事会,讨论本省津贴事宜。

6月11日,下午四时,北大教务长顾孟余召集各系主任暨注册部主任在红楼二层教务长室开教务会议,通过下学年旁听生补考预科试验科目,并决定凡向北大声明不要文凭之学生可免除一切考试,但免除之后不得要求补考。

下午六时,北大教务长顾孟余召集入学考试委员会会员在红楼二层教务长室开会。

6月12日,下午三时,北大庶务委员会在红楼二层行政各委员会会议室(即总务处)开第九次常会,讨论学生团体领取物件应否循旧办理案、平民夜校借用讲堂电灯等事件。

6月14日,晚七时,北大平民教育讲演团在红楼三层该团事务所开干事、书记联席会议。

下午四时,北大教务长顾孟余召集各系主任暨注册部主任在红楼二层教务长室开教务会议,通过决议:自7月1日至9月10日北大受理转学请愿。

6月16日,下午四时,北大史学系教授及讲师在红楼三层史学教授会事务室开会。

6月17日,下午四时,陶孟和召集陈大齐(百年)、俞同奎、胡适、朱锡龄(继庵)、贺之才(培之)、马寅初等在红楼二层院接待室开会,讨论修改教员待遇章程。

下午五时,北大预科第一外国语英文教员在红楼四层英文教授会开会。

6月18日,下午四时,北大预算委员会在红楼二层接待室开会。

6月19日,上午十时,北大入学考试委员会在红楼二层教务长室开会。

下午三时,中国文学系教授会在红楼三层国文教授会事务室开会。

6月21日,下午四时,北大图书委员会在红楼二层接待室开会。

6月22日,下午四时,北大评议会在红楼二层接待室开会,通过《国立北京大学本科转学规则》,派蒋梦麟、郑寿仁、李辛白、李大钊、沈士远加入"修改本校教职员待遇章程"委员会。

6月24日,上午,日本前修道中学校长江藤荣吉、京都帝国大学上野育英会留学生佐藤广治来北大参观,游览红楼北大图书馆及教室。

下午四时,北大教务长顾孟余召集各系主任暨注册部主任在红楼二层教务长室开教务会议。

6月25日,上午,上海圣约翰大学理学士艾伟来北大参观,由询问处接待,游览红楼一层图书馆及教室等。

6月26日，下午三时，北大庶务委员会在红楼二层行政各委员会会议室（即总务处）开第十次常会，通过《庶务部杂务课管理校役规则》等。

上午，成都高等师范学校校长杨若堃来北大参观，由询问处招待，参观红楼后，又参观北大第二院各仪器室。

6月27日，下午四时，北大教职员会总务会在红楼二层第三十六教室开委员大会。

6月30日，下午四时，北大教务长顾孟余召集各系主任暨注册部主任在红楼二层教务长室开教务会议。

7月3日，上午八时，北大教务长顾孟余召集各系主任暨注册部主任在红楼二层教务长室开教务会议，讨论预科科目免习办法。

7月6日，北大教务长顾孟余召集各系主任暨注册部主任在红楼二层教务长室开教务会议，通过如下决议：乙部预科，下学年全部在第三院授课，第一院本科及第三院本科，下学年均在第一院红楼授课。

7月7日，上午九时，北大预算委员会在红楼二层接待室讨论下学年预算。

7月9日，上午九时，北大"修改职员待遇章程委员会"在红楼二层接待室开会，陶孟和、胡适、蒋梦麟等到会。

7月10日，下午三时，北大庶务委员会在红楼二层总务处开第十一次常会，讨论预算、校役工资、玉泉山迤西地亩出租等事。

7月19日，上午八时，北大校长蔡元培召集北大各行政委员会长及总务委员在红楼二层接待室讨论因扩充图书、仪器设备，向国内外募集款项事。

8月2日，下午四时，北大生物学会邀请教务长顾孟余、仪器主任陈世璋在红楼二层接待室开会，讨论《筹备开办生物学系计划草案》。

8月5日，上午八时，蔡元培、陶孟和、黄振声、俞同奎、王兼善、顾孟余、马叙伦、胡适、蒋梦麟、沈士远、李大钊、陈世璋等在红楼二层总务处开行政会议。

8月14日，上午，北京高等师范图书馆讲习会来位于红楼一层的北大图书馆参观，图书馆主任李大钊为其简要介绍了图书馆的沿革及组织。

8月26日，《北京大学日刊》公布，学校各办事机关所用房屋重新调整，关于红楼房屋分配情况如下：第一层楼：现为书法研究会之房屋改为图书部新设购书课；现为出版部主任室、杂物课课员住室及新潮杂志社均改为书库；本层西头浴室东面之书库及东头浴室西面之日报搜集室均逼近蒸汽管极不适宜，将原有书库腾出一间作为阅书报人饮水室，其日报搜集室则改为图书部办公室。第二层楼：现为询问处及月刊编辑处之房屋改为校长接待室，询问处并入注册部询问课，月刊编辑处附入总务处日刊课；原有之缮校室改为教务处教务会议室；原有之文牍员室三间划出两间作为缮绞室；现在之校役夜班教务处及新闻学研究会改为各委员办公室；本层西首之史学教员室改为校役夜班教务处；本层西首之动物标本室划出二间作为出版部主任室其他一间为教员休息室。第三层楼：现为国文教授会之房屋改为教员休息室；现在之史学系教授会改为中国文学系教授会；史学阅览室取消改为法文学系教授会；现为动物标本教员室及平民教育讲演团办事室一并取消改为教员休息室；其他之教员休息室一概取消，留为教室之用；史学存书处改归第三院史学阅览室所有，房屋改作生物学会临时办事所。第四层楼：现为英文教授会改为教员休息室，又哲学教授会及预科英文教员室均改为教员休息室；现为哲学教员室改为哲学教授会，现借与教职员公会之房屋改为英国文学系教授会，其他之教员休息室一概取消留作教室之用。俄文学系成立应将本层西首之研究事务室改为俄文学系教授会。

9月6日，下午四时，北大修改职员待遇章程委员会在红楼二层接待室开会。

9月7日，下午四时，北大组织委员会在红楼二层总务处开组织委员会。

9月8日，上午八至九时，北大教务长顾孟余召集各系主任在红楼二层教务长室开教务会议，审查请入北大旁听华侨学生名单，胡适等参加。

9月9日，《北京大学日刊》公布，北大庶务委员会第五次临时会议决定，将红楼三层东头前为法文教授会之房子改为里昂中法大学筹备所，西头之生物学会事务所与东头之饮水室对调。

9月11日，北大庶务部发出通告：本部现规定红楼三层东首第十八号房屋，为女生导师办公室及女生休息室，以便各女生接洽事务及膳息之用。

9月15日,上午九时,北大教务长顾孟余召集各系主任在红楼二层教务长室开教务会议。

上午九时,北大在红楼十九教室举行转学考试。

9月18日,中午十二时,北大庶务委员会在红楼二层行政各委员会会议室(总务处)开第六次临时会议,讨论音乐研究会及画法研究会问题。

下午一时,北大组织委员会在红楼二层总务处开会,讨论北大现行章程。

下午三时半,北大评议会在红楼二层接待室开会勘定现行章程。

9月22日,下午二时,北大总务委员会在红楼二层总务处开会。

9月25日,上午十时,北大全体法文教员在红楼二层接待室开法文教授会。

10月1日,下午三时,北大第二次转学考试在红楼三层第九教室举行。

10月3日,上午八时,北大京兆同乡会委员会在红楼第二十二教室开会,讨论开会欢迎新入校同乡等事。

晚八时,书法研究社在红楼三层十五教室开会。

10月4日,下午四时,总务委员会在红楼二层总务处开会,通过每逢星期一下午四时在红楼二层总务处开会一次的决定。

下午四时,北大教务长顾孟余召集各系主任在红楼二层教务长室开教务会议。

10月6日,下午四时,北大图书委员会在红楼二层行政会议室开会。

晚七时,北大校役夜班在红楼二层校役夜班教务处召开校役班主任会议,讨论校役夜班开课及其一切进行事务。

10月12日,上午九时,南满洲铁道株式会社教育研究所旅行团大贺一郎、山田权三郎、石川要岩、濑台次郎等三十余人来北大参观,由询问课招待,游览红楼及北大第二院各处。

10月13日,下午三时,吉林教育厅派往江苏参观教育的女教员韩予衡、韩仁、赵岫青来北大参观,由询问课招待,游览红楼、北大二院各处。

10月15日,上午十时,国会议员唐乾一及湖南女教员唐群英来北大参观,由询问处引导,参观位于红楼一层的北大图书馆及各处,并在历史教室听讲一小时。

下午三时,北大庶务委员会在红楼二层总务处开第七次临时会议,通过北大各机关阅报办法,决定史学系教授会事务室,仍设在第一院三层楼原处,中国文学系教授会事务室,改设于旧国文阅览室。

晚七时,北大地质研究会在红楼二层第二教室开全体大会,通过《地质研究会会务进行委员会细则草案》。该会成立于 1920 年 10 月,以共同研究的精神,增进求真理的兴趣而从事于研究地质学为宗旨。

10 月 16 日,上午九时,蔡元培校长召集新被选评议员在红楼二层接待室开评议会,通过本届组织、预算、审计、出版、仪器、图书、庶务、聘任各委员会委员名单,陈启修为本届评议会书记。

10 月 18 日,下午二时,河南商城中学校教员梅琳等来北大参观,由北大询问处引导参观位于红楼一层的北大图书馆各阅览室及书库。

10 月 21 日,下午四时,北大庶务委员会在红楼二层总务处开第十三次常会,通过补助音乐研究会灯火、炉煤费等案。

下午,直隶正定中学教员王梦说、张肃尊,河南高等师范毕业生石安亚、黄俊贤来北大参观,由询问课一同导往学校各处参观后,在红楼内英文学系教室听讲一小时始去。

10 月 22 日,下午四时,北大史学系教授、讲师在红楼三层史学系教授会会,议商进行办法及创办史学杂志事。

10 月 24 日,上午九时,北大湖南同乡会在红楼二层第二教室开秋季常会,欢迎新同学。

10 月 25 日,上午十一时,日本支那教育视察团漱术昱太郎等二十六人来北大参观,由询问课导往红楼各处游览。

10 月 27 日,下午四时,北大教务长顾孟余召集各系主任在红楼二层教务长室开会,通过决议:以后教员告假须事前与注册部接洽,请勿直接通知学生。

晚六时半,北大四川同乡会在红楼二层第二教室开常年大会,欢迎新同乡并改选职员。

10月28日,下午四时,北大预算委员会在红楼二层接待室开会。

下午四时,北大总务长蒋梦麟召集顾孟余、王文麟、马衡(叔平)、乐笃周、周象贤、罗惠侨、陈启修等在红楼二层总务处开体育干事会,决定在北大设立骑术、游泳、球、溜冰、雪床等体育小组。

晚七时半,北大湖南同乡会在红楼二层第二教室开全体大会,讨论津贴问题。

10月30日,北大陕西同乡会在红楼第十一教室开恳亲会并欢迎新同学。

11月3日,下午四时,北大教务长顾孟余召集各系主任在红楼二层教务长室开会。

11月4日,下午四时,北大总务委员会在红楼二层总务处开会。

晚七时,北大福建同乡会在红楼四层第四十二教室欢迎新同乡,讨论会务。

北大庶务委员会召开第八次临时会议,处理红楼西部工程发现重大损伤问题,决定请校长从速召集行政会议并推罗惠侨、钱稻孙随同马叙伦委员长出席;通知注册部将红楼四层第四十二教室及心理实验室暂移他处以避危险。

11月5日,北大注册部发出通告:一院(红楼)四层第四十二教室屋顶因有脱落之处,必须修葺,碍难授课,所有该教室应上之功课暂移在第三院。

11月8日,下午四时,北大图书委员会在红楼二层接待室开会,顾孟余、李大钊、陈世璋、陶孟和等参加会议。

11月10日,下午四时,北大教务长顾孟余召集各系主任在红楼二层教务长室开会。

11月11日,下午一至二时,北大学生黄坚、唐性天、李富春、郭鸿达、吴家彬、吕炳、王学彬在红楼三层体育会办公室与体育会导师王文麟开会,讨论本校体育进行事宜。

下午四时,北大庶务委员会在红楼二层总务处开第十四次常会,通过画法研究会给煤案。

晚七时,北大京兆同乡会在红楼第二十教室开新旧委员联席会议,分配本学年职务,讨论进行事宜。

晚七时，北大山东同乡会在红楼二层西头第二教室开会。

11月15日，上午十一时，北大体育会导师、教员、干事在红楼三层体育会办公室开会，讨论骑术及他项进行事宜。

11月18日，下午四时，北大总务长蒋梦麟召集北大体育会干事、导师在红楼二层总务处开会，王文麟、白雄远、唐性天、黄坚、施学齐、郭鸿达、陈启修到会，通过骑术组、游泳组、溜冰组等活动规则。

11月22日，下午三至四时，北大足球队甲组队员十二人在红楼三层体育会办公室开会。

11月24日，上午十一时，北大心理学教授刘廷芳约邓康（中夏）在红楼四层心理实验室谈话。

下午四时，北大教务长顾孟余召集各系主任在红楼二层教务长室开教务会议。

11月25日，下午四时，北大总务委员会在红楼二层总务处开第十八次常会，讨论给旁听生及选科生改正科、毕业生入研究所发给津贴案，陈世璋、李辛白、沈士远、郑寿仁、蒋梦麟、李大钊到会。

11月26日，下午四时，北大评议会在红楼二层接待室开常会，决定从1920年度起会计实行审计等事项，通过《教员学生借书规则修正案》。

11月28日，上午十一时，北大体育会导师乐笃周在红楼北操场讲演马术。

11月29日，葛伯寅、周其棠、芮伯伊、吴家彬等在红楼三层体育会办公室开会。

11月初，红楼遭遇大风，房顶木制支架部分破裂，并致使四层楼上数教室顶蓬塌下。

12月7日，下午四时，北大评议会在红楼二层接待室开临时评议会，决定："凡以前自七月份起，借过薪水者以后遇发十一月以后薪水时，只支给半数，以扣清为度，但教育部补发欠薪时，如以私人资格向会计课所领之款已扣清，仍给与全数，但每月薪水在五十元以下者，不在此例"，并通过变更考试制度案。

12月8日，下午四时，北大总务委员会在红楼二层总务处开会，议决：学校不便发给法律系一年级学生每人一本拉丁文纲,可由图书馆购存三十册,以供阅览;班长制暂不废除。蒋梦麟、郑寿仁、陈世璋、李大钊、沈士远、李辛白到会。

12月9日,下午四时,北大庶务委员会在红楼二层总务处开会。

12月10日,下午三时,北京女子高等师范学校李教员率领该校女生数十人来北大参观,由询问课引导参观红楼各教室、图书阅览室及书库等处。

12月22日,下午二时,北大歌谣研究会在红楼三层国文学系教授会开第一次会议。

中国社会学会在红楼开筹备会,讨论会章并选出余天休、王卓然、陈汝棠任筹备员,决定自1920年12月起至第二年春假为筹备时期,1921年春假开第一次年会。

12月23日,下午二时,北大总务委员会在红楼二层总务处开第二十次会议,沈士远、郑寿仁、李辛白、蒋梦麟、陈世璋、李大钊到会。议决:废除班长后,每班选干事10人,以二人为一组,分为五组,每组任期二月,其次序以票数多寡定之。干事在任期内执行班长原有职务,负责本班有事时与学校接洽之责。不满十人之班,则循环轮任。自下学期起实行;为平民教育讲演团在学校附近租房一间,作为讲演场所;自下学期起,全校各班上课,仍一律按时点名。少数学生撕毁座位号数或不按号数就座,请校长布告警戒。

下午四时半,北大评议会在红楼二层接待室开常会。

1921年

1月12日,下午四时,北大教务长顾孟余召集各系主任在红楼二层教务长室开会。

1月13日,下午四时,北大体育干事会在红楼二层总务处开干事会,王文麟、蒋梦麟、周象贤、马衡、罗惠侨、白雄远等到会,议决:骑术组因耗费较多,将劣马一区退还并减马夫一名;溜冰组由体育会置备鞋底上冰翠六双,以备练习者租用;技击会、健身会并入体育会。

1月16日，下午一时，中国社会学会假红楼二层第一教室开第二次筹备会，讨论各项细则，并议决于1月30日下午一时在琉璃厂高等师范开成立大会，选举职员。

1月17日，下午四时，北大图书委员会在红楼二层接待室开会，议决：每月购书经费平均分配于十五系；各系购书经费如按上平均分配数有余或不足时，得由图书委员会酌量调剂；各系购书，须由该系教授会开单交图书部，由图书部主任提交图书委员会审查；各系教授如遇有稀见之图书，认为立刻应买者，必须通知该系主任及图书部，由购书课自行购买，或与之同往购买，购买之后，须提交图书委员会审查追认。

1月20日，下午四时，北大庶务委员会在红楼二层总务处开第十八次常会，议决核减校役人数，以免超过预算。

1月22日，下午四时，北大教务长顾孟余召集各系主任在红楼二层教务长室开教务会议。

1月26日，下午四时，北大评议会在红楼二层接待室开会。

1月25日，上午十时，大连医院院长尾见薰、南满医学堂干事兼教授本野正朝及高岩静、小野木孝治等来北大参观，由询问处引导，参观红楼教室、阅览室、书库等处。

1月27日，上午九时半，日本教育界北支那饥馑义赈团代表野尻精一与野口援太郎来北大参观，由询问课招待，参观红楼各处。

1月31日，下午二时，体育专门学校教员谭兆熊来北大参观，由询问课引导，参观红楼一层各书库。

下午四时半，北大体育会国技组技击部在红楼二层第二教室开全体大会，报告练习手续，讨论各项问题。

2月1日，河南小立第一中学教员魏士骏、女子高等师范学校女生数人来北大参观，由询问处引导参观红楼各教室及书库。

2月2日，下午四时，北大总务委员会在红楼二层总务处开第二十一次常会，李辛白、郑寿仁、沈士远、李大钊、蒋梦麟到会，议决：以后校内各机关新聘事务员及书记,均以三个月为试用期,试用期满,如确系称职,然后正式任用。

2月3日,晚七时,北大辩论会在红楼第七教室开会,讨论与清华及高师二校国语辩论及改选职员事。

远东通信社记者林寿亲来北大参观,由注册部、询问课引导往红楼各教室、印刷课、图书馆等处。

2月16日,上午十时,北大体育会在红楼三层体育会办公室开干事会。

2月17日,上午,山东省立女子师范学校校监王葆廉女士、学监秦谱女士、天津南开大学主任凌冰先生来北大参观,游览红楼各教室、图书部等处。

晚七时,北大政治研究会导师、干事在红楼二层接待室开会讨论研究方法,高一涵等十五人到会,通过《政治研究会研究方法总则草案》。

2月19日,晚七时,北大地质研究会在红楼二层第二教室请葛利普(Grahau)博士讲演地震。

2月21日,晚七时,北大政治研究会在红楼二层接待室开全体大会,导师及会员共到二十五人,陈启修、陶孟和、张祖训、王世杰等导师先后发言,通过政治研究会"研究方法"总则。

2月22日,下午四时,高尚德、方豪、黄日葵等召集北大学生在红楼二层第二教室开全国急募赈款大会北大学生校内劝捐团筹备会,由方豪主持,通过募捐办法十三条,推举方豪、高尚德、叶麐为干事。

2月24日,晚七时,北大辩论会在红楼第七教室开会。

晚八时,全国急募赈款大会北大学生校内劝捐团干事方豪、高尚德、叶麐召集校外劝捐员在红楼二层第二教室开会,报告校外劝捐派定各组的时间、地点。

2月26日,北大图书部发出布告:印度哲学参考室已布置在红楼四层楼第二十四号房,阅书时间:自每早十时至十二时,下午一时至四时。每星期二、三、五梁漱溟先生均在参考室备同学质问参讨。

3月1日,晚七时,北大政治研究会在红楼二层楼接待室开全体干事会议,讨论进行事宜。

3月3日,上午十时,北京女子高等师范校务主任李贻燕率领该校图书科女生十八名来北大参观,由询问课引导,参观红楼各教室及各阅览室等处。

3月4日,下午七时,北大政治研究会在红楼二层楼接待室开全体大会,议决事项如下:速记由樊渊溥担任,杨惠生补充;两星期开全体大会一次;每组开会研究日期。

3月6日,下午一时,中国社会学会在红楼二层第二教室集会,请心理学者张耀翔作《年犯罪之倾向》演讲。

3月10日,晚七时半,北大辩论会在红楼二层第七教室举行第二次国语辩论会,辩题为《整理中国财政开源与节流孰为先务》。

3月11日,下午二时,为整顿第二外国语法文功课,北大兼习法文班教员在红楼四层楼教员休息室开教授会。

9月19日,北大注册部发出公告:心理学家唐钺将在红楼二层第一教室讲《心理神经学》,时间为星期日下午一至三时,星期五下午三至四时,本、预科各系、班学生诸君均可到堂听讲。

9月21日,晚八时,北大体育会干事在红楼三层体育会办公室开会。

9月23日,下午六时,北大各系主任在红楼二层教务长室选举教务长,顾孟余当选。

10月1日,上午九时,美国教育家孟禄博士来北大参观,由询问课引导参观红楼各教室及书库等处。

10月6日,上午九时,日本学习院教授文学博士小柳司气太及中川兵三郎等来北大参观,由询问课招待导往红楼各教室及书库等处。

10月13日,上午十一时,北大法文系主任贺之才召集宋春舫、陈亚枚、徐旭生等教员在红楼三层教员休息室开教授会,讨论课程问题。

10月14日,上午十时,预科升级哲学系考试在红楼四层四十五教室举行。

10月15日,下午三时,北大总务委员召集各部主任在红楼二层总务处开第二十二次常会,李辛白、李大钊、余文灿、沈士远等参加会议,通过议案:各省津贴缺额以八年度(1919年)学年成绩咨报省,作为选补津贴之标准,转学生迟一年办理。

10月17日，下午四时，北大聘任委员会在红楼二层接待室开会。

10月18日，下午四时，北大评议会在红楼二层接待室开会，通过《预科委员会组织大纲》及聘任委员会建议案：以后本校聘请教授或讲师改为教授，须具两个条件：须专习本门学问，或虽非专习而于本门学问有特长者；须不在非教育的机关局所任职者。

图书部发出通告，法语学研究所现已择定红楼四层第二号，自十月十八日开馆，除星期例假休息外，每日下午三时至六时自由阅览。

10月20日，下午四时，北大庶务委员会在红楼二层总务处开第十九次常会，

10月22日，北大校医室发出启事，原位于红楼一层东边北头的校医室即日迁往二院马神庙，自10月24日起，所有诊察事务即在第二院处理。

10月24日，世界语阅览室发出布告：世界语阅览室已择定红楼四层东头第二十六号，阅览时间为每日下午二时至八时（星期例假除外），由四层图书部职员向世界语参考室领取。

10月27日，晚七时，北大政治研究会在红楼二层接待室开常年大会，改选职员。

10月25日，北大体育办公室发出迁移通告：北大体育会办公室现已由红楼三层搬到一层第二十五号房，即校医室旧址。

10月29日，下午四时，北大校长蔡元培召集陈世璋、谭熙鸿、颜任光、李麟玉、李四光、何杰、何育杰、龚安庆、程瀛章等仪器委员会委员在红楼二层接待室开本届第一次委员会。

10月31日，北大庶务部杂务课发出通告：本校女生浴室现已布置就绪，在红楼三层东头，定于十一月二日起照章售券，时间自早十时起至晚六时。

11月3日，北大图书部发出通告：哲学研究室设在红楼四层第十一号房，每日下午由一时至六时止开馆，自由阅览。

11月7日，下午四时，北大校长蔡元培召集各系主任在红楼二层教务长室开教务会议，因陶孟和不允代理教务长，请各主任郑重讨论教务长人选，公推政

治系主任陈启修(惺农)代理教务长一月,代理教务长期内所任功课可酌量停止一月。

11月9日,下午四时,北大校长蔡元培召集所有新当选评议员:谭熙鸿、顾孟余、胡适、王星拱、陈世璋、何育杰、陶孟和、沈士远、朱锡龄、李大钊、俞同奎、冯祖荀、马裕藻、夏元瑮、贺之才、张大椿等在红楼二层接待室开本届第一次评议会,议决:本校二十周年纪念会歌不能作为本校校歌;本校暂不制校歌;本校教职员及学生如有记载本校事实及章程之单行本者须于出版以前交校检阅;通过《津贴地质学系旅行费案》。

11月12日,北大图书部发出通告:法律学参考室设在红楼四层第六号房,自十一月十四日起除星期日外,每日下午一时起至六时止开室阅览。

11月14日,下午四时,北大总务处召集各部主任在红楼二层总务处开第二十三次总务委员会常会,李大钊、余文灿、李辛白、沈士远出席会议,会议否决了法文系学生要求核减书价的议案。

11月16日,上午十二时半,北支那地方见学旅行团岭南介等二十五人来北大参观红楼图书馆。

11月17日,下午四时,北大庶务委员会在红楼二层总务处开第二十次常会。

11月18日,北大预科委员会发出通告:本会办公室设在红楼二层西头三十七号房(旧校役夜班教务处),已于11月17日开始办公。以后凡关系本委员会之事务,请直接向本会办公室接洽。一切函件,亦请直接送至本会办公室。

11月22日,北大注册部发出布告:梵文班本年拟设两班,甲班程度较高,由汉学家钢和泰先生教授,每周四时,已定星期一及星期四下午四时至六时上课,(星期一在红楼第十五教室,星期四在钢先生家中上课。)。

11月29日,北大注册部发出布告:钢和泰先生所授之梵文乙班钟点现定为每星期四小时,星期二下午四至六时,星期六下午三至五时,自本星期二起开始授课,在红楼三层第三教室上课。

12月1日,北大法律研究会发出通告:法律研究会经学校指定,以红楼四层法律系阅览室为会址。法律研究会成立于1921年10月23日,以研究法律学理,促进法律发达为宗旨。

12月2日,北大图书部发出通告:政治系研究室设在红楼四层十四号,定于12月2号开始阅览。

12月13日,晚七时,北大戏剧研究会编译股假红楼一层体育会会议室开会,讨论编制角本问题。

12月15日,下午四时,北大庶务委员会在红楼二层总务处开第二次常会,讨论二院校舍之用途。

12月17日,下午四时,北大审计委员会在红楼二层总务处开第一次会议。

12月20日,晚七时,北大戏剧研究会编译股假红楼一层体育会会议室开第二次会议,讨论剧本。

12月21日,北大法律研究会发出通告,为便于会员析疑问难起见,特商请本会各导师于每星期内指定数小时,以备会员互相询问,教授燕树棠、王世杰分别于星期二下午二时以后、星期四下午三至四时在红楼四层法律系阅览室备学生问难。

12月22日,上午九时至十二时,教授李大钊在红楼三层第三教室作题为"工人的国际运动"的讲演,这是北大政治学系教授会组织的现代政治讲演之一。

12月23日,下午三时,北大审计委员会在红楼二层总务处开第一次临时会议。

1922年

1月14日,下午三时,北大审计委员会在红楼二层总务处开第二次常会。

1月16日,北大图书部发出通告,红楼一层各阅览室作出如下调整:阅览室属图书部典书课,第一阅览室,红楼一层二十八号,藏国文书籍,日文书籍(日文法律书在第五阅览室);第二阅览室,红楼一层二十九号,藏中外杂志;第三阅览室,红楼一层三十一号,藏中外日报;第四阅览室,红楼一层三十四号,藏法文书籍、英文书籍、德文书籍及西文地图(社会、法律、政治、经济、年鉴均在第五阅览室);第五阅览室,红楼一层三十五号,藏年鉴、英社会、英德法日之法律、政治、经济书籍及坂谷赠书。

1月24日,北大史学系教员在红楼三层史学教授会开会,商酌改变科目等事。

1月26日,上午九时至十一时,北大教授张慰慈在红楼三层第三教室作题为《爱尔兰问题》讲演,这是北大政治学系教授会组织的现代政治系列讲演。

下午四时,北大教务长、经济系主任顾孟余召集经济系教授在红楼二层教务长室开会。

2月9日,上午九时至十一时,北大教授李大钊在红楼三层第三教室作题为《工人的国际运动》的讲演,这是北大政治学系教授会组织的现代政治讲演之一。

2月11日,下午二时,北大评议会在红楼二层接待室开会。

下午三时,北大审计委员会在红楼二层总务处开常会。

2月16日,上午九时至十一时,北大教授李大钊继续在红楼三层第三教室作题为《工人的国际运动》的讲演,这是北大政治学系教授会组织的现代政治系列讲演。

2月18日,下午三时,北大校长蔡元培召集北大研究所国学门委员会各委员在红楼四层研究所国学门开会,委员长蔡元培、委员顾孟余、沈兼士、李大钊、马裕藻、朱希祖、胡适、钱玄同、周作人等与会。首先由研究所国学门主任沈兼士报告研究所国学门所属特别阅览室、歌谣研究会、考古学研究室进行情况,然后各委员讨论"研究规则",议决《研究所国学门研究规则》,最后蔡元培委员长提议以研究所四学门为基本,每一学门出一种杂志,议决由研究所四学门分任编辑,每年每学门各分得三期,页数不拘。国学门公推胡适为主任编辑。

2月23日,上午九时至十一时,教授李大钊继续在红楼三层第三教室作题为《工人的国际运动》的讲演,这是北大政治学系教授会组织的现代政治系列讲演。

2月25日，下午二时，北大评议会在红楼二层接待室开会。

2月29日，下午二时，北大歌谣研究会在红楼四层研究所国学门第一研究室开会。

3月2日，上午九时至十一时，北大教授李大钊继续在红楼三层第三教室作题为《工人的国际运动》的讲演，这是北大政治学系教授会组织的现代政治系列讲演。

3月4日，下午二至四时，北大哲学系请南开大学教授张见安在红楼四层四十教室讲演教育统计学。

3月8日，下午四点至五点，北大图书馆主任李大钊请学生陆侃如到红楼一层图书主任室谈话。

3月11日，下午三时，北大审计委员会在红楼第二层总务处开常会。

3月13日，下午二至四时，北大教授王世杰在红楼三层第三教室讲演《国际政治的几个现实问题》，这是北大政治学系教授会组织的现代政治系列讲演。

3月14日，下午四时，北大研究所国学门委员在红楼四层研究所国学门开会，沈兼士、李大钊、马裕藻、胡适、钱玄同、周作人等与会，会议议决《国立北京大学助学金及奖学金条例》。

3月15日，北大校长蔡元培召集冯祖荀、丁燮林、王星拱、李四光、谭熙鸿、胡适、沈兼士、朱希祖、陶孟和、顾孟余、王世杰、陈启修、朱经农等北大月刊编辑员在红楼二层接待室开会，讨论组织月刊编辑部事宜。

3月16日，下午四时，北大庶务委员会在红楼二层总务处开常会。

下午二至四时，北大教授王世杰在红楼三层第三教室讲演《国际政治的几个现实问题》，这是北大政治学系教授会组织的现代政治系列讲演。

3月20日，下午二至四时，北大教授王世杰在红楼三层第三教室继续讲演《国际政治的几个现实问题》，这是北大政治学系教授会组织的现代政治系列讲演。

3月24日，下午七时，北大政治研究会在红楼三层十三号剪报室开全体大会。

3月25日，下午三时，北大评议会在红楼二层接待室开本届第七次会议，议决设立学生事业委员会，确定其组织大纲及委员名单，通过《化学系学生出外参观旅行办法》、《国立北京大学研究所国学门研究规则》、《国立北京大学助学金及奖学金条例》、《修正国立北京大学本科转学规则》、《修正国立北京大学旁听生章程》、《修正国立北京大学华侨学生入学特别办法》。

3月29日，下午四时，北大英文演说竞赛大会在红楼三层第十四教室举行，胡适、柯劳文夫人、毕善功任评判人。

3月31日，下午四时，北大英文演说竞赛大会在红楼第四层英文教授会开谈话会。

4月15日，下午四时，北大哲学系主任陶孟和召集哲学系教授开会，讨论今年必须补行考试之科目及考试办法。

4月18日，下午四时，北大法文系主任贺之才召集法文系宋春舫等教授在红楼四层教员休息室开会，讨论法文学系进行事宜。

4月20日，上午九时至十一时，北大教授燕树棠在红楼三层第三教室作题为"华府会议之结果"的演讲，这是北大政治学系教授会组织的现代政治系列讲演。

上午九时，北大政治系四年级学生在红楼三层第四教室开会，议决1.制纪念章；2.来今雨轩午餐会；3.摄影。

4月23日，北大在红楼北操场举行全校运动会。

4月25日，北大各系主任在红楼二层教务会议室改选教务长，胡适当选。

4月27日，上午九时至十一时，北大教授燕树棠在红楼三层第三教室继续作题为"华府会议之结果"的演讲，这是北大政治学系教授会组织的现代政治系列讲演。

5月2日，上午十时，本校为筹办救济妇孺所，在红楼二层接待室开会，总务、注册、庶务三部及校医室同人列席，议定《国立北京大学救济妇孺所之组织大纲》，并推定干事。

下午二时，北大各学系主任、各事务部主任在红楼二层接待室开联席会议，胡适主席，议决：救济妇孺事件，照总务处所拟组织大纲办理，遇必要时，各教授亦自由加入各股办事。组织保卫团事件，由白雄远、沈士远到京师地方公益联合会会议接洽；互助事件，先筹备五千元，供教职员需要时借贷。

5月5日，晚七时，北大政治研究会在红楼三层剪报室开全体大会，讨论丛书问题。

5月8日，下午五时，北大保卫团全体团员齐集红楼北操场，体育教员白雄远负责编录。

5月10日，下午四时半，北大总务委员会在红楼二层总务处开第三十次会议，李麟玉、李大钊、李辛白、余文灿、沈士远等到会，议决：本学期宿费未交者，限本星期内交清；所有旧欠学宿费各生，限暑假前清缴；本届毕业生宿费未交清者，不得请领修业证书及洋文成绩证书；各科各班实行恢复点名。

5月17日，下午四时，北大教职员临时代表团在红楼二层接待室开临时代表团会议，讨论联合索薪事宜。

5月18日，下午四时，北大庶务委员会在红楼二层总务处开会，讨论各项事宜。

5月23日，北大总务委员会召集各部主任及白雄远、李四光、丁燮林等在红楼二层总务处开会，讨论学生军事项。

5月25日，下午五时，北大教职员临时索薪代表团在红楼二层接待室开会，讨论索薪团进行事宜。

5月30日，下午四时，北大总务委员会召集各部主任在红楼二层总务处开会。

6月12日，下午四时，北大总务委员会召集各部主任在红楼二层总务处开会。

6月15日，下午四时，北大评议会在红楼二层接待室开会，通过孔德学校借用第三院一部分暂充该校校舍案、修正考试制度案、预科委员会权限案、体育委员会组织大纲案。

6月16日，下午四时，北大学生事业委员会在红楼二层接待室开会，谭熙鸿、陈衡恪、钱稻孙、萧友梅、燕树棠、丁西林、沈士远等出席，议决：凡纯粹学生所办各种事业不得冠以北京大学名义；李兰昌等拟办暑期补习学校，准其办理；牟谟等报告办理科学常识杂志，准予备案。

6月19日，《北京大学日刊》刊布《研究所主任沈兼士先生致校长函》，研究所国学门主任沈兼士报告，已连同朱希祖、杨适夷、马衡、单不庵等研究同人搬运历史博物馆档案，共计装六十一箱，一千五百零二袋，分庋于北大一院红楼及第三院，清档案分藏于红楼一层东方馆，十四箱，第十二书库二十五箱，四十三袋；红楼二层第一教室，四百三十五袋；四层第七号，六箱，四十六袋，四层第六号，六十一袋。第三院，十六箱，九百十七袋。

6月20日，下午四时，北大教职员临时代表团在红楼二层开会，议决：推举何基鸿为第二次主席，任期一个月，由六月二十日起至七月二十日；从前所定轮流出席联席会议办法，诸多不便，议决改变方法，推举马裕藻、燕树棠、沈士远、陈启修及主席何基鸿为本期出席代表。

6月22日，下午四时，北大庶务委员会在红楼二层总务处会议室开会。

10月3日，北京大学附设音乐传习所在红楼第十五教室举行入学试验，上午九时至十二时试验国文及译谱，下午二时至五时试验数学及英文。

10月4日，下午三时，马裕藻召集庶务委员在红楼二层总务处开庶务委员会临时会议。

10月5日，上午十时，北大总务委员会召集各部主任在红楼二层总务处开第三十四次总务委员会常会。

10月7日，下午二时，上次考试未到而愿入哲学系的学生在红楼三层第三教室举行考试。

10月14日，北大注册部发出布告：蔡元培校长担任之哲学系"美学"一课，原系每周两小时，现改为一小时，一年授毕。由十月十四日起，开始授课，时间为下午二至三时，在红楼二层第二教室上课。

10月16日，晚七时，北大政治研究会在红楼三层剪报室开会讨论进行事宜。

10月17日—24日，北大发生"讲义风潮"事件，17日下午，有学生数十人群拥至红楼二层会计课，对于职员肆口谩骂，并加恫吓。18日晨，复有学生数十人，群拥至红楼二层校长室，要求立将讲义费废止，复经蔡元培校长详为解释，而该生等始终不受理喻。复有教职员多人出而劝解，该生等威迫狂号。蔡元培校长愤而辞职，总务长蒋梦麟、庶务部主任沈士远、图书部主任李大钊、出版部主任李辛白相继辞职。北大全体职员在红楼二层接待室召集会议，到会共六十余人，共同议决自十月十九日起暂行停止办公。一面向校长辞职，一面由全体职员分班到校轮流察看校舍，以防不虞。19日，北大全体学生发出宣言挽留蔡校长。10月24日，蔡元培回校复职，北大全体职员一致复职，照常办公。

11月4日，下午四点，哲学系主任陶孟和召集哲学系四年级全体学生在红楼二层第一教室开会，商量本学年作论文事宜。

11月8日，下午四时，北大史学系主任朱希祖召集史学系一、二、三年级全体同学在红楼二层第二教室开会。

11月10日，下午三时半，北大队球队与税务学校队球队在红楼前球场比赛，北大2:0取胜。

晚七时，北大政治研究会在红楼三层剪报室开常年大会，改选职员。

11月15日，下午四时，北大二十五周年纪念筹备委员会在红楼二层接待室开会，蔡元培、蒋梦麟、胡适、罗惠侨、丁燮林、沈兼士、沈士远、萧友梅、马衡、李大钊、谭熙鸿、苏甲荣、李四光等参加会议，会议议决：纪念会分学术讲演、展览、游艺三部；展览及游艺均在纪念日举行，地点在第三院大礼堂旁操场支搭席棚；推出各部筹备员。

11月16日，下午四时，北大法律研究会在红楼二层第二教室开会。

11月20日，北大英文学系一年级学生在红楼三层第九教室开英文会筹备会。

11月22日，北大二十五周年纪念会学生筹备会发出通告：本会业已成立，办公室在红楼二层楼西头三十八号，所有各组负责筹备诸君，请即征求组员，来室办公。

11月25日,下午三时半,北大世界语研究会在红楼二层开世界语联合大会筹备委员会会议,孙国璋、爱罗先珂等参加。

下午七时,北京大学史学会在红楼四层东边特别阅览室开委员会议。

11月28日,上午九时至十一时,北大教授周鲠生在红楼三层第四教室作题为《国会与外交》的演讲,这是北大政治学系教授会组织的现代政治系列讲演。

下午三点半,北大英文系一年级同学在红楼三层第八教室开一九二六年英文会成立大会。

下午四时半,北大二十五周年纪念会学生筹备会在红楼二层筹备会会议室开联组会议。

12月1日,下午四时半,孙国璋在红楼四层第四十一教室讲世界语歌。

下午四时半,北大各国名人趣史讲演组在红楼三层西首第三教室开会。

12月5日,上午九时半,北大教授周鲠生在红楼三层第四教室继续作题为"国会与外交"的演讲,这是北大政治学系教授会组织的现代政治系列讲演。

12月7日,下午四时,北大评议会在红楼二层接待室开特别会,议决由学系主任组织分组会议,各组互选主席一人,第一组颜任光当选,第二组胡适当选,第三组顾孟余当选。

下午四点半,北大教育研究会请陶孟和在红楼三层第六教室讲演《高等教育》。

12月9日,下午三时半,世界语联合会筹备委员会在红楼二层接待室开第二次筹备会议,孙国璋、爱罗先珂、胡鄂公夫人、华南圭夫人等出席,会议议决开会日期,出特刊两种;公推周作人、孙国璋、爱罗先珂担任特刊编辑;公推蔡元培先生为大会主席;会场招待除另行专请外,凡筹备委员均为招待员。

北大史学系发出特别讲演通告,每星期六下午四至六时,日本文学博士今西龙在红楼二层第二教室讲演朝鲜史,教授张黄任翻译。

12月12日,上午九时半,北大教授周鲠生在红楼三层第四教室继续作题为《国会与外交》的演讲,这是北大政治学系教授会组织的现代政治系列讲演。

12月16日,下午四时,北大世界语研究会召集世界语联合会代表及研究会会员在红楼二层接待室开会,讨论各项提案。

12月25日,晚七时,北大政治研究会在红楼三层剪报室开全体大会,讨论进行事宜。

12月26日,上午九时半起,北大教授周鲠生在红楼三层第四教室继续作题为"国会与外交"的演讲,这是北大政治学系教授会组织的现代政治系列讲演。

下午四时,北大教育研究会组织第二次公开讲演,由孙惠卿在红楼四层第四十一教室讲演《初等教育最近的趋势》。

12月27日,下午四时,北大教育研究会组织第三次公开讲演,由陶行知在红楼四层第四十一教室演讲《教育与科学的方法》。

1923年

1月1日,晚七时,北大政治研究会在红楼三层在剪报室开全体大会讨论进行事宜。

1月6日,下午四时,北大教育研究会在红楼四层哲学教授会开研究会,讨论审查小学图书馆及其他问题。

下午四时半,北大国文学系教授会召集魏建功等四同学在红楼三层国文教授会开会讨论读书会事宜。

1月9日,上午九点半起至十一点,北大教授李大钊在红楼三层第四教室讲演《印度问题》,这是北大政治学系教授会组织的现代政治系列讲演。

下午四时半,北大经济学会在红楼二层经济学会演习室开会。

1月11日,上午九点半至十一点,北大教授李大钊在红楼三层第四教室讲演《印度问题》,这是北大政治学系教授会组织的现代政治系列讲演。

1月18日,上午九点半起至十一半点,北大教授李大钊在红楼三层第四教室讲演《印度问题》,这是北大政治学系教授会组织的现代政治系列讲演。

晚七时,北大政治研究会在红楼三层剪报室开会,商议出版事宜。

1月19日,下午一时,北大学生干事会召集全体同学在红楼北操场集合,后与法专、医专、工专等校学生赴国会请愿,请求勿投彭允彝票。

1月24日,下午三时,北大学生军在红楼四层西头第三十六号开学生军全体大会,讨论纠察事务。

3月13日,下午四时,北大体育会召集北大全体女生在红楼二层第一教室开会,讨论女生体育进行事宜。

3月23日,下午四时半,北大经济学会在红楼二层楼西首开会讨论会务。

5月8日,下午三时半,北大与高师队在红楼北球场举行队球(排球)友谊赛。

5月14日,下午四时,北大研究所国学门歌谣研究会会员在红楼四层第二研究室开会,筹备成立风俗调查会,决定先自北京一隅试行调查;并征集关于风俗之器物,筹设风俗博物馆。

5月18日,晚八时,美国政治学泰斗皮雅德(Beard)在红楼二层第一教室讲演《近代政治中行政的位置》,陶孟和教授担任翻译。

5月23日,世界语研究室发出通告,世界语研究室不久将从红楼四层迁移至三层第二十五教室内。

5月24日,下午四时,北大研究所国学门在红楼四层第二研究室开风俗调查会成立会议,讨论进行方法。议决调查方法三项:(一)书籍上之调查,(二)实地调查,(三)征集器物。

6月2日,北大政治系三年级同学在红楼三层第四教室开恳亲会。

6月10日,上午八时半至十一时,北大哲学系全体同学在红楼二层第二教室开会,会议先由杨世清报告开会宗旨,然后公推杨廉主持会议,会议公决关于组织哲学系同学会事应俟后办理,本日专讨论课程问题,就哲学、心理、教育、社会学、组织、教授、教员等七方面形成议决案。议决案通过后公推缪金源、王鼎甲、杨廉、杨世清四人去见哲学系主任切实陈述。哲学同学会草章,亦由四人办理。

6月21日,下午三时,北大歌谣研究会在红楼四层研究所国学门第二研究室开会讨论一切进行事宜。

9月12日,北大开学,决定将行政机关从红楼移到北大第二院。

9月26日,上午九时,北大英文系一年级学生在红楼二层第一教室进行入系考试。

9月27日,下午四时,旁听生冯淑兰、李韵笙、熊婉倩等在红楼二层第一教室参加面试,竞争克兰夫人奖金学额。

10月9日,北大体育部发出布告,蒋百里将于10月15日起,每星期一、星期三在红楼第九教室讲授军事学。

10月18日,晚七时,北大国语辩论会在红楼二层第二教室开常年大会,北大政治学系教授高一涵、燕树棠到会,会议决定聘请高一涵、燕树棠诸先生为导师,每星期六在红楼第二教室开会一次;辩论分两种:演说、辩论,先自演说练习起。

10月19日,晚七时,北大政治研究会红楼三层该会剪报室开常年大会,改选职员,并决定征求新会员。

10有26日,下午五时,北大1923年哲学系同学会于红楼二层第二教室开常会。

10月28日,下午二时,北大哲学系全体同学于红楼二层第二教室开会,讨论组织同学会事宜,会议公推缪金源为主席。

10月29日,上午十一时,北大法文系本、预科学生为筹备北大二十五周年纪念会演法文戏剧事在红楼三层第十四教室开会。

10月31日,下午三时,北大刘尊一、褚保权等女生在红楼三层女生休息室召开北大二十五周年跳舞筹备会。

下午四时,北大哲学系本体同学在红楼二层第二教室开哲学系同学会成立会,讨论会章,选举职员。

11月1日,下午四时,北大二十五周年纪念筹备会英文戏剧组同学在红楼三层第八教室开会,讨论本组进行事宜,斟酌剧本并选举主任。

11月2日,晚七时,北大国语辩论会在红楼二层第二教室开第二次演说练习会,北大教授高一涵、燕树棠担任评判。

11月5日,下午四时,北大二十五周年纪念筹备会新闻组同学在红楼第二层第二教室开本组会议,讨论一切进行事宜。

11月15日,下午三时半,北大二十五周年纪念筹备会法文戏剧组在红楼二层东首十九号开会,商议排演事宜。

下午四时半,北大二十五周年纪念筹备会英文戏剧组同学在红楼三层第七教室开会,讨论分配脚色,练习剧本。

11月16日,晚七时,北大国语辩论会在红楼二层第二教室开第四次演说练习会,北大教授高一涵、燕树棠担任评判,并请周鲠生教授讲演。

11月23日,晚七时,北大国语辩论会在红楼二层第二教室开第五次演说练习会,北大教授高一涵、燕树棠担任评判。

11月24日,原位于红楼四层的北大研究所国学门迁至北大第三院。

11月26日,原位于红楼二层的北大日刊课即日起迁到第二院。

11月29日,下午七时,北大二十五周年纪念筹备会中乐组在红楼三层第二十一教室开会。

11月30日,晚七时,北大国语辩论会在红楼二层第二教室开第六次演说练习会,北大教授高一涵、燕树棠担任评判。

晚七时,北大二十五周年纪念筹备会编辑组在红楼二层东头二十五周年纪念筹备处开会讨论进行事宜,黄日葵、余维一等参加。

12月3日下午四时半,北大二十五周年纪念筹备会文书组在红楼二层东头开会。

原位于红楼二层的北大注册部迁至第二院办公。

12月5日,下午七时,北大二十五周年纪念筹备会编辑组在红楼第二层东头纪念筹备会办事处开本组会议。

12月6日,下午七时,北大二十五周年纪念筹备会庶务组在红楼二层东头纪念筹备会办事处开会。

晚七时,北大国语辩论会在红楼二层第二教室开第七次演说练习会,北大教授高一涵、燕树棠担任评判。

12月10日，下午三时半，北大经济学会编辑股在红楼二层该会会所开会讨论纪念号发稿事宜。

12月11日，下午三时，北大史学系同学在红楼二层第二教室开会讨论史学会进行方法。

12月12日，下午七时，北京大学二十五周年纪念册编辑处编辑在红楼二层筹备处开会，审查纪念刊稿件。

12月13日，下午七时至十时，北大史学会在红楼第二层第二教室开常年大会，改选职员，讨论会务，由王光玮报告年来经过情形及各项会务，先改选职员，再讨论会务，又请杨栋林教授演说指导会务。

12月14日，下午三时，北大经济学会全体委员在红楼二层东头该会会所开全体委员大会，讨论讲演股笔记事宜。

晚七时，北大国语辩论会在红楼二层第二教室开第八次演说练习会，北大教授高一涵、燕树棠担任评判。

晚七时，北大二十五周年纪念筹备会各组主任在红楼二层筹备处开联席会议。

12月21日，晚七时，北大国语辩论会在红楼二层第二教室开第九次演说练习会，北大教授高一涵、燕树棠担任评判。

12月28日，晚七时，北大国语辩论会在红楼二层第二教室开第九次演说练习会，北大教授高一涵、燕树棠担任评判。

12月29日，下午四时半，北大教授朱希祖召集报名参与秦汉史研究的同学在红楼三层史学系教授会开会，讨论研究方法，并请各人认定题目。

12月30日，北大出版部第一院讲义课办公处及发讲义室迁移至红楼二层东头迤北。

1924年

1月4日，晚七时，北大国语辩论会在红楼二层第二教室开第十一次演说练习会,北大教授高一涵、燕树棠担任评判。

1月5日,下午二时,北大国文学系读书会在红楼三层国文系教授会事务室开会,改选职员并讨论进行方法。

1月6日,晚八时,红楼三层东头烟筒失火,烧毁西邻室内部分地板,幸发觉尚早,及时救灭,未致成灾,北大校方为安全考虑,暂将红楼内浴室所用2个火炉停用。

1月7日,北大法文戏剧社公布简章,社址暂假位于红楼的北大法文教授会。

1月9日,下午三时半,北大经济学会调查股在红楼二层东头经济调查室开会。

1月10日,北大注册部发出公告,第一院注册课移在红楼二层楼东首,即前日刊课办公处。

1月13日,下午一时半,北大哲学系同学会在红楼三层第二十教室开会,讨论组织"读书会"及筹备《哲学杂志》编印事宜。

1月16日,下午四时半,北大史学系主任朱希祖召集北大史学系学生在红楼三层西第十二教室开会。

1月18日,下午四点半,北大史学系全体同学在红楼二层第二教室开本系全体大会。

1月25日,下午七时,北大二十五周年纪念册编辑员在红楼二层第二教室开会,分配职务。

3月4日,下午七时,北大史学会在红楼四层东头路南第十七号该会会所开委员会。

3月7日,下午七时,北大政治系民九同学会成员在红楼三层政治演习室开会。

下午七时,《史学季刊》编辑员在红楼四层东头该会会所开会,筹商一切事宜。

3月14日,下午七时,为准备华北专门以上各校国语辩论竞赛大会,北大国语辩论会在红楼二层第二教室开北大第一次预赛大会。

3月18日,下午四时半,爱智学会在红楼二层西头第三十八号该会会所开全体大会,讨论一切。

晚七时半,为准备华北专门以上各校国语辩论竞赛大会,北大国语辩论会在红楼二层第二教室开北大第二次预赛大会,辩论题目为《专门以上学校学生理合干涉政治》。

3月20日,下午四时半,北大经济学会编辑股委员在红楼三层该会会所开会。

3月21日,下午四时,北大史学会在红楼二层第十五号开教授学生联席会,北大史学系教授朱希祖、陈汉章、叶浩吾等到会,议决事项如下:1. 关于季刊事情,仍由史学会办理。2. 前季刊略例有不适当处,议决由总编辑修改之。3. 编辑员分总编辑与普通编辑。总编辑四人,每季以教员二人、学生二人充之,其余皆为普通编辑。凡编辑员每人每季至少须有文稿一篇。4. 暑假以前定出季刊一期,五月十号一稿,六月底出书。5. 凡史学教员均为审查委员。某类文稿归某类教员审查毕,再交史学会总编辑。有登载价值与否,由审查委员负责。6. 调查中外关于史学之新著作及各地史学现状。7. 订购各项关于史学之杂志。8. 出版基金由朱希祖、叶浩吾负责筹拨,并当场抽签抽定何尤、张步武为学生方面总编辑。

3月25日,下午四时,北大史学系四年级同学在红楼四层史学会会所开全体大会。

3月30日,上午十时,北大国文系民十同学会在红楼二层东头史学系讲演室开会,报告与校内交涉课程之结果,并商榷将来进行之一切事宜。

4月3日,下午四点,北大英文系四年级同学在红楼第八教室开会。

4月4日,下午四时,爱智学会在红楼二层该会会所开全体会,讨论会务进行事宜并报告上海分会筹备处来函。

下午七时,北大国文学系四年级同学先生在红楼二层国文学系读书会开本级同学全体大会。

晚七时，北大预科国语演说会在红楼二层第二教室开会，欢迎新聘导师及新加入会员，并讨论一切进行事宜。

4月9日，下午七时，北大四年级各系同学在红楼三层政治演习室开1924年北大毕业同学会筹备会，通过同学录费用、照像及职员等事项。

4月12日，下午四时，北大史学会召集史学系各班编辑员及职员在红楼四层该会会所开会，讨论出版事宜。

5月2日，法文系主任杨芳登出启事：我于每星期六午前十一时至十二时准时到红楼四层教员休息室，法文系各班同学如有事接洽，请届时至该处面谈。

5月3日，下午四时，北大英文系四年级同学在红楼三层第八教室开会。

5月10月，下午四时，北大史学系学生在红楼二层东头史学系研究室听朱希祖讲演《辽金元明京城图》。

5月24日，下午四时，北大教授朱希祖在红楼二层史学系研究室讲演《先秦法家之历史观念及其设施》。

下午四时，北大二十五周年纪念册第三组在红楼二层二十五周年纪念册编辑处开会，讨论本组重要事项。

5月31日，上午六时，北大学生军在红楼北操场举行检阅典礼。

6月2日，晚七时，爱智学会在红楼二层该会会所开全体大会。

6月5日，上午十时，北大史学系四年级全体同学在红楼四层史学会会所开全体大会。

9月25日，上午八点，北大学生军在红楼二层第二教室开会。

10月2日，上午九时，北大愿入英文系及教育系以英文为辅科的学生在红楼三层第十一、二教室参加入系考试。

10月9日，下午一时，北大教授周作人邀请选修"近代日本文学"的学生在红楼三层国文教授会谈话。

10月11日，北大体育部公布，学生军军事学讲师蒋百里从10月15日起每星期二、三下午四时至五时在红楼三层第十八教室上课。

10月17日，晚七时半，北大国语演说会在红楼二层第一教室举行开会式，并讨论一切进行事宜。

10月24日,下午三时,北大以教育系为主科的学生在红楼二层第六教室开会,筹商组织级友会办法。

10月24日,晚七时,北大国语演说会在红楼二层第一教室开第一次常会,导师高一涵、燕树棠到会指导。

10月25日,晚七时,北大国语辩论会在红楼二层西头第一教室开常年大会,会议决定如下事宜:一、练习次序:首先练习演说,次练习辩论。二、练习时间:每星期四,晚七至九时,每以十分钟为限;三、导师:除原导师燕树棠、高一涵外,增聘杨荫庆、屠孝实;四、演说题目:自行拟定,于期前交文牍王钟文处,以便编定练习题目;会费:常年会费二十枚。

10月27日,上午十时,北大教授周作人邀请北大选修"日本散文"的学生在红楼三层国文学教授会谈话。

北大史学系教授会发出通告,聘请元史专家柯劭忞于每星期三下午二至五时在红楼二层东首史学研究室指导研究元史,由本星期起来校。

10月30日,下午三时一刻,北大经济学会在红楼二层东头该会会所开全体委员会。

晚七时,北大国语辩论会在红楼二层第一教室开第一次演说练习大会,北大教授高一涵、燕树棠担任评判。

10月31日,晚七时,北大国语演说会在红楼二层第一教室开第二次常会,并欢迎新导师杨荫庆、屠孝实。

11月2日,上午九时,北大教育系教授及同学在红楼四层教育研究会研究室开欢迎会。

11月6日,下午四时,爱智学会在红楼二层该会会所开全体大会,讨论出版事宜,并欢迎沪会主任吕一鸣。

晚七时,北大国语辩论会在红楼二层第一教室开第二次演说练习会,北大教授高一涵、燕树棠担任评判。

11月7日,晚七时,北大国语演说会在红楼二层第一教室开第三次常会,北大教授燕树棠、屠孝实两位导师到会指导。

11月13日，晚七时，北大国语辩论会在红楼二层第一教室开第三次演说练习会，北大教授高一涵、燕树棠担任评判。

11月14日，晚七时，北大国语演说会在红楼二层第一教室开第四次常会，导师高一涵、杨荫庆到会指导。

晚七时，北大哲学系一九二八级友会在红楼四层东头社会学会会所开会，讨论会务。

11月15日，下午七时，北大政治系政治系三年级学生在红楼政治学会会所开第三次恳亲会，到会者有李昌仁十一人，公推龙文治为主席，会议讨论会务进行事宜，并改选了职员。

11月16日，下午二时，爱智学会在红楼二层会所开茶话会，郑重欢迎新加入的四位会员：李侠君、李汉石、许君远及李慕韩，决定继续出版《国学月报》。

11月18日，北大各班筹备学生会临时代表在红楼二层第一教室开会，到会代表共计二十五班三十四人，决定为求办事便利起见，暂设北大学生会筹备处，内分总务、文书、庶事、交际、四股，等正式筹备会成立时即行解职。

11月19日，下午四时，北大史学系学生在红楼四层第三十五教室开会讨论史学系同学会成立事宜。

11月20日，晚七时，北大国语辩论会在红楼二层第一教室开第四次演说练习会，北大教授高一涵担任评判。

11月21日，下午七时，北大经济学会在在红楼二层该会会所开新旧委员联席会议。

晚七时，北大国语演说会在红楼二层第一教室开第五次常会，导师燕树棠、屠孝实到会指导。

下午七时，北大哲学系二年级全体同学在红楼四层东头社会学会会所举行会议，会议宣布本级级友会于即日成立，并通过简章。

11月22日，下午四时半，北大史学系四年级在红楼四层第三十四教室开会，讨论发起组织本班级友会。

11月23日，下午二时，爱智学会社会科学组在红楼二层西首该会会所开会，会议宣告成立社会科学部于即日成立，决定在最近期间发刊《社会科学月刊》，并选举了职员。

11月24日，下午四时，北大史学系同学在红楼四层第三十二教室开史学系同学会成立大会，到会者共二十余人，公推王君主席，将简章逐条讨论通过，并议决各级于27日前将干事选出。

晚七时，北大各班临时代表在红楼二层第一教室开会，到会者共计四十二班五十四人，宣告学生会筹备会正式成立，并决定筹备会内分庶事、起草两委员会，庶事委员会办理会中一切事务，起草委员会专办起草学生会简章事务，并选举了职员。

11月26日，下午三时半，北大哲学系四年级同学假红楼哲学汇刊编辑室开会，公推本级出席学生干事会代表，并讨论他项事宜。

11月27日，下午三时半，北大经济学会调查股在红楼二层该会会所开本股会议。

晚七时，北大国语辩论会在在红楼二层第一教室举行分组辩论，辩题为《中国宜用武力统一》，北大教授高一涵、燕树棠担任评判。

11月28日，晚七时，北大国语演说会在红楼二层第一教室开第六次常会，导师高一涵、杨荫庆到会指导。

11月29日，晚七时，北大学生会筹备会在红楼二层第一教室开代表联席会议，讨论学生会组织大纲。

12月1日，下午四时半，北大哲学系四年级同学会在红楼第五教室开会，讨论哲学汇刊、同班录及推举学生会代表诸事。

12月2日，下午四时半，北大经济学会庶务股在红楼二层东首该会会所开会。

12月3日，上午十一时，因红楼屡有危险之惊报，北大特请协和医科大学建筑工程司哈奈检察红楼建筑情况，蒋梦麟校长陪同其详细视察红楼一周。哈奈认为红楼无论大风或大雪时，决无危险。其西北角厕所损坏，是因为房顶木架结构，重力不均，偏依该处所致。如为永远计该处须拆卸重建，自基至顶，用铁架或洋灰柱挡住。其余各处，均安全无恙。该院房西隅基地，相传系一荷池，故基址倾落。哈奈认为荷池与否，与房屋无关，该房基础，并无倾落之征象。又北面窗外石闲，有数处现有裂缝，哈奈认为此也与房屋之坚固无关。红楼建筑材料虽不甚佳，惟决不致有何危险。

12月3日，下午三时半，北大史学系同学会在红楼四层第三十五教室开第一次常会，会议讨论诸多课程问题。5日，同学会干事往史学教授会拜访系主任朱希祖，代表提出同学提出要求，朱希祖答复如下：1、请朱先生即时开始授地史学事，朱认为预备尚未充分，不能即时授课。但明春授课时，每周改为两点钟，与现时开始教授相同。2、添设史学阅览室及应用图书，朱认为现在的史学系教授会室内存史学系应用图书甚多，本系学生可随时阅览。其有该室所无之书，可留一书单，由朱派人赴国学门，或图书馆调取。无再特设阅览室之必要。至于应用图书，可酌量添置。3、添设中国政治思想史课程，朱认为此科须一方面通政治学，一方面熟于中国史，甚难其人。且此科为史学与政治学系两系事，与政治系主任商办；添设历史哲学课，朱认为此科早欲添授，前时请一德国人，以经济关系不能来。明年知有二人自德国毕业归国，可请其担任；添设史学研究法课，朱说筹划准添；添设学术思想史课，朱认为此科范围甚大，不成一种学科；添设历史的地理课，朱认为分讲各期的人文地理，现无此项人才。至于中国沿革地理，史学系教授会室内所存之《历代地理沿革表》、《沿革图》、与《地理韵编》三书即足用，勿用再添。4、减少必修课和变更选修课程，朱认为此关系本系分科问题，再开教授会时，当请学生列席贡献意见，再行决定。

12月4日，下午五时，经济学会编辑股委员在红楼二层该会会所开会，会议决定拟于十二月十七日依照去年办法，出一纪念增刊。

晚七时，北大国语辩论会在红楼二层第一教室开第五次演说练习会，导师杨荫庆担任评判。

晚七时，北大政治研究会在红楼三层该会会所开会。

12月5日，北大国语演说会在红楼二层第一教室开第七次常会，导师杨荫庆到会指导。

12月6日，下午四时半，北大史学系四年级同学在红楼四层东头史学系同学会会所举行第一次集会。

12月9日，下午三时半，北大经济学会委员会在红楼二层该会会所开会，对修改过的该会简章进行审察。

12月10日，晚七时，北大社会科学研究会在红楼二层第一教室开常会，欢迎周鲠生、燕树棠两先生为本会导师，并讨论"聊省自治是否适宜于中国"。

12月11日，晚七时，北大国语辩论会在红楼二层第一教室开第二次辩论会，辩题为《中国宜用武力统一》，燕树棠担任评判。

12月12日，北大国语演说会在红楼二层第一教室开第八次常会，练习辩论，辩题为《中国宜用武力统一》，高一涵到会指导。

晚七时，北大哲学系一九二八级友会在红楼四层东史学系同学会所开常会，报告近来读书经过，切磋研究。

12月15日，晚七时，北大学生会筹备会在红楼二层第一教室开各班临时代表会议，审查通过学生会章程草案。

12月19日，下午七时，北大哲学系同学会在红楼三层东首行知社开全体职员会议，讨论筹备恳亲会事宜，决定将于1925年1月6日下午一时在北大二院宴会厅举行哲学系同学恳亲会，并邀请本系教员参加。

12月19日，晚七时，北大国语演说会在红楼二层第一教室开第九次常会，练习辩论，辩题为《中国宜用武力统一》，燕树棠到会指导。

12月25日，晚七时，北大国语辩论会在红楼二层第一教室开第九次常会，练习演说，导师高一涵担任评判。

12月26日，晚七时，北大国语演说会在红楼二层第一教室开第十次常会，练习辩论，辩题为《中国宜用武力统一》，杨荫庆到会指导。

12月27日，下午一时，北大福建同乡会在红楼二层爱智学会会所开常年大会，欢迎新同乡，讨论会务。

12月29日，晚七时，北大哲学系二年级全体同学在红楼四层东头社会学会会所举行第一次常会,选举学生会正式代表。

12月30日,下午四时半,北大社会科学研究会在红楼四层该会会所开干事会议,筹商会务进行事宜。

晚七时,北大政治系二年级同学在红楼四层政治学会会所开同班会成立大会。

1925年

1月3日,晚七时,北大国语演说会在红楼二层第一教室开第十一次常会。

1月7日,下午四时半,北大法律系同学在红楼四层政治学会会所召开法律学会成立大会,通过学会简章。北大法律学会以研究法学,敦笃友谊为宗旨,会址暂设红楼。

1月8日,下午七时,北大国语辩论会在红楼二层第一教室举行辩论,高一涵担任评判,辩论题目为《中国宜用武力统一》。

1月9日,晚七时,北大国语演说会在红楼二层第一教室开演说竞赛会,导师高一涵、燕召亭、杨荫庆到会指导。

1月12日,晚七时,北大学生会各班正式代表在红楼二层第一教室开第一次代表会议,通过北京大学学生会章程,宣告以发扬文化,改进社会,协助学校谋利会员为宗旨的北大学生会正式成立。

1月13日,晚七时,北大哲学系二年级级友会在红楼四层东头社会学会会所开常会。

1月14日,晚七时,北大学生会在红楼二层第一教室开执行委员会各股委员及对外代表大会。

1月15日,晚七时,北大英文学系教授会在红楼二层第一教室召开英文辩论预赛会,由杨荫庆教授主席,柯劳文(Grever Clark)教授为评判员,题目为:Resoled, That Further returns of the Boxer Indemnity funds should be devoted directly to educational purposed only,选定林熙杰等八人为辩论员。

1月16日，晚七时，北大英文学系教授会在红楼二层第一教室召开英文演说预赛会，由杨荫庆教授主席，胡适、林玉堂、燕树棠诸教授为评判员，选定王培德等七人为演说员。

1月17日，晚七时半，北大社会调查团在红楼二层西边第六教室开筹备会，通过该会简章，票选职员，并决定成立教育调查委员会、工业调查委员会。该团以调查社会状况，解决社会问题为宗旨，凡北大同学赞成宗旨并愿加入合作者，皆为团员。

2月14日，晚七时，北大政治系三年级同学在红楼三层政治学会会所开交际会。

2月23日，北大注册部发出通告：李大钊先生现已到京，原授之史学思想史于下星期一开始讲授，地点在红楼三层第十四教室。

晚七时半，北大学生会在红楼二层第一教室开各委员会主任及对外代表联席会议，到会者共二十人，公推杨廉为主席，会议讨论了经费、各委员会办事时间、催学校速修浴室、检查马神庙附近之饭馆、组织斋务委员会整办各宿舍等问题。

2月26日，晚七时，北大国语辩论会在红楼二层第一教室开春季例会。

晚七时，北大社会科学研究会在红楼二层第四教室开常年大会，讨论该会永不向外作政治活动之提案，大会决定"本会纯粹为研究学术之团体，永不向外作政治活动"，并改选干事。

2月27日，晚七时半，北大国语演说会在红楼二层第一教室开本学期大会，讨论本学期进行一切事宜，导师高一涵、燕召亭、杨荫庆到会讲话。

2月28日，晚七时半，北大社会调查团在红楼三层第十二教室开会讨论进行方法。

3月1日，上午九时，北大哲学系四年级同学在红楼三层行知社开会，讨论纪念刊征稿、出版等事宜。

晚七时，北大福建同乡会在红楼二层爱智学会会所开本年常年大会。

3月3日，下午四时半，北大国文系四年级同学在红楼二层国文系读书会开会,讨论读书会会务进行事宜。

3月4日,晚七时,北大学生会在红楼二层第一教室开各班代表全体大会。

3月5日,晚七时,北大国语辩论会在红楼二层第一教室开本学期第一次常会,通过修改简章,改选职员,练习演说,并请导师高一涵、燕树棠担任评判。

晚七时,北大哲学系一九二八级友会在红楼四层东头社会学会会所开常年大会,改选职员。

3月6日,晚七时,北大举行国语辩论预赛会,北大学生二十余人参加,辩论会由陶孟和主持,燕树棠、黄右昌等担任评判,最后王德崇等被选为辩论员,代表北大参加华北六校中文辩论会。

3月9日,晚七时,北大1925届各系毕业同学录筹备员在红楼二层第六教室开会,一致通过刊印毕业同学录,并通过《民国十四年毕业同学录筹备处草章》。

3月12日,晚七时半,北大国语演说会在红楼二层第一教室开第二次常会,练习演说,导师杨荫庆担任评判。

3月13日,晚七时,北大十四年毕业同学录筹备处在红楼二层第六教室开会,到会者有化学、地质、法文、物理、数学、哲学、国文、法律、经济、政治、德文等系代表,会议修改了筹备处草章,选举了各股干事,并就同学录印刷费、内容等问题进行了讨论。

3月17日,晚七时,北大学生会在红楼二层第一教室开各主任及对外代表联席会议,决定本校教职员、同学联合举行孙中山追悼大会。

3月19日,晚七时,北大哲学系一九二八年级友会在红楼四层东头社会科学研究会会所开常会。

晚七时半,北大国语辩论会在红楼二层第一教室开第三次常会,练习演说,导师高一涵、燕树棠到会指导。

3月21日,晚七时半,北大国语演说会在红楼第一教室开第一次常会。

3月26日,晚七时半,北大国语辩论会在红楼二层第一教室,开第四次常会,练习演说,导师杨荫庆担任评判。

3月27日，晚七时，北大国语演说会在红楼二层第一教室开第二次常会。

晚七时半，北大哲学系二年级级友会在红楼四层东头社会学会会所举行第二次常会。

3月30日，晚七时半，北大社会科学研究会在红楼四层该会会所开本学年第一次研究会，导师周鲠生、燕树棠到会指导。

4月3日，晚七时，北大1925届毕业各系代表在红楼二层东头经济学会开会，讨论毕业同学录印刷费估价事。

4月9日，晚七时半，北大国语辩论会在红楼二层第一教室开第五次常会，练习讨论，导师燕树棠到会指导。

4月10日，晚七时半，北大国语演说会在红楼二层第一教室开会，导师胡适、谭熙鸿莅会指导。

4月16日，晚七时半，北大国语辩论会在红楼二层第一教室开第六次常会，练习演说，导师杨荫庆到会指导。

4月17日，晚七时半，北大国语演说会在红楼二层第一教室开第四次常会，导师杨荫庆、屠孝实到会指导。

4月25日，下午三时，孔子学说研究会在红楼二层楼二十八号开会。

4月29日，晚七点半，北大国语演说会在红楼二层第一教室开第五次常会，导师胡适、谭熙鸿莅会指导。

4月30日，晚七时半，北大国语辩论会在红楼二层第一教室开第七次常会，练习演说，导师燕树棠担任评判。

5月6日，晚七时半，北大社会调查团在红楼三层第十六教室开全体大会，讨论教育调查、工业调查方法。

5月7日，晚七时半，北大国语辩论会在红楼二层第一教室开第八次常会，请导师杨荫庆担任评判。

5月8日，下午四时，北大社会改良研究会在红楼二层东头经济学会开第三次研究会，该会成立于1925年1月5日，以研究社会改良主义，参酌中国情形，求其实践为宗旨。

晚七时半,北大国语演说会在红楼二层第一教室开第六次常会,导师燕树棠、屠孝实到会指导。

5月10日,上午九时,北大一九二五哲学系同学会在红楼二层哲学系同学会会所开会。

5月11日,下午二时半,北大学生会会计股在红楼二层北大学生会会所举行该股分股会议。

晚七时,北大教一级友会在红楼四层心理实验室召开本月常会。

5月14日,晚七时半,北大国语辩论会在红楼第一教室开辩论大会,题目为《目下各校学生应该罢课》,导师杨荫庆担任评判。

5月18日,下午三时,北大国文系三年级同学在红楼二层该系读书会商议级友会成立事宜。

5月21日,晚七时半,北大社会科学研究会在红楼四层该会会所开本学期第二次研究会,会员报告题目如下:周伦超《自由贸易说与保护贸易说之比较观》、吴时英《今日之中国与世界》、傅启学《三民主义与国家主义》,周鲠生、燕树棠教授到会指导。

晚七时半,北大学生会在红楼二层第四教室重开代表大会,讨论对付执政府方法及学联问题。

5月22日,晚七时半,北大国语演说会在红楼二层第一教室重开第七次常会,导师杨荫庆、屠孝实莅会指导,演说员有张挹兰、刘尊一、周伦超等。

5月29日,晚七时半,北大国语演说会在红楼第一教室举行第八次常会,导师胡适、谭熙鸿到会指导,演说员有矢野春隆、余华隆、范用余等。

5月30日,下午一时,北大学生会会计股在红楼二层北大学生会会所举行该股分股会议。

6月4日,晚七时,北大教育研究会在红楼四层心理实验室开会,改选职员。

6月5日,晚七时半,北大一九二五哲学系级友会邀请黄文弼、胡鸣盛、欧阳道达、苏甲荣、顾颉刚、陈政、章廷谦、汪毅、李小峰、刘奇、蒋复聪及哲学系一、二、三年级同学在红楼四层心理实验室开会,商议哲学系毕业同学合力捐赠母校哲学书库事宜,会议推定顾颉刚、黄文弼、胡鸣盛、杨廉四人起草哲学书库大纲。

6月18日,下午一时,北大福建同乡会在红楼二层爱智学会开会,欢送本年毕业同乡。

6月25日,五卅惨案发生后,段祺瑞执政府与英人交涉无果,上午六时半,北大学生齐集红楼北大操场,整队到天安门游行示威。

7月3日,早八点,北大学生军在红楼二层第一教室开全军大会,讨论赴张家口冯玉祥军队实习兵士操练事宜。

9月24日,上午十时,北大国文系三年级同学在红楼二层国文系读书会开会。

9月23日,下午二时,北大史学系学生王鸿德、李振声、靳作梅召集北大选修中国法制史和史学系一、二、三年级同学在红楼四层楼东头史学系同学会开会。

9月24日,下午二时,北大学生王九思、李海楼、王少文、胡自益召集北大选修教育哲学的同学在红楼二层第一教室开会。

9月30日,北大图书部发布告:自十月三日起,每日下午二时至四时在红楼一层西首三十三号典书课发给本学年借书证,凡本校本、预科生欲借书者,可持本学年入学证至该处领取,惟以前欠书尚未归还者,须先缴还原书,借书证方能发给。

10月17日,下午二时,北大国文系四年级级友会在红楼二层国文系读书会开会。

10月19日,北大政治系四年级同学在红楼四层政治学会会所开第四次恳亲会,商议本班学科进行事项,并改选干事。

10月21日,下午二时,北大教育系第一级级友会在红楼四层心理实验室开本年度第一次常会,报告上年会务,商订本年应行各事,改选干事。

《北京大学日刊》再次刊登《美国建筑工程司查察一院房屋》一文,声明红楼建筑绝无危险。

10月22日，北大体育部公布，北大已聘陆大教官周亚卫为学生军军事学讲师，于十一月二日起每星期二、三下午四至五时在红楼二层第一教室授课。

10月23日，晚七时半，北大国语演说会在红楼二层第一教室开会，磋商一切。

10月28日，下午二时，北大教授刘半农召集北大选修语音学的同学在红楼四层第三十二教室谈话。

下午四时半，北大学术共究会在红楼二层西头爱智学会会所开筹备会，起草简章并决定成立日期。

10月30日，晚七点，北大国语演说会在红楼二层第一教室开第一次大会，请导师高一涵、燕树棠、杨荫庆演讲《演说之原理与方法》，并改选职员，王德崇、叶含章、王慎明、宣介溪等当选。

晚七时半，北大哲学系一九二八年级友会在红楼二层东边哲学系同学会开会改选职员。

11月5日，下午三时半，北大经济学会在红楼二层东头该会会所开各股委员联席会，讨论会务。

11月6日，晚七时，北大国语演说会在红楼二层第一教室开第一次常会，导师高一涵、杨荫庆到会指导，此次轮值演说的会员有：傅启学、阎敬恒、黄世杰、王慎明、齐尔恂、饶成名、符邦宁、宣介溪。

11月7日，下午四时，爱智学会国学部在红楼二层西首《国学月报》编辑室举行第一次月会。

11月11日，晚七时，北大陕西同乡会在红楼二层第六教室开会，讨论会务进行办法及改选。

11月12日，下午三时，爱智学会《国学月报》同人在红楼二层楼西首月报编辑室开全体特别会议。

11月13日，晚七时，北大国语演说会在红楼二层第一教室开第二次常会，导师燕树棠、杨荫庆到会指导，此次轮值的演说员有：巫启圣、丘汉兴、梁渡、钟书衡、萧汝緼、王文元、张经辰、胡善权。

晚七时，北大教育研究会在红楼三层西第十二教室举行本学年秋季大会，会议决定北大教育研究会改名"北大教育学会"，并改选了职员。

晚七时，北大山东同乡会在红楼三层第十八教室开全体大会，到会者六十余人，公推徐瑞祥为主席，改选职员，并议决本期会费暂收铜元二十枚。

11月14日，晚六时，北大政治学会在红楼三层该会会所开全体大会，讨论会务进行事宜。

11月16日，下午四时半，北大教育学会在红楼二层西首爱智学会开各股联席会，讨论会务进行事宜。

11月17日，晚七时，北大雄辩会在红楼二层第一教室开会员全体大会，选举职员，选举丁道衡为国语组主任，选举康选宜为英语组主任，并决定以后每周三下午七时在第一院第一教室开演习会。雄辩会始成立于1918年，后曾改称国语辩论会，现仍恢复旧时雄辩会之名称，设国语组、外国语组两部。

11月18日，下午七点半，北大哲学系三年级学生在红楼二层哲学系教授会开会，商议级友会事宜。

11月19日，下午四时，北大国文系二年级同学在红楼二层国文系读书会开会。

晚七时，北大国语演说会在红楼二层第一教室开第三次常会，导师杨荫庆到会指导，演说员有雷剑锋、熊傅葆、沈国光、王德崇、娄绍亮等。

以强健身体、提高美趣为宗旨壮游团宣布团址设于红楼二层哲学系同学会会所。

11月21日，下午一时半，北大政治系一年级全体同学在红楼二层第一教室开本级级友会成立大会，通过简章，选举职员。

下午三时，北大国文系民十一级级友会在红楼二层国文系读书会开常年大会。

晚七时，北大政治学会在红楼四层该会会所开第三次常年大会，改选职员，欢迎新会员，并讨论一切进行方针。

11月26日，上午九时半，英文系一年级同学在红楼二层第四教室开本班级友会成立大会,该会以连络感情,砥励学行为宗旨。会议公推何兆熊为主席,选举了职员,并决定于12月6日上午在第二院宴会厅开第一次恳亲会。

下午三时半,北大经济学会在红楼一层东头该会会所开新旧职员联席会,办理交接事宜,将各股职员工作分配完毕。

下午四时半,北大教育学会在红楼二层西首爱智学会开第二次各股联席会。

晚七时半,北大史学系教授会主任朱希祖召集北大史学系全体学生在红楼二层第一教室开史学研究的讨论会,讨论本学系本学年起实行定期讲演及分级研究中外历史的办法。

11月27日,下午五时,北大预科乙部二年级各班代表在红楼三层第十四教室开会,讨论本年级各项事宜。

晚七时,北大学生会在红楼二层第一教室开第三次全体代表大会,到会代表四十二人,会议由曾集熙主持,汪群纪录,先由学生会对外代表王德崇报告上次示威运动经过及新学联最近工作情形,再由巫启圣报告上次示威运动被捕经过,通过以下各案:对时局发表宣言;此次国民革命运动,目的在推翻卖国政府,建设国民政府。现在目的尚未达到,应本以前精神,继续工作;决定在最短时期内,出版周刊,为同学发表言论公共机关;刊印同学录;由卫生股向学校交涉学校卫生问题;图书馆书籍,亟待增购,一方面向学校交涉,添加经费,一方面在《日刊》刊登启事,征求同学意见,以便汇齐向学校报告;向学校交涉废止各宿舍不许女生入内的规定;要求学校添加学生寄宿舍;于12月7日本校二十七周年纪念日上午开讲演大会,下午开游艺大会以资庆贺,推定曾集熙、邓文辉、王德崇、傅启学等四人会同学生会各股,积极筹备;每月举行同乐会一次,以联络同学感情。

11月30日,晚七时,北大哲学系四年级同学在红楼二层第六教室开会,讨论一九二六级级友会成立事宜,会议公推陈尔君为临时主席,通过级友会简章,选举了职员,并决定每月聚餐一次,明年春季出外旅行。

12月3日,晚七时,北大国语演说会在红楼二层第一教室开第五次常会,新导师高仁山及旧导师高一涵到会指导,演说员有:粟显运、马文元、杨超、傅启学、梁度、叶含章、阎敬恒、余华岳等。

12月4日,晚七时半,北大史学系一年级同学傅振伦等在红楼三层第十六教室开会,讨论成立级友会事宜。

12月5日,晚七时,北大学生会在红楼二层第一教室开代表大会。

12月6日,下午二时,爱智学会国学部在红楼二层西首《国学月报》编辑室举行该部第二次月会,由智原喜太郎报告朝鲜发现古物情况。

12月8日,下午四时半,北大学生会卫生股在红楼二层西首学生会办公室开该股委员会议,讨论整顿方法。

晚七时半,北大哲学系一、二、三、四各年级级友会职员在红楼二层哲学系同学会开职员会议。

12月9日,下午四时半,北大国文系二年级同学在红楼二层国文系读书会开会。

晚六时半,北大雄辩会在红楼二层第一教室举行国语辩论会,辩题为"中国最高行政机关宜采用委员制",正组辩论员有彭宗海、张家鼎、周起丰,反组王钟文、曹尚毅、康选宜,北大教授陈启修、王世杰,前司法总长徐谦担任评判员。

12月10日,下午三时半,北大经济学会在红楼二层该会会所开职员会议。

晚七时,北大国语演说会红楼二层第一教室开第六次常会,导师杨荫庆、王朴到会指导,演说员有黄世杰、丘汉兴、钟书衡、饶成名、林德懿、符邦宁、宣介溪、王慎明。

12月11日,下午四时,北大学生会宣传股在红楼二层学生会办公室开会,讨论出版《学生会周刊》事。

下午四时半,北大学生会审计委员在红楼二层学生会办公室开会。

晚七时,北大福建同学会在红楼二层爱智学会会所开会。

晚七时,北大教育学会在红楼四层该会办公室开各股联席会议,决定于12月14号下午在北大第二院宴会厅开全体大会,讨论研究分组、调查分组等事宜。

晚七时，北大廿七周年纪念筹备会在红楼第一教室开各组联席会议，36人到会，会议公推曾集熙主持，汪群记录，会议决定12月7日纪念日表演增加各省音乐、京剧、昆曲等项，并决定增设总务组。

12月13日，下午一时，北大学生会在红楼二层第一教室开代表大会。

12月14日，晚七时，北大廿七周年纪念筹备会在红楼二层第一教室开各组联席会议，由各组报告筹备进展情况，并通过准核北大平民学校学生在场贩卖食品、增加女生歌乐队等事项。

12月16日，晚七时，北大雄辩会在红楼二层第一教室举行英语演说会，演说员有王盛治，王慎明，余坦先，宣介溪，北大英文系教授杨子余、柯劳文及柯劳文夫人担任评判员。

12月23日，晚六时半，北大雄辩会在红楼二层第一教室开讨论会，讨论题目为"中国最高行政机关宜采用委员制"、"教育应离行政部而独立"，导师燕树棠、杨荫庆到会指导。

晚七时半，北大哲学系各级级友会文书、庶务委员在红楼二层东哲学系同学会开职员会议。

12月24日，下午二时，北大社会科学研究会在红楼四层该会会所开常年大会。

晚七时，北大国语演说会红楼二层第一教室开第七次常会，导师高一涵、燕树棠到会指导，演说员有萧汝纶、胡善权、雷剑锋、刘维锷、熊传葆、娄绍亮、李炯之、黄鹏基。

12月26日，北大国文系二年级同学在红楼二层第二教室开级友会成立大会，大会通过级友会简章，并选举了职员。该会以联络感情，砥砺学行，及提高美趣为宗旨，会址暂设红楼二层国文学系读书会。

12月28日，晚七时，北大学生会在红楼二层第一教室开代表大会，讨论增加对外代表，修改章程及其他重要问题。

晚七时，北大史学系教授陈汉章在红楼二层东头史学讲演室讲演"中国回教史"。

1926 年

1月6日，晚七时，北大雄辩会在红楼二层第一教室举行国语演说会，导师高一涵到会指导，演说会由地质系丁道衡主持，演说员为吴克礼、陈德新、金鼎新、王德崇、粟显运，周起丰。

1月7日，晚七时，北大国语演说会红楼二层第一教室开第八次常会，导师陶孟和、高仁山到会指导，演说员有巫启圣、傅启学、康选宜、邹同礽、粟显运、马文元、黄鹏基、饶成名。

1月12日，晚七时，北大教育学会在红楼二层第六教室召开幼稚教育第一次分组会，导师刘廷芳参加会议，为同学介绍参考书，提出研究方法，会议公推张雪门为分组会召集人。

1月13日，晚七时，北大雄辩会在红楼二层第一教室举行英语演说会，经济系王慎明为主席，演说员有丁道衡、王盛治、康选宜、余坦先、钟作猷、许汝骥，燕树棠、张慰慈、柯劳文夫人担任评判。

1月16日，下午二时，孔子学说研究会红楼二层国文系读书会开第三次常会，决定发行《孔学会刊》，创刊号定于下学期开学日出版，并公推北大教员郑奠、张煦为编辑。

1月18日，晚七时，北大中国书法研究会在红楼二层西头第二教室开第一次筹备会，讨论简章，及其他进行事宜。

晚八时，北大史学系教授会邀请李璜在红楼二层第一教室讲演《"傩"其意义与其变迁》。

1月19日，晚七时，北京孙文主义学会北大分会在红楼第一教室举行成立大会，并选出职员。

晚七时，北大学术研究会在红楼四层东头开执行委员会，讨论休会中进行事宜，会议通过以下事项：此期暂行休会，于必要时举行特别会；筹备设立北大学余俱乐部；推举李竞何为首席秘书兼管各国文件；特委王慎明、朱偰办理政治研究事项与政治学会;特委李竞何、梁渡、朱偰、孙博办理德语研究事项;特委王盛治、余坦先办理英文研究事项与雄辩会合作。

1月25日,晚七时,北大中国书法研究会在红楼二层西首第二教室开成立大会,到会五十余人,公推国文系学生杨晶华为主席,由其报告筹备经过,会议通过该会简章,宣告研究会成立,并推选杨晶华为总务,舒道明为文书。北大中国书法研究会以研究中国各体书法,俾发扬光大固有之艺术为宗旨。

2月6日,北京孙文主义学会北大分会宣布,在红楼四层设立阅览室。

4月6日,上午九至十二时,北大乙预科及文科同学在红楼投票,表决是否恢复上课。"三·一八"惨案后,北大曾全面罢课,后学校当局定于4月6日复课,北大学生会决定用全校同学总投票的方式决定是否复课。

4月7日,上午九时至十一时,北大学生在红楼二层北大学生会补行投票,结果共收到票数六百五十六张,赞成上课者五百七十六票,决定上课。

4月10日,晚七时半,席尔士在红楼二层第一教室讲演《法国文学家罗曼罗兰的生活和思想》,这是北大学术研究会发起的"近代社会改造思想家之生活及其思想"讲演的内容之一。

4月14日,下午四时,国是研究会在红楼二层东头史学讲演室开第二次常会,讨论分配工作及进行事宜。国是研究会成立于1926年3月17日,以认识本国之情,明了世界大势,求彻底解决国事的方法为宗旨,暂设工作室于北京大学。

晚七时,北大雄辩会在红楼二层第一教室开全体大会,会议选举温晋韩为文书,陈德新为会计,英语组主任康选宜,英语组速记王慎明,国语组主任张经,国语组速记温克威。会议决定:每星期三下午七时仍在第一院一教室照常开演习会,自下星期起实行;筹备本期校内竞赛事宜;酌请教授或名人讲演,此期先请陈启修、张慰慈、杨荫庆、柯劳文(Grever Clark)教授讲演;与学校交涉另为本会拨一会所。

4月16日,晚七时,北大四年级各班代表在红楼二层第一教室开本届毕业同学录筹备会。

4月17日,晚六时半,步济时夫人在红楼二层第一教室讲演《"贞亚丹士(Jane Addams)"之生活及其思想》。这是北大学术研究会发起的"近代社会改造思想家之生活及其思想"讲演的内容之一。

4月19日,晚七时,北大学术研究会英文文学研究组在红楼三层第二十一教室开第一次常会。

晚七时,北大国家主义研究会在红楼三层东第二十一号开第二次职员会,会议决定在下星期内举行讲演会,敦请余上沅、邱椿、李璜、谢循初、张真如等先生讲演;举行讨论会,由各会员轮流出席讨论,暂定"国家主义与帝国主义"、"国家主义与三民主义"等题目。

4月20日,下午五时,北大学术研究会德文组在红楼四层该会会议室开成立大会。

4月22日,晚七时,北大国语演说会在红楼二层第一教室重开改选职员大会,并讨论会务进行。

4月26日,晚七时,北大学术会研究会英文文学组在红楼三层第二十一教室开第二次常会,讨论中国最大需要问题,由组员陈肇文、王慎明讲演。

4月27日,下午四时,国是研究会请日本研究专家李宗武在红楼二层第一教室讲演《西原借款问题》。

4月28日,下午四时,北大国文系四年级级友在红楼二层国文系读书会开会。

晚七时,北大雄辩会在红楼二层第一教室开中文辩论练习会,辩题为《教育与行政分立》,辩论员有:正组陈德新、粟显运、吴克礼,反组彭宗海、丁道衡、曹尚毅,燕树棠、杨荫庆担任评判。

4月29日,晚七时,北大国语演说会在红楼二层第一教室开会讨论筹备校内国语辩论会事宜。

4月30日,下午五时,北大学术研究会德文研究组在红楼三层东口德语学研究室开会,导师杨震文出席指导。

5月3日,晚七时,北大学术研究会英文文学研究组在红楼二十一教室开第三次常会,讨论革命与进行之问题。

5月7日,下午四时,北大学术研究会德文研究组在红楼三层东头德语研究室开会。

5月9日,下午二时,北大国文系四年级级友会在红楼二层国文系读书会开会。

5月11日,下午七时半,北大福建同乡会在红楼三层东边第十二号开会,筹备欢送本届毕业同学事宜。

5月12日,下午三时,北大雄辩会在红楼二层第二教室开会,选择校内竞赛辩论员。

下午七时,哲学系一九二八级级友会在红楼二层楼哲学系同学会会所开常年大会,到会级友共九人,由上届职员邬以锋等报告会务经过,并改选职员,刘慕唐、严源汇当选干事。

5月13日,下午四时,北大国语演说会在红楼二层第四教室开"演说竞赛大会",高一涵、燕树棠、杨荫庆三位导师到会评判。

5月19日,下午四时,北大学生会在红楼二层第四教室开紧急代表大会。议决如下:五卅周年纪念问题:放假一天;发表宣言;于五卅纪念日当天上午九时在第三院大礼堂开会纪念,并请周鲠生、王世杰、高一涵、陈翰笙、徐旭生等教授讲演;推定张绍琦充任五卅纪念会主席。

5月20日,北大雄辩会发出通告,该会事务所在红楼四层第二号,每日下午三至五时均有值日。

5月22日,国是研究会在红楼二层东头史学讲演室开第四次常会,结束本期会务,改选职员。

5月25日,北大浙江1926年毕业同学在红楼二层东经济学会举办茶话会。

5月28日,《国学月报》社同人在红楼二层西首爱智学会举行该报二周年纪念会,改选职员并讨论其他要务。

5月29日,下午一时,北大史学系民十八级级友在红楼二层东首史学系讲演室举行学期常会,议决以下事项:组织史学系同学会;假期暇日各地旅行游览古迹名胜;向北京公私藏书处接洽同学借书阅书办法;规定分组研究办法并请求本系主任多聘导师;今后之西洋史由教师指定课本;请求英文史学选读教师嘱讲义课印刷 The Writing of History—by Fling 一书作本课目之参考。

下午二时,北大学生会在红楼二层第四教室开各股主任会议,讨论前次议案。

晚八时,哲学系一年级级友会在红楼二层哲学系同学会开本级全体大会。

5月31日,下午三时,经济系曲殿元等同学在红楼二层东首经济学会举行欢送经济学系教授额尔德博士(Dr. Otte)回国茶话会。

6月2日,上午九时,北大英文系梁遇春、张鹏等同学召集英文系二年级同学在红楼第十七教室开会,讨论"英国文学史略"考试问题。

晚八时,丙寅同学录筹备会在红楼三层法律学会开各班代表紧急大会,讨论交各同学履历、照片等问题。

6月4日,晚七时半,北大英文系一年级同学在红楼二层西首爱智学会开茶话会。

6月18日,晚七时,北大雄辩会在红楼四层楼该会会所开话别会。

6月23日,晚七时半,北大学生会在红楼二层第四教室开主任会议,到会主任十一人,主席汪群,记录马文元,议决事项如下:(一)各代表因事回家者,可自行觅人代理,暑假中代表大会的法定人数,即以留京已觅人代理者计算;又各代表所兼职务,暑假中亦可觅人代理,但代理人只对请求代理者负责,本人须对大会负全责。(二)邓文辉当选出席第八届全国学生代表大会北京代表。(三)派代表马文元、张经辰往见学校当局,要求学校负责保释为筹备五卅纪念事被捕的本校对外代表明仲祺。

6月24日,上午九时,北大国文系四年级级友会在红楼二层国文系读书会开会,讨论本级一切结束事宜。

11月15日,北大开学。1926年下半年,北大一直为经费为困,直到11月15日,预科二年级才开始上课,本科18日开始上课。

11月16日,上午九时,北大乙部预科升学生已填欲入英文系肄业同学在红楼四层第三十八教室参加英文系入系试验。

11月19日,北大校方宣布,因学校房屋缺少,各班教室不够分配,要将所有红楼借出房间一律收回。

11月24日，北大体育部宣布，学生军沙盘兵棋课每星期二、六下午四时半至五时半在第一院二层东首第二十六号室内上课。

11月26日，上午十时半，北大愿入英文系或以英文为辅科的学生在红楼二层第五教室参加入系考试。

11月27日，下午一时，北大雄辩会在红楼二层第一教室开常年大会，改选职员，欢迎新会员，新职员如下：文书卫萍叔、会计陈德新，国语组主任徐靖，速记何龙章，英语组主任郝纶，速记邝友五，法语组主任范任，速记陈继贤，德语组筹备主任徐靖。

12月1日，晚七时，北大国语演说会在第一院第一教室开全体大会，报告会务经过，欢迎新会员，改选职员，讨论会务进行办法。

12月1日，下午四时半，北大史学系全体同学在红楼二层东头史学系讲演室开会讨论要事。

12月3日，下午一时半起，北大教一级友会在红楼三层路东教育系教授会开本年第一届常会，并改选干事。

12月4日，下午三时半，北大史学系民十八年级级友会在红楼二层东头史学系讲演室开本学年第一届常会，改选职员如下：干事：李庚；庶事：石恩波；文书：傅振伦。

北大世界语研究会宣告，该会会所现已由第一院三层楼东首二十五号移到西首三十六号室内。

12月6日，上午九时，北大预科乙部一年级第八班同学在红楼四层第四十五教室开会，讨论成立级友互助会事宜，到会十六人，先由主席宣布本会宗旨，再讨论章程及进行事项，决定于8号选举职员。该会以联络感情，交换智识为宗旨，会址暂设于红楼四层第四十五教室。

12月7日，晚七时，北大哲学系一九二八级级友会在红楼二层西头路南哲学系教授会会所开常年大会，到会十二人，先由上届职员报告会务经过，再讨论会务进行事宜，并选出本届职员，干事：张家鼎、温寿链，会计刘轶，文书温克威。

12月9日,晚七时,北大雄辩会在红楼二层第一教室举行演说练习会,导师高一涵、李宗武到会指导,演说员有何龙章、王德崇、卫萍叔、蔡翼公、魏六和、郝瑞桓、陈德新、邝友五。

晚七时,北大教育系三年级级友会在红楼三层十二号教育系教授会召开茶话会,欢迎为筹备五卅纪念事被捕的本校对外代表明仲祺出狱。

12月10日,晚七时,北大国语演说会在红楼二层第一教室开第一次常会,导师杨荫庆、谭熙鸿莅会指导,演说员有邹锡庆、翟吉喆、关纾、李子壬、郭登鳌、韩毅、白进彩、贺昌英。

晚七时,北大山东同乡会在红楼三层第十八教室开欢迎新同乡会。

12月16日,晚七时,北大雄辩会在红楼二层第一教室举行英文演说练习会,导师陈翰笙、杨荫庆到会指导,演说员有卫萍叔、邝友五、唐鼎勋、饶木公、魏六和、王振纲。

晚七时,北大国文系一、二年级同学在红楼三层国文教授会开谈话会。

12月17日,晚七时,北大国语演说会在红楼二层第一教室开第二次常会,导师高一涵、燕树棠到会指导,演习员有李润德、徐宝梯、陈德、张舫、梁渡、李鸿举、李炯、魏宣。

12月18日,下午三时半,北大史学系同学在红楼二层史学系讲演室开史学系同学会筹备会。

12月23日,晚七时,北大雄辩会在红楼二层第一教室举行法语演说会,由演说员自译为国语,导师徐旭生、谭熙鸿、李宗侗、刘半农到会指导,演说员有陈继贤、邓琳、邵文熙、陈德新。

12月24日,下午三时半,北大史学系全体同学在红楼二层史学系讲演室开史学系同学会成立大会,讨论简章,选举职员。该会以砥砺学行,联络感情并改进本系教务为宗旨。

晚七时,北大国语演说会在红楼二层第一教室开第三次常会,刘半农到会指导,演习员有黄优仕、刘毅、张宗群、何龙章、张义端、石珉、黄鹏基、傅启学。

12月29日,下午二时半,北大史学系同学会各级委员在红楼二层史学系讲演室开第二次会议，互选各股委员并讨论一切进行事项，李庚、谭荣葵当选庶事股委员，余逊、傅振伦当选文书股委员，冯骧程当选出版股委员。

12月30日，晚七时，北大雄辩会在红楼二层第一教室举行国语演说练习会，导师燕树棠、谢循初到会指导，演说员有唐鼎勋、蔡焰、郝纶、薛既安、徐靖、梁廷位、王冠英、刘衍淮。

12月31日，晚七时，北大国语演说会在红楼二层第一教室开第四次常会，导师杨荫庆到会指导，演习员有单绍良、叶含章、王德崇、纪清漪、薛平锡、谭启恺、李芬、刘莹、徐閟瑞。

1927年

1月2日，下午二时，北大浙江职员暨同学在红楼二层第一教室开同乡会筹备会，选举筹备员十一人。

1月3日，晚七时半，北大浙江同乡会筹备委员在红楼二层第五教室开会。

1月6日，晚七时，北大雄辩会在红楼第一教室举行英语练习会，导师杨荫庆、余华东、陈翰笙到会指导，主席王盛治，演说员有张义端、王文元、余坦先、王振纲、刘毅、邝友五。

1月7日，晚七时，北大国语演说会在红楼二层第一教室开第五次常会，导师谭熙鸿到会指导，演说员有李润德、李炯、薛平锡、李芬、刘莹、徐閟瑞、朱德明、纵精琦。

1月9日，上午九时，北大学生会在红楼二层第一教室开第四届代表大会，并依章程选举职员。

上午九时半，北大湖北同乡会在红楼三层第十四教室开秋季常年大会，欢迎新同乡，修改简章，并改选职员。

1月11日，下午四时半，北大哲学系一年级同学在红楼二层第四教室开会，成立级友会，选举干事，张桂芳当选文书，孟繁倬当选庶务。

1月12日，晚七时，北大湖北同乡会在红楼第十四教室开庶务、学术委员会联席会议,讨论会务。

1月13日,晚七时,北大浙江同乡会在红楼二层第五教室开常务委员会,通过请津贴、印同乡录、交会费、出季刊等事宜。

晚七时,北大雄辩会在红楼二层第一教室举行国语演习会,导师杨荫庆到会指导,演说员有朱德明、纵精琦、张义端、鲁文、王振纲、李金恺、胡进吾、冯韬。

晚七时,北大哲学系一年级同学在红楼二层哲学系教授会举行恳亲会。

1月14日,晚七时,北大国语演说会在红楼二层第一教室开第六次常会,导师燕树棠到会指导,演习员有李荐侬、张鸿锡、李鸿达、邹锡庆、翟吉喆、关纡、李子壬、郭登敖。

1月15日,晚七时,北大国文系二年级级友会在红楼三层国文教授会开师生聚乐会。

1月19日,晚七时,北大学生会在红楼二层第一教室开本届第一次代表大会,讨论今后一切进展事宜。

1月20日,晚七时,北大雄辩会在红楼二层第一教室举行国语演说练习会,导师刘半农到会指导,演说员有李金恺、张义端、朱德明、王振纲、易楷、郭新荣、钱家骥、纵精琦、薛既安。

1月21日,晚七时,北大国语演说会在红楼二层第一教室开第七次常会,导师刘半农到会指导,演说员有李荐侬、李鸿达、邹锡庆、翟吉喆、郭登敖、韩毅、白进彩、贺昌英。

1月22日,下午四时,北大学生会文书股在红楼四层西头学生会办事处开主任会议。

3月4日,晚七时,北大国语演说会在红楼二层第一教室开全体大会,会议公推陈德为主席,先由主席致开会词,再由张舫致欢迎新会员词,胡嘉椿代表新会员答词,后由主席报告会务经过,并改选职员,书记陈德,速记郭登敖,会计叶含章,庶务张舫。

3月5日,晚七时,北大国语雄辩会在红楼二层第一教室开全体大会,改选职员,欢迎新会员,改选职员,新当选职员有:文书陈德新,会计薛既安,国语组主任徐靖、速记王如南;英语英主任邝友五、速记王振纲;法语组主任邹文熙、速记范景和。

3月10日,晚七时,北大国语雄辩会在红楼二层第一教室开国语练习会,导师杨荫庆到会指导,演说员有王如南、文艺陶、梁昌熙、张良选、张民石、向理达、刘苗芳、薛既安、穆相如。

3月11日,晚七时,北大国语演说会在红楼二层第一教室开第一次常会,导师刘半农到会指导,演说员有张玉池、施忠义、崔殿魁、胡嘉椿、吴曼阳、申立超、郭登敖、文大化。

3月17日,晚七时,北大国语雄辩会在红楼二层第一教室开国语辩论练习会,题目为《现今中国南北应该妥协》,导师燕树棠、谢循初、刘半农,辩论员:正组为朱德吸、纵精琦、鲁文;反组为钱家骥、蔡炤、何龙章。

3月18日,晚七时,北大国语演说会在红楼二层第一教室开第二次常会,导师杨荫庆到会指导,演说员有高振西、谭启恺、张舫、陈德、刘轶、吴汝雷、张奠亚、张百川、李鸿达、张东初。

3月24日,晚七时,北大国语雄辩会在红楼二层第一教室开国语演说练习会,导师杨荫庆,演说员有谢承平、徐靖、邹文熙、唐鼎勋、邹同初、邝友五、刘苗芳、陈德新。

3月25日,晚七时,北大国语演说会在红楼二层第一教室开第三次常会,导师谭熙鸿到会指导,演说员有千家驹、陶静、童经立、罗曰联、何凤书、陈家芷、潘文生、钱卓升、吴春荣、翟吉喆。

3月26日,北大预一乙部第八班级友互助会在红楼四层第四十五教室开全体大会,修改章程,并改选职员,选举结果:主任黄维齐,翟吉喆,文书刘昌模,会计王衍礼。

3月31日,晚七时,北大国语雄辩会在红楼二层第一教室开法语演说练习会,导师谭熙鸿、李宗侗、徐旭生、赵少侯,演说员有吴家明、邹文熙、刘国平、谷云青、邓琳、崔询、陈德新。

4月1日,北大国语演说会在红楼二层第一教室开第四次常会,导师刘半农到会指导,演说员有宋裕儒、朱德明、纵精琦、邹锡庆、李荐侬、柳清、邹同礽、傅培槐、纪清漪、刘莹。

4月4日,北大乙部预科一年级在红楼第三十五教室开春季大会,改选职员。

4月5日,晚七时,北大国语演说会在红楼二层第一教室举行演说竞赛会,产生与雄辩会竞赛代表,会议由叶含章主席,参加竞赛者二十一人,由导师杨荫庆担任评判,正取代表六名:郭登敖、谢承平、黄鹏基、刘轶、纪清漪、鲁文,备取二名陈德、龚天纵。

4月7日,晚七时,北大国语雄辩会在红楼二层第一教室开国语辩论练习会,题目:《现在中国男女青年应该节制生育》,导师杨荫庆、燕树棠、谢循初,辩论员有正组:龚天纵、郭新荣、王振纲;反组:陈德新、薛既安、李金恺。

4月8日,晚七时,北大国语演说会在红楼二层第一教室开第五次常会,导师谢循初到会指导,演说员有李芬、杨定邦、孙祺藩、薛平锡、矢野春隆、王振纲、鲁文、张玉池、施忠义、崔殿魁。

4月11日,晚七时,北大雄辩会在红楼二层第一教室竞选与国语演说会辩论比赛代表,由导师燕树棠、刘半农评判,结果正取六人,为钱家骥、张奠亚、邹同礽、薛既安、胡嘉椿、陈德新,备取王振纲、纵精琦。

4月14日,晚七时,北大雄辩会在红楼二层第一教室开国语演说练习会,导师谢循初,演说员有张奠亚、文艺陶、邹同礽、钱家骥、翟吉喆、申庆桂、冯韬、陈德新、梁廷位、胡家椿。

4月15日,晚七时,北大国语演说会在红楼二层第一教室开第六次常会,导师燕树棠到会指导,演说员有杨伯俊、王俊让、胡嘉椿、申立超、文大化、高振西、谭启恺、张舫、刘轶、吴汝雷。

4月21日,晚七时,北大雄辩会在红楼二层第一教室开国语辩论练习会,题目为《现在北京国立九校应该合并》,导师杨荫庆、刘半农、谭熙鸿,辩论员为正组王如南、梁昌熙、易楷,反组:张典亚、胡家椿、邹同礽。

4月22日,晚七时,北大国语演说会在红楼二层第一教室开第七次常会,导师刘半农到会指导,演说员有徐祖培、黄倬、郭登敖、张百川、李鸿达、张东初、千家驹、陶静、童经立、罗曰联。

4月28日,晚七时,北大雄辩会在红楼二层第一教室举行英语演说练习会,导师杨荫庆,演说员有王盛治、余坦先、丘正元、穆相如、王文允、罗曰联、唐鼎勋、王振纲、魏华灼。

4月28日,下午四时,北大四年级各班代表在红楼四层东首第十三号开会讨论同学录事。

4月29日,晚七时,北大国语演说会在红楼二层第一教室开第七次常会,导师谭熙鸿到会指导,演说员有何凤书、陈家芷、潘文生、钱卓升、吴春荣、翟吉喆、宋裕儒、朱德明、纵精琦、邹锡庆。

晚七时半,北大史学系同学会召集北大史学系全体同学在红楼二层史学系讲演室开会。

5月3日,下午四时,北大一九二七年毕业同学录筹备会在红楼四层东首第十三号该会会所开委员会会议。

5月13日,晚七时,北大国语演说会在红楼二层第一教室开第八次常会,导师杨荫庆到会指导,演说员有张奠亚、何凤书、陈家芷、吴春荣、翟吉喆、宋裕儒、朱德明、纵精琦、李荐侬、柳志清。

5月19日,晚七时半,北大雄辩会在红楼二层第一教室举行英语演习会,导师杨荫庆,演说员有王盛治、余坦先、王振纲、王文允、罗曰联、钱家骥、穆相如、唐鼎勋、魏华灼,并讨论恳亲会事宜。

6月1日,下午五时,北大一九二七年毕业同学录筹备会召集四年级各班代表在红楼四层东首第十三号该会会所开会。

6月8日,下午一时,史学系民十八级级友会在红楼史学系教授会开本学期常会,到会九人,公推石恩波为主席,由其报告会务,后通过议案数则:从前一切议决案继续进行;约求本系主任添设中国文化史科目;本系必修科教员因故不能到校授课或由他人代授者,约求主任及学校当局另请换他人;补发未曾发完之讲义;不准注册部驳减本年已应考试及格之单位;假期中随意调查各地方有关史实之材料。

历史沿革专题研究

北大红楼的建造与用途变更考

李金光

红楼,建成于1918年8月,是一栋五层西式风格的古典建筑,因其建筑主体部分为红色,故称红楼;又因曾是北京大学所在地,所以又被称为北大红楼。

红楼始建于1916年10月,由原北京大学校长胡仁源主持建造,胡仁源担任北大校长的时间是1914年1月8日至1916年12月6日。他在任期间,对北大进行了一系列的整顿和规划,随着整改措施的逐步推行,北京大学的规模进一步扩大,1914年,在校学生已近千人,1915年又增至1300余人,成为北京大学建校以来学生人数最多的时期,导致教学和生活用房的矛盾倍增。为了缓解此项矛盾,遂开始兴建红楼。

1916年,时任北京大学校长的胡仁源和预科学长徐崇钦向比利时仪品公司订立借款合同,共借银洋二十万元,修建预科学生寄宿舍。根据夏元瑮《新建筑记》记载:"借款事由教育部提出,国务会议通过,教育部批准,财政部盖印证明,并知照审计院。仪品公司存法文合同一份,地契一份,部批一份;比使馆存法文合同一份;外交部存中文合同底稿一份;北京大学存法文合同、中文合同底稿各一份……此合同于民国五年九月十六日签字。"[1]

承担红楼兴建工程的比利时仪品公司全称为"比利时商办仪品地产放款公司",1912年在法租界开办,总部设在天津解放北路111号(该楼曾经是大清邮

---

[1] 《北京大学日刊》1917年12月7日第2版。

政津局所在地,中国第一枚大龙邮票就诞生在这里)。公司创办人是法国籍的欧爱叶(Oneill),因该公司最初在比利时注册登记开办,所以对外称比商经营。公司下设房产经理部、放款部、建筑工程部和挂旗部,主要业务是经营房地产出租、抵押放款、建筑设计、房屋修缮和工程监理等。当时仪品公司所在的天津解放北路被称作中国的"华尔街",车水马龙,洋楼林立,其中比利时领事馆、东方汇理银行大楼、华比银行大楼等西洋建筑均为该公司所建。

关于签订合同中借款偿还细则,双方议定:"借款连本带利分二十年摊还,每年二万二千圆,分四期预支,每年五千五百圆。"❶本息合计共四十四万元。据当时校方估算,校舍"可造房屋三百余间,约容一千三百人,每人每月收宿费二圆,用以归还借款本利,尚有余裕"❷。

在合同中关于借贷担保细则,双方议定:"担保品如下:(一)北京大学操场;(二)新建预科寄宿舍(三)在本合同有效期内,上言地上所造别种建筑物。"同时,"借款人应将产业契交与贷款人,借款人不守合同时,贷款人得随意处分担保品。借款人清还全数借款后,应收回产业契。"❸

1916年10月15日,建造红楼工程正式动工,按照双方签订的借款合同,该工程由中法实业公司负责施工,完工时间为1917年8月30日。施工进行不到一个月,工人挖地基时"发现地内有甚深之古池二处,屋基不能不改","十二月四日仪品公司将情形函告大学,六日大学允许移改",并答应"掘地等费另加1432元"。随后,"仪品公司即将图样改画,新图较旧图约少房屋七间,因改造故包工人不能如期完工,后商定民国六年九月三十日造完四分之三,余四分之一,民国七年八月三十一日造完"❹。红楼建造过程中,中法实业公司除承担主体工程外,还负责红楼的电灯照明和卫生设备的安装工程,五层建筑所使用的灯具和设备材料,均由仪品公司工程师负责监工。红楼所有热气管线由义善实业公

❶ 《北京大学日刊》1917年12月7日第2版。
❷ 《北京大学日刊》1917年12月7日第2版。
❸ 《北京大学日刊》1917年12月7日第2版。
❹ 《北京大学日刊》1917年12月7日第2版。

司负责安装。

关于红楼建成后改变用途这一情况，很多书籍和回忆录中曾说到："红楼建成后遂将原来的学生寄宿舍改为文科教室、图书馆、研究所及其他各机关之用"。此种说法并不准确。从实际情况来看，红楼并不是在建筑完成后才临时改变原有用途的，而是尚未竣工就已经修改了设计图纸。原有的设计初衷是将红楼每层建成"均匀的单间"，但从红楼实际使用情况来看，阅览室、图书馆、毛泽东工作室均是由双间或是三间所组成，这些房间并不是建筑完成后拆除原有的隔断墙形成，而是在建筑过程中一次完成的，从而证明了红楼在尚未竣工之时就已经改变了兴建之初的用途。不仅如此，原计划修建红楼招收寄宿学生还贷的打算随着红楼用途的改变而落空。无奈校方只得请示教育部，每年如实拨付借贷期款，以免抵押房产被仪品公司侵吞。关于此事在《北京大学日刊》"新斋舍之用途"一文中有相关记载："本校因谋实事上之便利，拟将新建斋舍改作文科教室及研究所图书馆与其他各机关之用，业已呈请教育部鉴核，并因此项建筑费原系借自比国仪品公司，曾经订立合同，本息分二十年摊还，每年二万二千元，初议均由宿费内取偿，现既改作他用，须另筹偿款之法，复呈请教育部准自七年起起，每年特别增加本校经常费二万二千元以资偿还此款，并准本校正式列入每年预算款内，以便报销而清界限云，现此二事均经部令照准。"❶时间是1918年3月12日。

由此可以看出在距工程竣工还差半年的时候，红楼用途做了根本性的改变，即从原来的学生宿舍改为文科教室、研究所、图书馆和其它机关。由于用途的改变，红楼的原有设计也不得不做出相应的修改，从红楼建成后使用情况来看，一层房间的布局应是变化最大的，主要原因是由于一层作为图书馆，其中阅览室需要较大的空间，所以只能将原图"均匀的单间"变成宽敞的大间。

红楼共有五层，地上四层，半地下一层，占地面积2154.9平方米，总建筑面积为10774.5平方米，每层建筑结构基本一致，房间布局一层、地下室略有不

---

❶《北京大学日刊》1918年3月12日第2版。

同,二、三、四层大致相同。如果按照均匀的单间来计算,每层55间,全楼房间总数是275间。红楼二、三、四层主体色调为红色,二层以下主题色调为灰色。整个建筑坐北朝南,东西走向,整体平面形状呈"凹"字形,外观为西洋古典建筑风格,后院东西内侧各有一个角门,遥相对应。红楼正门朝南,面向汉花园大街(文革初期改为五四大街),大街对面为民居,民居偏西是银闸胡同;红楼后门朝北,面向北大操场(1947年被命名为民主广场);红楼西侧是北京大学东斋,为在校学生第二寄宿舍;红楼东侧紧邻一条由北向南流经的小河,被称为"北大河",小河西侧为"北河沿儿",小河东岸为"黄城根儿"。

陈独秀早期教育思想及其对北大文科改革的研究

陈 翔

1917年1月,陈独秀受北京大学校长蔡元培聘请就任北大文科学长,他肩负的一个重要使命,就是协助蔡元培对保留着浓厚封建教育传统和陈腐校风的北大进行改革。蔡元培曾说:"北大的改革,自文科起"❶。如果说北大改革是北大最终成为新文化运动中心的一个重要因素;那么,陈独秀领导下的文科改革,就是北大改革的滥觞。而陈独秀的早期教育思想,又是影响这一改革基本走向的重要根源。

一

1915年9月,在陈独秀为《青年杂志》起草的发刊词《敬告青年》上,盛赞"青年如初春,如朝日,如百卉之萌动,如利刃之新发于硎,人生最可宝贵之时期也"。但是,就当时中国青年的精神状况,他又不无担忧的说:"吾见夫青年其年龄,而老年其身体者十之五焉;青年其年龄或身体,而老年其脑神经者十之九焉。华其发,泽其容,直其腰,广其膈,非不俨然青年也;及扣其头脑中所设想所怀抱,无一不与彼陈腐朽败者为一丘之貉"❷。他声明《青年杂志》的"天职"即

---

❶ 蔡元培:《我在教育界的经验》,《宇宙锋》1937年12月第55期。
❷ 《陈独秀著作选编》第一卷,第158页,上海人民出版社2009年。

"改造青年之思想,辅导青年之修养"❶。由此提出了振兴青年的基本纲领,即:自主的而非奴隶的,进步的而非保守的,进取的而非退隐的,世界的而非锁国的,实利的而非虚文的,科学的而非想象的。民主、科学思想成为新文化运动的主旋律。

随后,这一主旋律开始融入在陈独秀的许多文章中,并成为他针对青年"陈腐朽败"疾病所提出的具体疗方。在《青年杂志》一卷二号上,陈独秀发表的《今日之教育方针》一文,以世界的眼光,系统地论述教育对象、教育方针和教育方法。并指出:"三者之中,以教育之方针为最要:如矢之的,如舟之柁。不此是图,其他设施,悉无意识。"❷陈独秀认为,教育之道,"乃以发展人间身心之所长而去其短",他结合本国实际,提出具体解决方案,即现实主义、惟民主义、职业主义、兽性主义。

陈独秀的现实主义教育方针,重在从塑造圣贤人格和奴隶人格转向植根于现实生活之上的独立人格的培养,把改良现实社会作为实现个人价值的根本标准。他认为"一切思想行为,莫不植基于现实生活之上",确立以实际需要为中心的教育价值取向,肯定了作为社会一份子自我存在的价值,以适应现实社会和人的生存世界为教育的根本出发点,让培养的人才承担应有的社会变革的责任。

陈独秀发动新文化运动的初衷在于根本改造国民性,而改造国民性,重建新道德,就应该倡导惟民主义。他所说的惟民主义,实际是修正了的以个人为本位的国家主义。个人应具有独立的人格和权利,但是,为了保全全体国民的权利,可以"牺牲个人一部分之权利"。他出于现实功利的考虑,以谋求"个人"与"社会"的和谐统一,从而把教育理想与政治革命和道德革命结合在一起,从社会的生存、竞争和社会发达角度设计国民教育的目标和素质结构。陈独秀认为,"惟民主义"是要通过教育使学生了解国家的意义,增强以民主为前提的国家观念。陈独秀从根本改造国民性的角度立论,实际上是以"惟民主义"批判专

---

❶ 《陈独秀著作选编》第一卷,第 167 页,上海人民出版社 2009 年。
❷ 《陈独秀著作选编》第一卷,第 170 页,上海人民出版社 2009 年。

制的封建主义,增强个体与民族之间的凝聚力,从而提高民族"辑内御外"的能力。

陈独秀除了运用进化论学说,还借鉴了唯物史观。他所提出的"职业主义"教育方针,不但否定了读书致仕为中心的传统教育价值取向,而且使"现实主义"、"惟民主义"的教育方针得到具体的落实。陈独秀利用历史唯物主义理论分析说,"现实之世界,即经济之世界也。举凡国家社会之组织,无不为经济所转移所支配。"因此,无论个人、社会还是国家,都要重视经济因素,"尊重个人生产力,以谋公共安宁幸福之社会也"。陈独秀的"职业主义"教育学说,反映了他的进化论思想,以提高国家在国际社会中的竞争力,也反映了他的根本改造国民性,在经济社会中增进竞争美德,以谋求个人幸福能力的诉求。

日本是中国的邻邦,近代以来,日本在东方的崛起引起中国有识之士的深刻思考。甲午战争后,中国不断有留学生赴日留学,中国的思想界也深受日本的影响。明治维新时代,日本教育家福泽谕吉曾提出"兽性主义"的教育理念,认为:"教育儿童,十岁以前,当以兽性主义;十岁以后,方以人性主义。"结合进化论观点,陈独秀认为,强大的民族,人性与兽性同时发展;没有兽性的民族,是堕落衰弱的民族。他特别倡导"兽性主义"教育方针,认为"兽性"的特点,表现在,意志顽狠,善斗不屈;体魄强健,力抗自然;信赖本能,不依他为活;顺性率真,不饰伪自文。"兽性主义"强调的是独立、自强、自主、真率,亦即强有力的个性意识。他指出,欧洲人之所以能让殖民事业遍于大地,日本之所以能称霸亚洲,"唯此兽性故"。他们的文明教育已非常发达,而有远见的人士却早已开始为兽性教育的丧失而担心。与之相比,我国受过教育的青年"手无缚鸡之力,心无一夫之雄;白面纤腰,妩媚若处子;畏寒怯热,柔弱若病夫:以如此心身薄弱之国民,将何以任重而致远乎?"为此,他强烈呼吁教育者和受教育者不应"劣败自甘",要"自觉觉人",锻炼体魄和意志,成为"角胜世界文明之猛兽"。陈独秀的"兽性主义"观,从字面上看似乎多着眼于"力",实质上却关乎"德",意在以积极尚力的价值观,取代儒家的"礼让"、道家的"雌退"等传统的"不尚力争"的价值观,培养国民一种积极的、勇于抗争的新德性。

陈独秀提出的教育方针体现了在中国发展资本主义的迫切要求和建立资产阶级国家制度的热切愿望。他的现实主义以科学反对迷信,为教育与宗教脱离提供了哲学依据。惟民主义规定了社会教育中政治教育的主要内容——要求人民增强国家观念,以主人翁精神对待国事,同时要求国家是否真正体现资产阶级共和精神这一实质问题,而不拘泥于民主共和或君主立宪这些国体形式问题。职业主义,重视教育与经济生产相结合,更是完全与封建社会只重视治术人才培养的教育思想划清了界限,是中国民族资产阶级独立发展资本主义的经济要求在教育领域的反映。兽性主义注重体魄和意志的锻炼。陈独秀教育方针,体现科学、民主精神、强调教育与经济相结合、注重体魄和意志的锻炼,是一个比较完备的资产阶级教育方针。

1917年6月,陈独秀应邀在天津南开学校进行演讲,他结合近代西洋教育特点,针对中国教育弊端提出了自己的改革主张。此时,他在北大任职已近半年。南开学校的演讲,可以认为是陈独秀在北大实行教育改革的阶段性总结。

第一,是自动的而非被动的,是启发的而非灌输的。陈独秀指出:我国教育多半是用被动主义,灌输主义,一心只要学生读书万卷,做大学者。古人的著书,先生的教训,都是神圣不可非议。照此依样葫芦,便是成功的妙诀。所谓儿童心理、人类性灵,一概抹杀,无人理会。至于西洋近代教育,则大不相同了:自幼稚园以至大学,无一不取启发的教授法,处处体贴学生心理作用,用种种方法启发他的性灵,养成他的自动能力,使人类固有的智能得以自由发展。在此,他强调尊重人的个性差异,培养人的怀疑创造精神,促成独立自由的思想。而这正是以个性解放为起点,以个人本位为宗旨的个人观念的生动体现。这是陈独秀提出的"现实主义"和"惟民主义"观点的进一步发挥。

第二,是世俗的而非神圣的,是直观的而非幻想的。陈独秀认为,欧洲的文化,从十八世纪起,渐渐从玄学幻想时代进步到科学实证时代,一切政治、道德、教育、文学,无不包含着科学实证的精神。欧美各国的教育,都注重职业。所教功课,无非是日常生活的知识和技能。东方人连吃饭穿衣走路的知识本领都没有,专门天天想做大学者、大书箱、大圣贤、大仙、大佛。西洋教育所重视的是世俗日用的知识,东方教育所重视的是神圣无用的幻想;西方教育重在直观自然界的现象,东方学者在记忆先贤先圣的遗文。所以,中国教育若真要取法西洋,应该弃神而重人,放弃神圣的经典与幻想,而重自然科学的知识和日常生活的技能。这是陈独秀对于倡导的"职业主义"的进一步阐述。

第三,是全身的,而非单独脑部的。陈独秀认为,中国教育大部分重在后脑的记忆,小部重在前脑的思索,训练全身的教育,从来不大讲究。未受教育的人,身体还壮实一点,惟有那班书酸子,一天只知道咿咿唔唔摇头摆脑的读书,面孔又黄又瘦,耳目手脚,无一件灵动中用。西洋教育,全身皆有训练,不单独注重脑部。既有体操发展全身的力量,又有图画和各种游戏,练习耳目手脚的活动能力。所以他们无论男女老幼,做起事来,走起路来,莫不精神夺人,仪表堂堂。这是他基于"兽性主义"所提出的具体观点。

同年5月,在他与友人的信中,把现代西洋的教育方针称之为"真教育",即:自动的而非他动的,启发的而非灌输的,实用的而非虚文的,社会的而非私人的,直观的而非幻想的,世俗的而非神圣的,全身的而非单独脑部的,推理的而非记忆的,科学的而非历史的❶。五四运动之前的陈独秀,在提倡科学和民主,反对封建礼教时,把教育看作是追求个性解放的手段,并一味地崇拜西洋教育制度。他注重学校教育与社会生产、生活实际的联系,强调启发式教学;关心青年学生的身心健康,强调德、智、体全面发展。这些都是针对旧教育弊端而发的,是当时中国反对封建传统教育的斗争所必需的。陈独秀以其反对封建文化为中心的急进民主主义教育思想把中国近代教育思想提高到了一个崭新阶段,他以彻底的不妥协的精神猛烈批判封建主义旧教育,为建立民主的、科学的新教育做出了自己可贵的探索和应有的贡献。

二

1917年1月4日,蔡元培到北京大学任职校长。11日,他便致函教育部,

---

❶ 《陈独秀著作选编》第一卷,第347页,上海人民出版社2009年。

提出聘请陈独秀来校担任文科学长的要求。这是他实施北大改革的第一步。为了留住陈独秀,他不仅主动建议陈独秀把《新青年》杂志编辑部从上海迁到北京,而且不惜为陈独秀假造履历。在提交教育部的公函中所附的陈独秀"日本东京日本大学毕业,曾任芜湖安徽公学教务长、安徽高等学校校长"的履历,其实都是蔡元培为应付教育部官僚而为陈独秀编造的。在旧势力极度强势的旧北大,民主改革将会受到很大的阻力,正如蔡元培所说:"友人中劝不必就职的颇多,说北大太腐败,进去了,若不能整顿,反于自己的声名有碍。"❶足见其当初就任北大校长时所承受的心理压力,他是急需像陈独秀这样的左膀右臂的。

在当时,陈独秀已成为进步思想界的明星,是社会改革的一面旗帜。蔡元培为聘请陈独秀为文科学长,承受了极大的压力。校内的一些保守势力攻击陈独秀学无专长,只会写一些时论文章,不配掌最高学府的文科。蔡元培力排众议,他说,仲甫先生精通训诂音韵,有著作,章太炎先生也视为畏友。安徽籍的一些教授也表示,戴东原以来,安徽人士研究文字之学已成传统。陈独秀对训诂研究,造诣甚高。这样才使这场风波平息。

陈独秀到北大后,蔡元培委以他很多的重要职务,除文科学长以外,还兼任校评议会评议员、入学试验委员会副会长(蔡元培为会长)、北京大学国史馆编辑处纂辑股主任和《北京大学日刊》编辑等职。陈独秀专心致力于教学改革,在校务会议上多次提出改革学制、修改课程的倡议。蔡元培对陈独秀的倡议和言论极力支持,"文学院的人事、行政,一切均由陈独秀先生主持,不稍加干涉"❷。两人达到很好的默契。

蔡元培的办学方针是"循思想自由原则,取兼容并包主义","无论各种学派,苟其言之成理,持之有故,尚不达自然淘汰之运命者,虽彼此相反,而悉听其自由发展"。❸陈独秀是极力支持蔡元培这一做法的。他曾说:"北京大学教员中,像崔怀庆、辜汤生、刘申叔、黄季刚四位先生,思想虽说是旧一点,但是他们

---

❶ 蔡元培:《我在北京大学的经历》,《东方杂志》第三十一卷一号,1934年1月。
❷ 罗章龙:《椿园载记》,第24页,三联书店1984年。
❸ 蔡元培:《致〈公言报〉函并答林琴南函》,《北京大学日刊》1919年3月21日。

都有专门学问,和那班冒充古文家剧评家的人,不可同日而语。蔡先生对于新旧各派兼收并蓄,很有主义,很有分寸;是尊重讲学自由,是尊重新旧一切正当学术讨论的自由;并不是毫无分寸,将那不正当的猥亵小说、捧角戏评和荒唐鬼怪的扶乩剑侠,毫无学识的丹田术数,都包括在内。"❶正如蔡元培担任校长后就急迫地聘请他担任文科学长一样,陈独秀尚未担任文科学长,就急迫地向蔡元培推荐在美国留学的新文学运动的倡导者胡适来北大担任教授,甚至要把文科学长一职转让给胡适。在蔡元培的安排下,胡适来北大担任教授,李大钊来北大文科担任图书馆主任,刘半农、陈垣、杨昌济、徐悲鸿等,以及已在北大工作多年的钱玄同、沈尹默等新派人物,在北大形成了革新力量,为北京大学的学术研究、文化发展、培养优秀人才等,奠定了新文化运动在北大蓬勃发展的师资方面的基础。

新旧派系的存在,自然会有新旧思想在北大的论战。在陈独秀上任后的第一次文科教授会议上,便发生了关于学科变动的新旧观点的大交锋。陈独秀认为,北大所教授的科目和程序,"皆应与世界普通之分类相合"。他提出的要点有三:(一)哲学中不当立中国哲学西洋哲学之名,而于哲学史中始以地分之;(二)经书当依其性质分列文学、史学、哲学之中,不必再存经学这名;(三)讲中国文学史者自古迄今,讲中国文学者则当自今迄古。这一具有颠覆性提议,招致他与陈介石、黄侃等人的言语冲突。在不能确认正确与否的情况下,蔡元培"乃宣言再付评议会决议"❷。

作为北大校长麾下的文科学长,陈独秀一方面按照蔡元培的改革思想进行操作,另一方面直接在北大文科注入了自己的改革理念。1918年8月,位于沙滩的文科大楼落成。经过紧张的搬迁工作后,9月20日,北京大学在文科第一教室延期举行开学典礼。蔡元培在会上强调,大学为纯粹研究学问之机关,不可视为养成资格之所,亦不可视为贩卖知识之所。学者当有研究学问之兴趣,尤当养成学问家之人格。陈独秀在蔡元培讲话后发言,进一步阐述他的改革观

---

❶ 《陈独秀著作选编》第二卷,第2页,上海人民出版社2009年。
❷ 《申报》1917年10月17日。

点，认为研究学理"始与大学适合"，并提出研究学理的具体方法：一、注重外国语。因为最新的学理，均非中国古书所有，而外国专门学术的书籍，用华文翻译出来的很少。言外之意就是，学好外语，实为学习最新学理的一门工具；二、废讲义。因为讲义"本不足以尽学理，而学者恃有讲义，或且惰于听讲也"。三、多购参考书。由教员指定各种参考书的册数、页数，"使学生自阅，而作报告"。为解决购书经费问题，陈独秀希望学者"能节不急之费以购参考书也"❶。陈独秀提出的这三项具体办法，都贯穿着他的基本教育思想，即"是自动的而非被动的，是启发的而非灌输的"。

在蔡元培看来，北大第一要改革的，就是学生的观念。为贯彻这一方针，陈独秀协助蔡元培在改变学生观念方面做了很多工作。针对校风校纪废弛的情况制定了一系列规章制度。

关于文科学生请假手续，陈独秀规定：一、因事请假，须由本人亲写假条，逾时不能补请，通信请假无效；二、病假可以代请，必须签名，须有医生证明书（证明书须有医生图章），证明书可以补交（假满三日内）；三、重病假，须有医生全脉案，须填写特别假条，须得学长之许可；四、未到校学生请假，凡未经交费者须请特别假，特别假须有保证人亲来教务处说明理由，填写假条，签名盖章，须有函托证据。五、长假期限，不得逾一学期钟点之半。❷

关于课堂纪律，陈独秀规定，本科预科各班学生，凡经教职员点名后续入教室者，均以旷课论。本科各门必修课不得任意旷课；选修课一经选定之后，不得任意更改及旷课；已选定的第二外国语，亦不得中途改易"❸。学生上课均需遵守课堂规则，有不遵守课堂规则、行为失礼者，将给予必要的处分。《北京大学日刊》曾记载：校长蔡元培接到文科教务处报告，预科一年级英文丙班某学生，在历史课点名时并未到堂，下课后又向教务处要求取消旷课记号，并出言不逊。根据此情景，校长布告认为"该生似此放肆，实属玩视校规，应予记过一次，俾免

---

❶ 《北京大学日刊》1918年9月21日。
❷ 《北京大学日刊》1919年1月16日。
❸ 《北京大学日刊》1918年1月15日。

效尤"。❶ 许德珩回忆他上学时的经历：陈独秀为执行课堂纪律,曾将经常缺课的黎元洪的侄子误认为许德珩,给予记大过一次,后一经发现错误,便"收回成命",并对许德珩"进行劝慰",从而闹出了一场误会。❷

关于严格考试制度和升级留级制度。1917年12月,陈独秀向北大评议会提交了《文科试验规则修正案》,系统阐述了他对文科考试制度改革的具体意见。其中规定：各学科平时试验分数册,由各教员保存,于学期试验或学科试验前七日,核算平均分数,送交教务处；平时试验之平均分数,加入学期试验或学科试验总分数之半。预科每学年平均分数,或主要学科（国文及第一种外国语）试验分数不及格者,均应留级,不准补考；其连续留级二次仍不及格者,令其退学。本科各学科试验不及格者,一概不准补考；外国语学期试验不及格者,应降班听讲,其一学年中有九单位以上功课不及格者,令其退学。❸ 这一修正案在评议会上进行讨论,很多提议被通过。在《北京大学日刊》1918年8月14日上刊登的文科布告中显示："1、预科考试及格者分别毕业或升级；2、预科学年考试总平均分数或主要科目（国文或第一外国语）不及格者,均应留级；本预科学生因事请假未受试验者务于九月一日以前到校补考,逾期不得请求再补；4、预科非主要科目之不及格者,望自行预备下学年随同新一年级学生补考；5、本预科选修科目考试不及格者,可改修他科目；6、本科必修科考试不及格者,下学年必须重习；7、本科外国语不及格者,应降班听讲。"

同时,陈独秀在处理教务问题上又是民主的。罗章龙回忆他当年所在的德文班,由于学生学历不一样,老师授课颇感困难,学习进度的意见发生分歧。陈独秀曾对学生反映上来的分班的意见表示坚决反对；但当他平静下来后,又认真听取学生意见,与同学们进行沟通,最后同意向学校反映,设法分班。这给罗章龙等人留下了深刻的印象。❹ 在选择课程方面,陈独秀允许学生自由选修各

---

❶ 《北京大学日刊》1918年5月30日。
❷ 许德珩：《我和陈独秀》,《党史研究》1980年4月。
❸ 《北京大学日刊》1917年12月22日。
❹ 罗章龙：《椿园载记》,第26页,知三联书店1984年。

课,废除一切课程全部必修的规定。北大各学门的课程本来都订得很死,自选修课增多后,课程表活了。学生各有各的功课表,对教学与科研相结合有利。教师怎么讲,可以唱对台戏。学生可以上本系的课,也可以上别的系的课。学校四门大开,谁愿意听课都可以。当时的北大有三种学生,一是经过入学考试的正式生,二是未经入学考试的旁听生,三是自由来校听讲的"偷听生"。

为贯彻教授治校和资产阶级民主制,蔡元培对北大领导体制进行了改革,他设立评议会,作为全校最高立法机构和权力机构。评议会"以各科学长及各科教授互选若干人为会员,大学校长可随时召集评议会,自为议长"❶。陈独秀作为文科学长是当然的评议员。评议会定期召集评议员会议,研究讨论各学科之设立及废止,讲座之种类,大学内部规则,关于学生风纪事项,审查大学院生成绩及请授学位者之合格与否,教育总长及校长咨询事件,凡关于高等教育事项,得以本会意见,建议于教育总长。

陈独秀教育思想中强调青年人要具有强健的体魄。在我们看到的史料中,虽然没有发现陈独秀在北大的体育方面有何建树,但他的"是全身的,而非单独脑部的"教育思想,在他任职后的北京大学得以实践和贯彻。1917年底,北京大学技击会成立,该社团"以强壮体格,研究我国固有之尚武学术为宗旨。"蔡元培担任名誉会长;学校聘请专门技击家佟联吉、刘彩臣担任教练职务。❷ 12月初,在文科第一教室举行会议,通过会议表决形式,决定正式成立北京大学体育会,并制定"以练习各种运动技术强健身体为宗旨",以网球、足球、篮球、排球、游泳等为主要内容,"其余适当运动随时增加"❸;1918年11月,体育会修订章程时,改为"以强健身体活泼精神为宗旨"❹,从而将单纯的"强健身体"的体育项目,提高到"活泼精神",培养国民积极的、勇于抗争的健康素质的高度,这也反映出陈独秀的教育思想在北大得到具体实施。

---

❶ 《教育公报》第四年第八期 1917 年 6 月。
❷ 《北京大学日刊》1917 年 12 月 4 日。
❸ 《北京大学日刊》1917 年 12 月 13 日。
❹ 《北京大学日刊》1918 年 11 月 4 日。

以陈独秀教育思想的具体实践为契机，北京大学形成了良好的、活跃的学术风气；他担任编辑的《北京大学日刊》，在传播新思想，介绍北大进步师生、进步社团的活动方面做出了积极的贡献；他积极加入进德会等进步社团，注意对于自己操行的约束；他积极支持学生进步刊物《新潮》杂志，并促成蔡元培每月从学校经费中拨出两千元支持办刊。他主持的北大文科，不同学术思想可以互相争鸣。在北大文科的讲坛上，既有胡适、钱玄同讲授的白话文学，也有黄侃、刘师培坚持维护的文言文学；既有崔适的今文经学派，也有刘师培的古文经学派；既有师承章太炎的朱希祖、黄季刚、马裕藻的文字训诂学，也有不同师承的陈介石、陈汉章、马叙伦的文字训诂学；既有梁漱溟的唯心主义哲学，也有李大钊的唯物史观。甚至一门课可以由不同学派的人同时开设，通过竞争，发展学术。这种兼容并包、学术自由的学风，实际上是为打破旧派的一统天下，为新思想进入讲坛开辟路径，促成了新文化运动在北京大学的蓬勃兴起，并因此在全国产生巨大的影响。

毛泽东在北大红楼

刘 静

　　1918年，世界革命已经进入新纪元。俄国十月革命取得胜利，第一次世界大战即将结束。其时，中国国内政局乱极，军阀更迭，教育摧残殆尽。青年们几至无学可求。以吴玉章、蔡元培和李石曾为首的华法教育会首倡留法勤工俭学运动，在北京、上海、保定、蠡县等地设立了留法勤工俭学预备学校或预备班，向全国招生。消息传到湖南后，1918年8月，为组织湖南新民学会会员和湖南学生去法国勤工俭学，毛泽东会同罗学瓒等十二人由长沙前往北京。

　　长途的旅程对这些初出茅庐的年轻人来说，一开始就是不平坦的。除了旅途上的种种艰辛，到京后困难也不少。首先住处就是一个大难题，来京的几个人只能各自找寻，如罗学瓒暂居湘潭会馆，而毛泽东则借居他在湖南长沙第一师范读书时的伦理学教员杨昌济的家中。杨昌济于1918年春到北京大学任教，住所在鼓楼后豆腐池胡同九号。后来在景山东街三眼井吉安东夹道（现名吉安所左巷）七号（现八号），毛泽东与蔡和森、罗学瓒、陈赞周、罗章龙、萧子昇、欧阳玉山、熊光楚八人共同租到一间狭小的普通民房，"隆然高炕，大被同眠"❶。对此，毛泽东曾回忆道："我们大家都睡到炕上的时候，挤得几乎透不过气来。每逢我要翻身，得先同两旁的人打招呼。"❷

　　但是还有更大的问题，对没有收入的青年毛泽东来说，北京的开销太大，而

---

❶ 《新民学会会务报告》，《五四时期的社团》，第577页，三联书店1979年。
❷ 埃德加·斯诺：《西行漫记》，第128页，三联书店1979年。

且他还是向朋友们借了钱来首都的,到了北京以后,非马上就找工作不可。此时,毛泽东的恩师杨昌济再次帮了他,把这个喜爱的学生介绍给北大图书馆主任李大钊。李大钊让毛泽东在图书馆做助理员的工作,每月有八元钱的工资。❶

不过这丝毫没有影响年轻的毛泽东对理想的追求。在埃德加·斯诺撰述的《西行漫记》中,毛泽东几次提到青年时代在物质极其贫乏的年代坚持读书看报,吸取新知识的经历。他在长沙师范学校的几年,总共只用了一百六十块钱,这笔钱里有三分之一花在报纸上,他自己就说过:"我常常在报摊买书、买杂志。我父亲责骂我浪费。他说这是把钱挥霍在废纸上。可是我养成了读报的习惯,从一九一一年到一九二七年我上井冈山为止,我从来没有中断过阅读北京、上海和湖南的日报。"❷

毛泽东在北大只是薪资微薄的图书馆助理员,但是却有了极为难得的读书看报的机会,他每天到刚刚落成的沙滩红楼一层西头靠南三十一号的第二阅览室即日报阅览室,登记新到报刊和来阅览人的姓名,管理十五种中外文报纸。这十五种报纸在当时来说也算是十分全面的了,其中中文报刊是:天津《大公报》、长沙《大公报》、上海《民国日报》、《神州日报》、北京《国民公报》、《惟一日报》、《顺天时报》、《甲寅日刊》、《华文日报》、杭州《之江日报》、沈阳《盛京时报》;外文报纸有:北京《导报》(英文)、《支那新报》(日文)两种、大阪《朝日新闻》。❸这些中外报刊最大限度的满足了他读报的需求,更何况,在红楼里,并不仅仅只有这15种中外报纸。

毛泽东到北京的时候,也是北京大学破旧立新,逐渐成为新文化运动策源地的兴起阶段。早在1917年,蔡元培出任北京大学校长,他提倡新文化、新思想,并以近代资产阶级教育制度为蓝本,着手改造封建保守的旧北大。蔡元培办学,主张各种思想"兼容并包",提倡学术民主,实际上是在封建的思想文化无处不容、无所不包的北大,兼容其他进步思想,并包中西文化。在他主持下,北

---

❶ 见1919年2月份《北大职员薪金底册》,北京大学档案馆藏。
❷ 埃德加·斯诺:《西行漫记》,第126页,三联书店1979年。
❸ 萧超然:《北京大学与五四运动》,第141页,北京大学出版社1995年。

大除了原有的像刘师培、辜鸿铭等旧派国学大家,还出现一批新派教授,如陈独秀、李大钊、胡适、鲁迅、刘半农等。1918年北大文科大楼(即红楼)落成,一时之间,风云会聚,新旧文化在红楼内展开了激烈的对峙,各种思潮层出不穷,各类学术政治团体纷纷成立,各种政治、学术报刊相继出现。

当时北大在校学习的,除正式学生外,还有大量旁听生。当时有不少知识青年,住在红楼附近的公寓或旅店里。他们到红楼教室听课,在红楼图书馆阅读,毛泽东就是其中之一。在中国最高学府听讲学习的机会对青年毛泽东来说,十分难得,因此,他成了以研究新闻学理、增长新闻经验、以谋新闻事业之发展为宗旨的新闻学研究会早期积极会员之一。他经常参加研究会的各项活动,每周听邵飘萍和徐宝璜等讲授的"新闻工作的理论与实践"。他们以理论与实践相结合的方式讲授新闻的定义与价值;报纸的性质与作用;以及采访、编辑、校对、排版、印刷、发行等各项业务知识,对于乐于从事新闻工作的毛泽东来说,这些学习内容都是非常实用的。此外,他还参加了1919年2月19日午后在文科第三十四教室召开的研究会改组大会,他同与会的二十四名会员一起,选举蔡元培为研究会的会长,徐宝璜为副会长。

同时,毛泽东还参加"哲学研究会",阅读和研究了大量的西方资产阶级哲学著作,包括十八世纪法国唯物主义者的哲学著作。阅读,拓宽了他思维的空间,由于中西方观念如此之丰富,它们有时候互相支撑,有时候互相驳难,这既使毛泽东迷惑,也为之深深吸引。

短短半年的学习对青年毛泽东的影响是巨大的,数年后,他对新闻学研究会仍印象深刻,在这里,他遇到了陈公博、谭平山等同学,特别是他见到了邵飘萍,一个对毛泽东的影响很大的人。邵飘萍,名振青,字飘萍。"以新闻记者终其身",是邵飘萍最为坚定的信念。1916年,邵飘萍成为《申报》的特约记者,并创办了在北方颇具影响的《京报》。1925年,在李大钊和罗章龙的介绍下,他秘密地加入了中国共产党,对共产主义运动作了大量的报道。一年以后邵飘萍以"宣传赤化"罪名被奉系军阀杀害。毛泽东对他的评价很高,说:"他是新闻学会的讲师,是一个自由主义者,一个具有热烈理想和优良品质的人。"❶当然,新闻学研究会对他最直接的影响,应该是当毛泽东回到长沙后,于1919年7月14日创办了《湘江评论》,"以宣传最新思潮为主旨",获得了极大的好评。陈独秀等人创办的《每周评论》就盛赞《湘江评论》"长处是在议论的一方面……湘江大事述评一栏,记载湖南的新运动,使我们发生无限乐观。武人统治之下,能产出我们这样一个好兄弟,真是我们意外的欢喜"❷。

在北大红楼工作期间,毛泽东一面认真工作,勤奋学习,一面完成此次来京的最初的任务——帮助新民学会会员和湖南学生开展赴法勤工俭学活动。此时北大也设立了留法勤工俭学预备班,蔡元培兼任"华法教育会"会长,积极组织中国学生去法国勤工俭学,李大钊是积极赞助者之一。毛泽东代表湖南学生和他们商议这方面的事情,同时为帮助湖南学生到留法预备班学习四处奔走。此时在北京的新民学会会员共有十二人,"除(罗)章龙在北大文科,(毛)润之在北大图书馆外,余均在留法预备班(芝圃、和生、星煌在保定班;和森在布里村班;子升、子暲、赞周、焜甫、鼎丞、云熙在北京班)"❸。罗学瓒就在一封家信中赞扬了毛泽东:"此次在长沙招致同志来此,组织预备班,出力甚多,才智学业均同学所佩服。"❹到1919年3月,毛泽东已经送走第一批湖南赴法勤工俭学学生,虽然在办理过程中"会友所受意外的攻击和困难实在不少,但到底没有一个人灰心的"❺。毛泽东也顺利完成了此次到北京的主要任务,在回长沙的路途中,他特意绕道上海,趁机好好游历了一番。

1918年的北京大学绝对是名人学者荟集的地方,在这里毛泽东见到了许多新文化运动的主将们以及风云一时的学生领袖们,如傅斯年、罗家伦等。不过对他影响最大的还是李大钊、陈独秀、胡适这些新文化运动的领军人物。毛泽东积极寻找机会与这些进步人物接触,通过与他们交谈不断吸取新的营养。作

---

❶ 埃德加·斯诺:《西行漫记》,第127页,三联书店1979年。
❷ 《每周评论》1919年8月24日。
❸ 《新民学会会务报告》,《五四时期的社团》,第577页,三联书店1979年。
❹ 《记新民学会的三个会员》,《湖南革命烈士传》,第102页,湖南通俗读物出版社。
❺ 《新民学会会务报告》,张允侯等:《五四时期的社团》,第577页,三联书店1979年。

为毛泽东直接上司的北大图书馆主任李大钊,既是中国高举马克思主义大旗的第一人,也是影响毛泽东成为马克思主义者的启蒙者。毛泽东认为自己"在李大钊手下在国立北京大学当图书馆助理员的时候,就迅速地朝着马克思主义的方向发展"❶。

当时北京大学文科学长陈独秀,也是指引青年毛泽东不断前进的导师,早在毛泽东还就读于湖南长沙第一师范的时候,陈独秀于1915年创刊的《新青年》就深深打动了他。他后来对斯诺说:"我非常钦佩胡适和陈独秀的文章。他们代替了已经被我抛弃的梁启超和康有为,一时成了我的楷模。"❷在培养对马克思主义的兴趣方面,毛泽东认为:"陈独秀对于我在这方面的兴趣也是很有帮助的。我第二次到上海去的时候,曾经和陈独秀讨论我读过的马克思主义书籍。陈独秀谈他自己的信仰的那些话,在我一生中可能是关键性的这个时期,对我产生了深刻的印象。"❸

还有就是胡适,毛泽东也主动去拜访他,"想争取他支持湖南学生的斗争"❹。据《新民学会会务报告》记载,毛泽东还和新民学会的会员们一起,"曾请蔡子民、陶孟和、胡适之三先生各谈话一次,均在北大文科大楼。谈话形式,为会友提出问题请其答复。所谈多学术及人生观各问题"❺。当然,这些学者名流对毛泽东等年轻人思想上的影响甚于学术上的影响。

这些北京大学的师生们,在毛泽东以后的岁月里,有的成了与他同行的同志,有的成了他革命生涯的对手。也是在北大,毛泽东"遇见而且爱上了杨开慧",杨开慧是毛泽东以前的伦理学教师杨昌济的女儿。美好的爱情令年轻的毛泽东对生活的困窘视若无睹,在他眼里看到的是"北方的早春",在北海还结着坚冰的时候,他看到的是"洁白的梅花盛开",看到"杨柳倒垂在北海上,枝头

---

❶ 埃德加·斯诺:《西行漫记》,第132页,三联书店1979年。
❷ 同上。
❸ 同上。
❹ 同上。
❺ 《新民学会会务报告》,张允侯等:《五四时期的社团》,第577页,三联书店1979年。

悬挂着晶莹的冰柱，"想到了唐朝诗人岑参的诗句"千树万树梨花开"❶。

困苦的生活环境磨砺了他的意志，优越的学习环境增长了他的见识。如果说毛泽东在北大还有什么难以忘怀的，就是在北京大学这样一个人才济济的最高学府，青年毛泽东还是一个不显眼的小人物，与那些意气风发的新文化运动的名人之间，似乎还存在着一道若无实有的鸿沟。他自己也说："我的职位低微，大家都不理我。我的工作中有一项是登记来图书馆读报的人的姓名，可是对他们大多数人来说，我这个人是不存在的。在那些来阅览的人当中，我认出了一些有名的新文化运动头面人物的名字，如傅斯年、罗家伦等等，我对他们极有兴趣。我打算去和他们攀谈政治和文化问题，可是他们都是些大忙人，没有时间听一个图书馆助理员说南方话。"❷

毛泽东就像是"大池塘中的一尾小鱼"。近二十年后，在他对往事的回忆中，仍然能感觉到一种挥之不去的怨愤。有一次，他试图在胡适讲演后提一个问题，当他（胡适）发现这个提问的人不是学生，而只是图书馆的助理员时，便把他拂到一边❸。

在北大受到的冷遇也许令毛泽东终身难忘，但不影响他在北大埋头吸取当时先进的知识与思想，更不会影响他对理想的追求，与其他受过教育的中国年轻人一样，青年毛泽东依然在为中国"找寻出路"。

1918年毛泽东从长沙第一师范毕业的时候，他的思想还是"自由主义、民主改良主义、空想社会主义思想的大杂烩。"他甚至"憧憬'19世纪的民主'、乌托邦主义和旧式的自由主义"，但是"反对军阀和反对帝国主义是明确无疑的"❹。

在北大红楼工作学习一段时间之后，毛泽东觉得自己"对政治的兴趣继续增长"，而且"思想越来越激进。"在这个时候他的思想还是混乱的，因为他读了一些关于无政府主义的小册子，很受影响。又常常和一个名叫朱谦之的学生讨

---

❶ 埃德加·斯诺：《西行漫记》，第127页，三联书店1979年。
❷ 同上。
❸ （美）斯图尔特·施拉姆：《毛泽东》，第27页，红旗出版社1987年。
❹ 埃德加·斯诺：《西行漫记》，第125页，三联书店1979年。

论无政府主义和它在中国的前景。因此在那个时候,毛泽东还是赞同许多无政府主义的主张。❶

那时候,无政府主义思想被正在巴黎和东京的中国人小组接收并发展。在校长蔡元培的影响下,北京大学成为无政府主义者活动的重要中心。对毛泽东而言,马克思主义不是他最初的选择,而无政府主义反而是一个有前景的新发现。他为无政府主义所诱惑,是因为它像他那一代的所有人一样,要打碎旧社会加在每个人身上的枷锁。❷ 在1918年,尽管李大钊发表了几篇介绍俄国十月革命的文章,但是还没有一本可以看的马克思或列宁著作的中文译本。当时正是中国的政治思想舞台上发生极其猛烈的变革的时期,即使博学的成熟的学者也往往在几个月内就改变观点。因此,一个初次接触首都生活的外地年轻人,在思想上同时朝着几个方向迅速发展,是不足为奇的。

此外,还有一些史料显示,1918年刚从师范学校毕业的毛泽东对于自己今后奋斗的目标仍在教育事业,教育救国思想仍是他思想体系中一个重要组成部分,在他给罗学瓒关于赴法勤工俭学筹款的明信片中也不忘提醒罗学瓒从事教育事业,他认为罗从事工艺"不如从事教育之有大益处,性质长,此一也,可使研究与性相近之学,如文科等,二也,育才作会务之后盾,三也"❸。据民国九年(1920年)十月至十年(1921年)十一月调查的《少年中国学会会员终身志业调查表》,当时少年中国学会会员们大多希望从事教育事业,调查表中共调查六十二人,希望从事教育事业的就有四十一人,其中就包括毛泽东,他在"终身欲研究之学术"一栏中填写的是"教育学",在"终身欲从事之事业"中写的是"教育事业",而"将来终身维持生活之方法"一栏中更以"教育事业之月薪酬报"及"文字稿费"作为今后生活之来源。❹

可以看出至少在填表的1920年至1921年间,毛泽东还是以教育救国作为

---

❶ 埃德加·斯诺:《西行漫记》,第125页,三联书店1979年。
❷ (美)斯图尔特·施拉姆:《毛泽东》,第29页,红旗出版社1987年。
❸ 毛泽东给罗学瓒的明信片,中国国家博物馆藏。
❹ 《少年中国学会改组委员会调查表》,张允侯等:《五四时期的社团》,第508页,三联书店1979年。

其今后奋斗的目标,但是有意思的是在备注一栏,他写到"所志愿之事业现时还只是着手预备,预备三年或四年后个人须赴国外求学至少五年,地点在俄,后再回国从事所欲办之事业。"❶可见此时毛泽东仍希望像他的伙伴们一样出国留学,不过他希望去的不是法国,而是经过十月革命的俄国。可以看出他对俄国革命和马克思主义在俄国的实践非常感兴趣,希望能亲自去俄国学习。

虽然毛泽东在离开北大回长沙的时候还没有明确倾向马克思主义,但是他在北大的时期正是五四运动的前夜,新文化运动蓬勃发展的时期,也是毛泽东的思想将变未变之际。陈独秀、李大钊等中国马克思主义者的先驱,对他的影响是巨大的,直接启蒙了毛泽东对马克思主义的认识和信仰。他受陈独秀的影响很深,因陈是他多年来在文学方面的崇拜对象,又因为陈不妥协地拥护一切不受束缚的、充满活力的新兴事物,能够满足他渴求解放的同一愿望。他在"李大钊手下"向着马克思主义方向发展,不仅因为李是马克思主义研究小组的创始人,毛泽东从李那里扩大了这方面的知识,还因为他同李非常相象,也是满怀热情地献身于使中国成为一个伟大国家的事业。❷

青年毛泽东转变成一个马克思主义者则是他第二次到北京的时候,1919年底,毛泽东因为湖南省开展的驱张运动再次到北京,虽然没有在北大校内工作,但他的活动许多却是在北大校内进行,或是与北大有密切关系。当时"北大公社"成员邓中夏、何孟雄、罗章龙等办了一个"亢慕义斋(共产主义小组)",收藏了许多俄国革命的新书,毛泽东常去那里看书。❸ 对此,他回忆道:

"我第二次到北京期间,读了许多关于俄国情况的书。我热心地搜寻那时候能找到的为数不多的用中文写的共产主义书籍。有三本书特别深地铭刻在我的心中,建立起我对马克思主义的信仰。我一旦接受了马克思主义是对历史的正确解释以后,我归马克思主义的信仰就没有动摇过。这三本书是:《共产党宣言》,陈望道译,这是用中文出版的第一本马克思主义的书;《阶级斗争》,考茨

---

❶ 《少年中国学会改组委员会调查表》,张允侯等:《五四时期的社团》,第508页,三联书店1979年。
❷ (美)斯图尔特·施拉姆:《毛泽东》,第29页,红旗出版社1987年。
❸ 萧超然:《北京大学与五四运动》,第141页,北京大学出版社1995年。

基著;《社会主义史》,柯卡普著。到了 1920 年夏天,在理论上,而且在某种程度的行动上,我已成为一个马克思主义者了。"❶

1918 年 9 月到 1920 年 4 月,毛泽东两度来京,在北大红楼度过了半年多的时光,并与北大的进步人士保持联系,虽然时间并不长,但是这段经历对他却是极为重要的,对年轻的毛泽东来说,在北大红楼既是向新文化运动的先驱人物学习,又是对他自己的一种激励,而对马克思主义及中国马克思主义先驱的认识和接触更影响了他的一生。

---

❶ 埃德加·斯诺:《西行漫记》,第 131 页,三联书店 1979 年。

新潮社与《新潮》杂志

刘 静

在沙滩北大红楼东北角的一个小房间里（即一层的 22 号室），曾经聚集过一批热情的青年人，他们将亲自撰写的或者是志同道合者所写的文章、诗歌编辑在一起，出版了一本叫《新潮》的杂志，大力鼓吹新文化，新思潮。这杂志一出版，就受到了社会读者的广泛欢迎，创刊号在一个月内就再版了三次。这紧邻北京大学图书馆主任办公室的小房间，就是新潮社的社址所在，这几个青年人，就是新文化运动时期进步青年的代表：傅斯年、罗家伦、徐彦之、康白情、顾颉刚、杨振声、俞平伯等。他们在红楼内创设的新潮社和《新潮》杂志是《新青年》最坚实的同盟军，与《新青年》一道，共同擎起了新文化运动的大旗，扩大了新文化运动的影响，成为新文化运动的重要阵地。

一 "新潮"激起

自 1917 年蔡元培入主北京大学，校园内有了活泼清新，学术繁荣的氛围，也就为新青年们的成长提供了极为有利的环境。就在这一年的秋天，住在同一宿舍同一号的傅斯年和顾颉刚，以及他们的邻居徐彦之，顾颉刚的朋友潘介泉，傅斯年的朋友罗家伦，这几个年轻人因志趣相投每天都聚在一起闲谈。谈话中他们觉得在北京大学这样的环境下，学生应该自己办几种杂志。因为学生必须有自动的生活，办有组织的事件，然后所学所想才不至枉费了。而且杂志是最有趣味,最于学业有补助的事,最有益的自动生活。而且他们将来的生活,总离不了教育界和出版界,因此在当学生的时候,办杂志可以练习一回。❶ 这件事成了他们谈话时常常挂在嘴边的话题了。

除了早晚在宿舍里面常常争论不休以外,新建成的北大红楼也逐渐成为青年们经常聚会的场所,据罗家伦回忆,他们在红楼的据点主要有两个,一个是红楼二层的国文教员休息室,钱玄同等新文化运动的代表人物,是时常在这个地方的。另外一个地方是一层的图书馆主任室(即李大钊的办公室),也是一个另外的聚会场所。"在这两个地方,无师生之别,也没有客气及礼节等一套,大家到来大家就辩,大家提出问题来大家互相问难。大约每天到了下午3时以后,这两个房间人是满的。所以当时大家称二层楼这个房子为群言堂(取群居终日言不及义语),而在房子中的多半是南方人。一层楼那座房子,则称之为饱无堂(取饱食终日无所用心语),而在这个房子中则以北方人为主体。李大钊本人是北方人;按饱食终日无所用心,是顾亭林批评北方人的;群居终日言不及义,是他批评南方人的话。这两个房子里面,当时确是充满学术自由的空气。大家都是持一种处士横议的态度。谈天的时候,也没有时间的观念。有时候从饱无堂出来,走到群言堂,或者从群言堂出来走到饱无堂,总以讨论尽兴为止"❷。

群言堂和饱无堂这样的一个环境在当时只有在北大红楼内才能出现,钱玄同、李大钊等新文化的倡导者与热情、活跃的青年学生之间貌似闲谈,实则进行着这个时代最深刻的思想交流和文化碰撞,傅斯年、顾颉刚等人,旧学功底都十分深厚,深得黄侃等旧派学者的器重,但是在《新青年》和新文化学者的启发下,也毅然投向了新文化派。

同时,"因为李大钊是图书馆主任,所以每逢图书馆的新书到时,他们可以首先看到,而这些新书遂成为讨论之资料。当时的文学革命可以说是从这两个地方讨论出来的,对于旧社会制度和旧思想的抨击也产生于这两个地方。这两个地方的人物,虽然以教授为主体,但是也有许多学生时常光临,至于天天在那

---

❶ 傅斯年:《〈新潮〉之回顾与前瞻》,《新潮》第2卷第1号。
❷ 罗家伦:《蔡元培时代的北京大学与五四运动》,台湾《传记文学》第54卷第5期,第15页。

里的,恐怕只有我和傅孟真(斯年)两个人,因为我们的新潮社和饱无堂只隔着着两个房间。"❶李大钊"曾给过《新潮》很多的帮助和指导。他虽然不公开出面,但经常和社员们联系,并为《新潮》写稿。"❷由于工作关系,他可以和许多热心时事,常到图书馆借书、阅览的学生有更多的接触,他的许多进步思想也通过言传身教影响了青年们。正是在红楼内师生们畅所欲言的环境中,各种新思想、新风尚在新青年们中间广为传播,也为新潮社和《新潮》杂志的诞生奠定了基础。

在无拘无束谈论的基础上,更激进的青年们开始不太满意《新青年》的一部分文章,他们开始考虑:若是我们也来办一个杂志,一定可以和《新青年》抗衡。

青年们这个办杂志的想法,也经过了多次讨论,但大都因为经费方面的原因而搁置起来,后来徐彦之提议可以请求学校的支持,就和当时北大的文科学长陈独秀先生商量了一次。陈独秀说:"只要你们有办的决心,和长久支持的志愿,经济方面,可以由学校担负。"❸这让几个青年喜出望外,就约集同人,商量组织法了。于是《新潮》杂志便应运而产生了。《新潮》这个名字是由罗家伦提出来的,而英文名字为 The Renaissance,是由徐彦之提出来的,按照"新潮"两字的意义,译作"New Tide",但是印在书面上的英文译名是"The Renaissance",也可以看见当时年青人自命不凡的态度,这是西洋史上的一个重要时代的名词,就是"文艺复兴",是欧洲在中古黑暗时代以后,解除种种经院教条的束缚,重行研究罗马,尤其注重在希腊文化的时期。这是西方文化最早的曙光。后来也有学者认为这本杂志定中文名为"新潮",大概来自 1904 年创刊的日本启蒙杂志《新潮》,那是一个"旨在恢复和深化十九世纪启蒙学者的精神"的刊物。

当然事情也不是一帆风顺的,本来说好由学校出资,但是北大杂志团体方兴未艾,"一时出了几个,更有许多在酝酿中的",校方不可能一一补助,但又不能过失公平,"于是乎评议会议决了一个议案,一律改为垫款前三期",但是傅斯年等人写信给评议会,强调《新潮》销路很好,而且学校答应《新潮》出资在前,议

---

❶ 罗家伦:《蔡元培时代的北京大学与五四运动》,台湾《传记文学》第 54 卷第 5 期,第 15 页。
❷ 顾颉刚:《回忆新潮社》,《五四时期的社团》(二),三联书店 1979 年。
❸ 傅斯年:《〈新潮〉之回顾与前瞻》,《新潮》第 2 卷第 1 号,1919 年 10 月 30 日。

案在后,最终评议会同意维持以前的方案,即"发行由北大出版部负责,印刷由该部附设的印刷局负责","银钱出入由学校会计课负完全责任,社的干事概不经手银钱"。❶《新潮》经费比起《国民》和《国故》来都充足和稳定得多。

造成这种局面的原因,是当时北京大学文科主其事者,大部分是《新青年》的同人。《新潮》从人员组成到出刊宗旨,都与《新青年》最为接近。领导者也很受学校负责人的赏识。许德珩曾回忆说:"《新潮》和《国民》不同,是受到校方支持的,学校每月给《新潮》四百元,并在校内挂牌子。它比《国民》筹备晚,却能在同一天出版,这都是因为有胡适帮忙。"❷胡适对《新潮》的创办"出力最大",评议会能够维持对《新潮》资助的原案,胡适在其间也起了很大作用。因此,胡适做了他们的顾问,李大钊把图书馆的一个房间拨给了新潮社用。李辛白帮助他们把印刷发行等事布置妥协。校长蔡元培亲自为刊物题写"新潮"两字。正是依靠校方和师长的鼎力支持,《新潮》才能维持创办时"除北京大学的资助外,决不受私人一文钱的资助"的初衷。

二 "新潮"风尚

《新潮》是追随和摹仿《新青年》的,但是他们对《新青年》呼吁政治改革的一面并不感兴趣,而是主张宣传文艺思想,人道主义的。1918年10月13日,新潮社的成员开第一次预备会的时候就确定了这份刊物的三个原素:(一)批评的精神;(二)科学的主义;(三)革新的文词。❸ 正对应着《新青年》广告上声明的四种主义:(一)改造国民思想;(二)讨论女子问题;(三)改革伦理观念;(四)提倡文学革命。

《新潮》一直以学生刊物的面目出现,《新潮发刊旨趣书》给自己的定义是:"《新潮》者,北京大学学生集合同好撰辑之月刊杂志也"。《新潮》发起者希望通

---

❶ 傅斯年:《〈新潮〉之回顾与前瞻》,《新潮》第2卷第1号,1919年10月30日。
❷ 许德珩:《回忆国民杂志社》,张允侯等:《五四时期的社团》,第37—38页,三联书店1979年。
❸ 傅斯年:《〈新潮〉之回顾与前瞻》,《新潮》第2卷第1号,1919年10月30日。

过这份杂志"一则以吾校真精神喻于国人,二则为将来之真学者鼓动兴趣",这样可以养成"自别于一般社会"的学校风气,最终达到通过大学的思潮去影响社会的目的:"本此精神,循此途径,期之以十年,则今日之大学,固来日中国一切新学术之策源地;而大学之思潮,未必不可普遍国中,影响无量。"❶

他们为这份刊物规定的"四大责任",更是处处以《新青年》为榜样,又时时注意自己学生刊物的特色,除要"导引此块然独存之中国同浴于世界文化之流"和谈论社会"因革之方"外,《新潮》的责任还包括"鼓动学术之兴趣"和"发愿协助中等学校之同学","造成战胜社会之人格"。❷ 前面两种责任,实际就是《新青年》的"文学革命"和"社会改良",后面两种,才是《新潮》的独到之处。《新潮》的政论文章不太多,大多数是文艺作品。罗家伦自己就说过:"《新潮》的政治彩色不浓,可是我们坚决主张民主,反封建,反侵略。我们主张我们民族的独立与自决。总而言之,我们深信时至今日,我们应当与自决。总而言之,我们深信时至今日,我们应当重定价值标准,在人的本位上,以科学的方法和哲学的态度,来把我们固有的文化,分别的重新估价。在三十年前的中国,这一切的一切,是何等的离经叛道,警世骇俗。我们主张的轮廓,大致与《新青年》主张的范围,相差无几。其实我们天天与《新青年》主持者相接触,自然彼此之间都有思想的交流和互相的影响。不过,从当时的一般人看来,仿佛《新潮》的来势更猛一点,引起青年们的同情更多一点。"❸

三 《新潮》发行

新潮社的出版品一共有三种,即《新潮》杂志、《新潮丛书》及《文艺丛书》。《新潮》杂志第一期初版只印 1000 份,不到 10 天就再版了,印了 3000 份,不到一个月又是 3000 份。以一部学生所做的杂志,有这样大的销数,是非常不容易

---

❶ 《新潮发刊旨趣书》,《新潮》第 1 卷第 1 号,1919 年 1 月 1 日。
❷ 《新潮发刊旨趣书》,《新潮》第 1 卷第 1 号,1919 年 1 月 1 日。
❸ 罗家伦:《逝者如斯集》。

的。按照新潮社最初的计划,《新潮》是每年1卷10期的定期月刊,前5期基本上如期出刊,后面的则常有拖延,时断时续,第2卷第5期,直到1920年9月1日才出完。第3卷总共只出了2期。第1期发行于1921年10月,第2期发行于1922年3月,中间整整相隔了5个月,而这,也是《新潮》向历史奉献的最后一期杂志了。刊物之所以不能按期正常出版,除了"五四"运动的短暂耽搁外,主要有两方面的原因。一是稿源方面的,社团成员总共40余人,竟有30多人出国在外,忙碌的留学生活使很多社员无暇写稿,而留在国内的一些社员,如叶绍钧、朱自清、孙伏园、郭绍虞等人,又分心于文学研究会上的事情,稿源不济;二是经济方面的,虽然《新潮》的销路很好,但回款并不及时,北大垫付款项也不能按时支付,而且1920年新潮社又开始出版书籍,无形中分流了一部分出版资金,因此,杂志出版就只能向后延期了。《新潮》一共出版了12期,历时2年零5个月,最终无疾而终。

1919年11月19日,新潮社在红楼的"文科事务室"举行全体社员大会,除了改选职员外,还决议将该社从杂志社改变为学会,并正式启动丛书的出版。❶经过短期的筹备,《新潮丛书》一共出了六种书刊,即王星拱编著的《科学方法论》,陈大齐(百年)著的《迷信与心理》,周作人翻译的外国近代名家短篇小说集《点滴》(上、下册),新潮社同人编辑的《蔡子民先生言行录》(上、下册),陶孟和著的《现代心理学》,李小峰、潘梓年译的《疯狂心理》。自周作人任主任编辑以后,学会的出版重点转向了《文艺丛书》的编辑与出版,如冰心的《春水》、鲁迅的《呐喊》等。

《新潮》杂志出版后大受欢迎,各地的代销处也日渐增多,个人、学校、报社、图书馆、教育会、学校附设的贩卖部等经售代销的居多数,甚至有绸缎庄代销的。到1919年10月,全国代卖处竟达40余处,但即便这样,"顾客要买而不得的很多,屡次接到来信,要求重版"❷。这不能不说是发行上惊人的成绩。

---

❶ 见《北京大学日刊》民国八年十一月二十二日第2版,《新潮社纪事一》。
❷ 《启事》,《新潮》第2卷第1号,1919年10月30日。

四 "新潮"反响

《新潮》内容激进,形式新颖,又挟《新青年》和北京大学之威,所以内容形式两方面都发生了巨大的影响。顾颉刚回忆:"《新潮》出版后,销路很广,在南方的乡间都可以看到。因为《新潮》中的文章多半是青年人写的,文字浅显易懂,甚为广大青年读者所喜爱。"❶《新潮》的出版,无疑为已经启动的白话文浪潮推波助澜,在《新潮》第一卷第一号的《社告》中,明确要求投稿者注意:"古典主义之骈文与散文概不登载。""句读须用西文式。""小说、诗、剧等文艺品尤为欢迎,但均以白话新体为限。"❷《新潮》以后,《星期评论》、《建设》、《解放与改造》、《少年中国》等白话刊物纷纷出版,《国民公报》、《时事新报》、《民国日报》等也逐步改用白话,短短一年中,竟然"至少出了四百种白话报"。

《新潮》杂志一直站在时代变革的最前沿,提倡白话文学,翻译西洋文字,介绍国外思潮,批评国内问题,为文学革命呐喊助威,为思想革命鸣锣开道。它与《新青年》一起,被称为新文化运动的"二新"。作为一种纯学生办的刊物,《新潮》更有一种青年学生的激进和初生牛犊不怕虎的气势,以至遭到不少的反对。但这样并不影响《新潮》在青年们心中的地位,反而更增添其几分反抗旧传统的勇气和力度。

继《新潮》杂志之后的《新潮丛书》和《文艺丛书》,虽然出版形式上与《新潮》有别,但在出版理念和出版精神上却是前后统贯,一脉相承,对新文学的发展起了一定的推动作用。在这两套丛书中,不管是撰述文字,还是翻译作品,不管是名家名篇,还是新人新作,都以原创和革新的面目,探索和进取的精神,在那一时期的出版物中,占据着重要的地位。冰心的《春水》,鲁迅的《呐喊》,孙福熙的《山野掇拾》,冯文炳的《竹林的故事》,李金发的《微雨》,皆为作者的处女作,独具艺术风采。这些作者后来都有重大的发展,他们的风格产生了影响,甚至还

---

❶ 顾颉刚:《回忆新潮社》,张允侯等:《五四时期的社团》(二),三联书店1979年。
❷ 《社告》,《新潮》第1卷第1号,1919年1月1日。

形成了流派,在现代文学的奠基和发展中具有不可低估的历史意义。

新潮社和《新潮》杂志的诞生和发展都与北大红楼息息相关,傅斯年、罗家伦等青年学生与陈独秀、胡适、李大钊等师长在红楼内汇合,形成一股荡涤一切旧思想、旧道德、旧传统的新潮流。

北大红楼的新文学记忆

陈 翔

1915年9月,陈独秀参照《甲寅》杂志模式在上海创办了《青年杂志》,标志着新文化运动在中国的兴起;这场运动对中国历史产生重大作用,成为推动现代文明进步的里程碑。新文化运动倡导的"民主"、"科学",包含着对于封建传统旧思想、旧文化的抨击。1916年9月,《青年杂志》出版二卷1号时更名为《新青年》。从第一卷到第三卷,该刊物都由陈独秀个人担任主编,在二卷、三卷共计12期的刊物封面,都明确标明"陈独秀先生主撰"。这段时期,《新青年》的作者群,大多是与陈独秀交情甚笃的好友或安徽籍作者。自《新青年》迁址北京,与北京大学"联姻"后,到1917年下半年时,作者群逐渐增加如胡适、李大钊、刘半农等新文化运动的著名人物。这些人物是新文学的积极倡导者,他们的加入,就使《新青年》在起初以孔教和封建国体为抨击对象的基础上,增加了提倡新文学、反对旧文学的新生力量。

新文学运动以胡适在《新青年》二卷5号上发表《文学改良刍议》作为开端。胡适提出:"吾以为今日而言文学改良,须从八事入手。八事者何?一曰,须言之有物。二曰,不摹仿古人。三曰,须讲求文法。四曰,不作无病之呻吟。五曰,务去烂调套语。六曰,不用典。七曰,不讲对仗。八曰,不避俗字俗语"。陈独秀在《新青年》二卷6号上的《文学革命论》,提出了文学革命的三大口号,即:"推倒雕琢的阿谀的贵族文学,建设平易的抒情的国民文学;推倒陈腐的铺张的古典文学,建设新鲜的立诚的写实文学;推倒迂晦的艰涩的山林文学,建设明瞭的通俗的社会文学。"从而正式吹响了文学革命的号角。胡适、陈独秀这两篇文学革命的"重磅炸弹",分别发表于1917年1月和2月;而这两个月,正是蔡元培刚刚就任北京大学校长,北大改革即将起步的时候。陈独秀在1月就任北大文科学长,并推荐在美国留学的胡适到北大任教。这样,文学革命与北京大学就有了不期而遇的联系。在蔡元培的提议下,《新青年》编辑部与陈独秀一同来到北京,北京大学与《新青年》形成"一校一刊"的结合,使新文化运动的影响进一步扩大。1917年3月到8月,《新青年》分别出版第三卷的1—6号。陈独秀虽仍为主要撰稿人,但由于提出了"文学革命"的口号,在刊登的文学作品方面,第三卷与前两卷相比已有些微妙的变化。如:第一卷有戏剧作品1篇,小说2篇。第二卷有戏剧作品2篇,小说6篇,诗1篇,并开始发表胡适的《文学改良刍议》和陈独秀的《文学革命论》的文学理论文章。第三卷除发表戏剧作品1篇,小说3篇外,文学理论文章明显增加,如,在第3号的文学专栏里,发表有胡适的《历史的文学观念论》和刘半农的《我之文学改良观》,第4号发表胡适的《白话词》,第5号发表刘半农的《诗与小说精神上之革新》。

　　《新青年》第四卷第1号推迟到1918年1月出版。这时,陈独秀已担任文科学长整整一年,他所主撰的《新青年》此时已得到北京大学一辈名教授的加盟,开始成为同人刊物。周作人、沈尹默、沈兼士、陈大齐、鲁迅、王星拱、俞平伯、罗家伦等尽数登场,显示了新文学方面的实力。这一卷发表了包括胡适《建设的文学革命论》在内的文学理论文章8篇;发表小说3篇,以鲁迅《狂人日记》最为著名;白话诗以前所未有的势头突然爆发,共计有33篇诗作,胡适、沈尹默、刘半农、鲁迅等更是白话诗的多产作家。而在此之前,《新青年》仅在第二卷第6号上发表过胡适的8首白话诗,作为白话诗的先导作品。在戏剧作品方面,第四卷第6号出版的"易卜生号",更体现了新文学运动在戏剧革新方面的成就。此后,《新青年》直到第九卷,新文学理论文章和新文学作品,都以平稳的数量刊登,显示了文学革命在新文化运动中的重要地位。

　　1918年8月,北大红楼在沙滩建成,北大文科、图书馆及校部开始在这里办公。一楼为图书馆,二楼为校长室、文科学长室等校部各办公室,三楼、四楼是北大文预科及本科各门教室所在地,以及国文、哲学、英文三部研究所所在地。由于在北大文科汇集了许多具有新思想的著名教授、学者以及进步学生,这里便成为思想和学术最为活跃的地方,新文学运动也与北大红楼有着密切的联系。

一 胡适、陈独秀聚首北大,推动新文学运动的迅猛发展

红楼竣工前,胡适从美国回到国内,并到北大担任文科教授。陈独秀、胡适这两位文学革命的始作俑者,在经历了一年的书信往来后,终于聚首在北京大学,并在红楼内共事。是文学革命的共同理想,使他们奇迹般的聚会到了一起。恰恰都是在1915年9月间,在中国和美国两个不同的国度,陈独秀与胡适的文学革命思想与新文化运动相伴而生。这年的9月15日《青年杂志》创刊时,陈独秀就在发刊词《敬告青年》上斥责"称功颂德"的"奴隶之文章"。随后发表的《现代欧洲文艺史谭》等文章,介绍西方近代文艺思潮,从古典主义、理想主义到写实主义、自然主义的发展历史,并联系中国实际,倡导改革文艺。在此之前,胡适在大洋彼岸的美国康奈尔大学校园,开始思考文学革命的问题,并与朋友一起展开争论和探讨。《青年杂志》创刊两天后的9月17日,胡适给他的好友梅光迪的诗中写道:"新潮之来不可止,文学革命其时矣!吾辈势不容坐视。"第一次使用"文学革命"的词汇。起初,胡适文学革命的观念还很朦胧,经过与梅光迪、任鸿隽等好友间的进一步争辩,1916年秋,他综合与朋友们私下讨论的见解,从美国寄信给陈独秀,再次提出"文学革命"的口号,以及具体主张的"八事"。陈独秀极力赞成胡适的主张,将此信在《新青年》上发表,称胡适的主张为"今日中国文界之雷音"。并在《新青年》二卷5号上发表胡适的《文学改良刍议》。在此前后,陈独秀与胡适不断书信往来,阐述各自的文学革命观点。

虽然胡适最早提出"文学革命"口号,但在《新青年》上正式发表他的观点时,却更名为"文学改良",这是他心态的一种变化。一方面是他温和的性格使然,受了在美国的朋友的反对,胆子变小了,态度变谦虚了,所以全篇不敢再提

"文学革命"；而另一方面则是希望将文学革命建立在学术探讨的基础上，"欲引起国中人士之讨论，征集其意见，以收切磋研究之益耳。"并声明："吾辈已张革命之旗，虽不容退缩，然亦决不敢以吾辈所主张为必是而不容他人之匡正也。"对比之下，陈独秀的态度要坚决的多，气势上更加咄咄逼人。继胡适《文学改良刍议》后，他毅然发表《文学革命论》，正式举起"文学革命"的旗帜，提出"三大主义"的口号。后来在给胡适的复信中，更旗帜鲜明的表示："改良中国文学，当以白话为文学正宗之说，其是非甚明，必不容反对者有讨论之余地，必以吾辈所主张者为绝对之是，而不容他人之匡正也"。即便如此，他也把"首举义旗之急先锋"的美誉赠给胡适，并表示"甘冒全国学究之敌，高张'文学革命军'大旗，以为吾友之声援"。而胡适更愿意将文学革命"急先锋"的美誉送给陈独秀。他认为："当日若没有陈独秀'必不容反对者有讨论之余地'的精神，文学革命的运动，决不能引起那样大的注意。"

胡适与陈独秀在北大合作，形成了文学革命思想的合流，推动了新文学运动的迅猛发展。文学革命也由留学生之间的口头争论，变成国内新旧文化之间严肃而颇具使命感的讨论，因而也更加系统化和条理化。当文学革命刚刚开始时，新文学的倡导者多是摆出破旧立新的架势，注重批判旧文学。胡适斥旧文学为"小道"，为"死文学"；陈独秀公开把一些古文大师斥为"十八妖魔"；钱玄同则抨击那些模仿古人的散文、骈文为"桐城谬种，选学妖孽"，表现出与旧文学水火不能相容的全面否定的态度。胡适通过与《新青年》同仁的交往沟通，以严谨的科学态度，开始注重"文学革命"具体的"建设"了。1918年4月，他发表《建设的文学革命论》，认为旧文学之所以能够存在，"正因现在还没有一种真有价值，真有生气，真可算作文学的新文学起来代他们的位置。"并希望，"我们提倡文学革命的人，对于那些腐败文学，个个都该存一个'彼可取而代也'的心理，个个都该从建设一方面用力，要在三五十年内替中国创造一派新中国的活文学。"他将文学革命的发展归结为"国语的文学，文学的国语"，进一步强调白话形式对于文学革命的意义。

文学革命的一个重大结果，就是使《新青年》的影响力进一步提高。《新青年》初创刊时,每期只发行到 1000 份,到 1917 年刊登了文学革命的文章后,猛增到 16000 多份。张国焘回忆说,《新青年》刚创刊时,北大同学知道这个刊物的很少,胡适的《文学改良刍议》和陈独秀的《文学革命论》发表后,才引起同学们的广泛注意。白话文易于以浅显通用的语句,自由而确切的表达作者所见,又便于多数人阅读,比之文言文的多所拘束,好像是文字上的一次放足运动。

文学革命讨论的问题,包括有旧诗旧戏的改革,注音符号和国语的统一,标点符号,汉文由直排改为横排,汉文是否废除和推广世界语,以及对外文的统一译音等问题。但首要问题是以新鲜活泼、言文一致的白话文,代替僵尸般的言文背驰的文言文,即以平民文学代替封建文学。这是新文学运动的根本所在。

二 《新青年》的两个卫星——《新潮》、《每周评论》

北大红楼启用伊始,便成为学术空气十分浓厚的地方。根据罗家伦回忆,红楼有两个地方是师生们经常聚会的场所。一个是二楼国文教员休息室,另一个是一楼李大钊的图书馆主任室。"在这两个地方,无师生之别,也没有客气及礼节等一套,大家到来大家就辩,大家提出问题来大家问难。"正是在大家的论争中,《新潮》杂志酝酿而生了。

1918 年 10 月 13 日,北大学生傅斯年召集志同道合的同学,决定创办一个刊物,以"批评的精神,科学的主义,革新的文词"为宗旨,将这个刊物取名为《新潮》,英文名称是"The Renaissance",意为"文艺复兴"。一个月后,他们再次开会,推举首批成员的组织人选,傅斯年为主任编辑,罗家伦、杨振声为编辑,徐彦之为主任干事,负责发行等事务。这一刊物得到北大文科学长陈独秀的支持,校长蔡元培亲自书写刊名,并答应每月从学校经费中拨出 2000 元支持办刊,胡适、周作人成为《新潮》杂志社的顾问,李大钊则在红楼一层的北大图书馆东侧为他们提供一间房子,作为《新潮》杂志社的编辑室。

《新潮》杂志对于投稿有明确要求:文词须用明显之文言或国语,其古典主义之骈文与散文概不登载;句读须用西文式;小说、诗、剧等文艺品尤为欢迎,但均以白话新体为限。刊物着重从"人生的表现与批评"方面,"使文学美化和深切化",所以"力持要发扬人的文学,而反对非人的和与反人性的文学"。

傅斯年是《新潮》杂志的总设计师和编辑灵魂。他较早的投入文学革命阵营,加入到《新青年》作者行列,发表了《文学革新申义》、《文言合一草议》、《戏剧改良各面观》、《再论戏剧改良》等文章。《新潮》创刊后,成为刊物的主要撰稿人。仅1919年一年,他在《新潮》杂志上发表的文章和新诗就有43篇。他的学术观点和学术主张也随着《新潮》杂志广泛散播而为人们所熟知。

新文学运动后的大批文学家,有相当一部分都是新潮社成员。他们在《新潮》上发表的大量文章或诗歌,可以说是迈向文学神圣殿堂的起步之作。这其中有朱自清、俞平伯、康白情、叶圣陶等。在《新潮》的成长过程中,也得到文学巨匠的大力扶植。1919年4月,鲁迅在致傅斯年的信中,就对刊物提了一些中肯的意见。他认为,《新潮》里的诗写景叙事的多,抒情的少,所以有点单调。此后能多有几样作风很不同的诗就好了。对于刊物上发表的小说作品,鲁迅也进行点评,如:"《新潮》里的《雪夜》、《这也是一个人!》、《是爱情还是苦痛?》(起首有点小毛病),都是好的。上海的小说家梦里也没有想到过。这样下去,创作很有点希望。"

与《新潮》并称是《新青年》卫星的《每周评论》,是倡导新文学的周刊报纸,它其实略早于《新潮》的创办。1918年11月27日,陈独秀、李大钊等《新青年》同人在红楼文科学长室议定创办小型政治时事评论报,并决定编辑所就设在陈独秀文科学长室内,发行所在北京骡马市大街米市胡同79号。12月22日,《每周评论》创刊。陈独秀在《发刊词》中宣布办报的宗旨是"主张公理,反对强权",但在《出版广告》中又称:"本报文字尽量采用白话体,宗旨在输入新思想,提倡新文学"。

《每周评论》的体例是近代报纸类型上的一种创新。这张4开4版的小型报纸,栏目新颖多样,有:《国外大事述评》、《国内大事述评》、《社论》、《文艺时评》、《随感录》、《新文艺》、《国内劳动状况》、《通信》、《评论之评论》。《读者言论》、《新刊批评》、《选论》等。有时还抓住重大事件,开设"特别附录"一张,随报赠送。在《每周评论》的影响下，当时全国各地曾相继出版了一批和它相类似的时事评述性周报，如湖南的《湘江评论》、上海的《星期评论》、浙江的《钱江评论》、成都的《星期日》等。

从《每周评论》发表的文章内容来看，绝对是一份时事评论性报纸，所谓倡导新文学的内容竟少得可怜。但是，它却在1919年初，开辟了新旧文学论战的阵地，再现了新旧思潮论战的一次重大事件。

早在文学革命之初，翻译家林纾便针对胡适的《文学改良刍议》撰写了《论古文之不当废》的文章，但胡适看完后，却"大失所望"，认为林纾的文章内容贫乏，理论根据不足，实在不足以说服人。在关于新旧文学的论战中，守旧势力竟然不堪一击，连倡导文学革命的一班新派人物都觉得索然无味。于是，钱玄同、刘半农便发表著名的"双簧信"，前者发表反对新文学的文章，后者逐一进行反驳，从而引起社会的注意，在旧派文人中也激起很大的反响。到1918年底，责难的矛头集中到《新青年》和陈独秀身上。为此，陈独秀发表著名的《本志罪案之答辩书》，表明拥护德（民主）、赛（科学）两先生的坚定立场，再次重申，"我们现在认定只有这两位先生，可以救治中国政治上道德上学术上思想上一切的黑暗"。随后，林纾再次发难，3月初，他连续在上海《新申报》上发表小说《荆生》、《妖梦》，影射攻击陈独秀、胡适、钱玄同、蔡元培等人。以刘师培、黄侃为首的《国故》月刊社，也与林纾配合，紧密呼应。面对这些指责，1919年3月9日出版的《每周评论》第12号全文刊出林纾的小说《荆生》，同时转载了李大钊在《晨报》上发表的《新旧思潮之激战》一文，利用《每周评论》的舆论阵地，由此掀起了一场由文学革命引发的新旧思潮的论战。这场论战一直持续到五四运动前，《每周评论》还分别在17期、19期发表特别附录《对于新旧思潮的舆论》，将新文化运动中的新旧势力斗争推向高潮。

北大红楼——五四运动的历史见证者

秦素银

1918年9月红楼建成于沙滩(当时称汉花园),这座建筑并没能依照其原建筑目的成为北大预科学生寄宿舍,而是成为北大文科、校部和图书馆所在地。1918年也正是近代中国最伟大的教育家蔡元培入主北大的第二年,新文化主将们聚集在北大,实现了北大与《新青年》一校一刊的结合,从而使红楼成为新文化运动的策源地。1919年5月4日,五四运动爆发,北大师生是这场运动的主要领导与参与人,红楼见证了五四运动从爆发到胜利结束的全过程,从而成为五四运动最重要的历史见证。

一 红楼的建成与投入使用

1916年,当时的北大校长胡仁源、预科学长徐崇钦与比国仪品公司订立借款合同,借洋二十万元,在原汉花园学生宿舍东侧修建预科学生寄宿舍。❶ 1917年9月,一座主体用红砖砌成的五层大楼拔地而起,这就是我们要说的红楼。1918年2月,学校将原拟做寄宿舍的新楼"改作文科教室及研究所、图书馆与其他各机关之用"❷。这年9月,红楼正式落成。这座建筑平面呈工字型,地上四层地下一层,红瓦坡顶,体量高大,东西面宽一百米,主体部分进深十四米,东西

---

❶《新建筑记》,《北京大学日刊》1917年12月17日第2版。
❷《新斋舍之用途》,《北京大学日刊》1918年3月12日第2版。

两翼南北均长34.34米,总面积一万平方米,砖木结构,建筑造型为简化的西洋近代古典风格。底层青砖墙,水平腰线以下,以宽大的水平凹线强调其厚重感。二至四层为红砖墙,青砖窗套,角部以"五出五进"青砖作隅石处理。檐部以西式托檐石挑出。南立面中央部分墙体微向前凸,顶部上折成西式三角形山花,窗户改为一大二窄的三联窗。底部入口为塔司干柱式的门廊。门廊两侧坡道可供车停至门前。门厅北部为主楼梯。两翼各有一部楼梯,通往后院。❶

1918年9月30日,文科教务处及文科事务室❷搬入红楼,随后北大校部各机构:校长、各科学长、庶务主任、校医陆续迁往红楼办公。10月2日,北大文科开始在红楼上课❸。从10月12日起,图书馆开始迁往红楼❹,10月22日图书主任发出公告"本馆办公室一概迁至新大楼第一层,各阅览室亦皆布置完竣,自今日起即在新舍照常办公。"❺图书馆的搬迁工作结束,意味着红楼已经完全投入使用。

二 新文化运动的策源地

1917年1月,蔡元培正式就职于北大,并开始对北大进行大刀阔斧的改革。蔡元培认为,大学是研究高深学问的地方,学生进入大学的目的应是求学,而不是升官发财。为改变北大腐败的状况,蔡元培从延聘"积学而热心的教员"入手,采取"兼容并包"的原则,许多不同观点的教授包括保皇党(刘师培)、守旧派(黄侃)和自由主义者(胡适)、激进派(陈独秀)都同时受聘任教于北京大学,努力营造思想自由的学术氛围,充实和提高北大的学术研究和教育水平。蔡元培能兼容新旧,但骨子里是"趋新"的,就任北大校长之初就聘请了新文化运动主

---

❶ 参考北京市东城区文化委员会:《东华图志·北京东城史迹录》,第597页,天津古籍出版社2005年。
❷ 《北京大学日刊》1918年9月30日第2版。
❸ 胡适在9月27日给母亲的信里说"大学因新屋一时不能搬好,故须至十月二日始上课。"见杜春和:《胡适家书》,第217页,河北人民出版社1996年。
❹ 《图书馆主任布告》,《北京大学日刊》1918年10月14日第2版。
❺ 《图书馆主任布告》,《北京大学日刊》1918年10月22日第2版。

将《新青年》主编陈独秀为文科学长,又延聘胡适、周作人、刘半农、杨昌济、程演生、刘叔雅、高一涵、李大钊、王星拱等《新青年》杂志的重要作者进入北大。陈独秀掌北大文科,促使了北大原有革新力量如钱玄同、沈尹默、陶孟和、陈大齐等人成为《新青年》作者,实现了新文化力量的大结集。从此新文化运动形成了集团性的力量❶,并在北大学生群里发挥了深远的影响。

在学生方面,蔡元培大力"扶植社团",倡导学生组成具有积极意义的社团,并指派教员进行指导,开展各种有益的活动,把学生的课余兴趣吸引到学术研究和健康的文体活动上来。

随着北大文科、校部和图书馆相继搬入红楼,新文化运动诸子们的活动场所也逐渐从马神庙转移到汉花园,北大红楼在真正意义上成为新文化运动的大本营,红楼每个角落都可以追踪到他们的足迹。除教员在这里上课,学生在这里听讲外,不少人在红楼办公。蔡元培的校长室、"我国白话文的开山老祖"《白话日报》的创办人李辛白的庶务主任室都在红楼二层,陈独秀的文科学长室也位于红楼二层,1918年11月,《每周评论》就在这里诞生。❷ 李大钊的图书馆主任室位于红楼一层的东南角,《新青年》同人常常在这里聚会,❸学生们也喜欢这里,是师生间"互相问难"、掊击"旧社会制度和旧思想"的好地方,从而酝酿出五四新文化期间最有影响的学生杂志《新潮》❹。

蔡元培校长对各种社团都予以大力支持,除亲自参加社团活动外,如出席

---

❶ 参考陈万雄:《五四新文化的源流》,第43页,三联书店1997年。
❷ 1918年11月27日,陈独秀在这间办公室召集李大钊、周作人、张申府、高一涵、高承元等开会,议定创刊《每周评论》。会上"公推陈(独秀)负书记及编辑之责,余人俱任撰述"。《每周评论》于1918年12月22日创刊,这是份四开四版的小型报纸,逢周日出版,编辑所就设在文科学长室内。
❸ 据周作人回忆,"(李大钊的)图书馆主任室设在第一层,东头靠南,……那时我们在红楼上课,下课后有暇即去访他,为什么呢?《新青年》同人相当不少,除二三人时常见面之外,别的都不容易找,校长蔡孑民很忙,文科学长陈独秀也有他的公事,不好去麻烦他们……。在第一院即红楼的,只有图书主任,而且他又勤快,在办公时间必定在那里,所以找他最适宜。"《知堂回想录》,第530页,河北教育出版社2002年。
❹ 据罗家伦回忆,由于李大钊平素谦虚和蔼,待人诚恳,又有方便阅读新书的条件,当时不少教师和学生都喜欢到图书馆主任室聊天,图书馆被人称为"饱无堂",在这个地方"无师生之别,也没有客气及礼节等一套,大家到来大家就辩,大家提出问题来大家互相问难"。见罗家伦:《蔡元培时代的北京大学与五四运动》,台湾《传记文学》第54卷第5期,第15页。

社团会议,担任名誉会长,还设法为社团活动提供场所,红楼建成后就成为北大学生社团活动的重要场所。

1918年11月,傅斯年、罗家伦、徐彦之等创办了新潮杂志社,编辑出版具备"批评的精神、科学的主义、革新的文词"三要素的《新潮》杂志❶,大力鼓吹新思想和文学革命,《新潮》就诞生在红楼一层二十二号。

以"昌明书法,陶养性情"为宗旨的书法研究社是由罗常培、俞士镇、薛祥绥、杨湜生等学生发起,1917年12月21日成立,其主要活动为"每周任写各体书呈教员评定"。书法社的成立得到了蔡元培校长的大力支持,他请来对书法颇有研究的文科教授马衡、沈尹默、刘季平做书法研究社的导师。❷ 1918年12月,书法研究社觅定红楼一层第十三号为社址,并于社址内陈列各种碑帖,供社员临摹欣赏。其社员廖书仓写的一手好字,也是蔡元培先生发起成立的当年北大又一著名社团——"进德会"的会员。1919年3月,他与邓康(邓中夏)一起发起成立北京大学平民教育讲演团,并当选为总务干事。❸

1919年1月,哲学研究会在红楼四层第四教室召开成立大会,以陶孟和、陈大齐为指导教师,并以设于红楼四层的哲学门研究所为社址❹,其主要活动为讨论哲学问题,讨论会每月一次公开演讲。

1919年1月26日,刘师培、黄侃、陈汉章及北大学生陈钟凡、张煊等数十人,在刘师培家里开会,"慨然于国学沦夷',成立国故月刊社。这年2月,国故月刊社觅定红楼三层三十三号为社址,接收该社编辑、社员函件、稿件❺。3月20日,《国故》月刊出版,成为与《新潮》、《国民》并列的北大三大学生刊物。

北大新闻学会是中国第一个有组织的新闻学研究团体,成立于1918年10月。1919年2月19日,新闻研究会在红楼二层西的第34教室召开改组大会,修改、通过简章,更名为"北京大学新闻学研究会",并改选了职员。蔡元培亲临

---

❶ 傅斯年:《新潮之回顾与前瞻》,《新潮》第2卷第1号。
❷ 《书法研究社报告》,《北京大学日刊》1918年2月22日第3版。
❸ 《北京大学日刊》1919年3月26日第5版。
❹ 《哲学会开会志略》,《北京大学日刊》1919年1月28日第3版。
❺ 《北京大学日刊》1919年2月22日第2版。

会场并当选为正会长,徐宝璜当选为副会长,黄杰、陈公博当选为干事。此次大会到会会员有毛泽东、谭植棠、区声白等24人。1919年3月,新闻学研究会觅定红楼二层十二号为会所,仍以34教室为研究地点。这年4月16日,新闻学研究会在第34教室召开会议,决定出版《新闻周刊》。

社团活动丰富了同学们的课余生活,拉近了学生与教员的距离,锻炼了学生们的能力,在新思潮的影响下,他们成为新文化运动新的生力军,并为他们在日后成为学生运动中的领袖打下了良好的基础。

三 见证五四爱国运动全进程

1919年5月4日,反对帝国主义列强在巴黎和会上损害中国主权、反对北京政府的卖国政策的五四爱国运动爆发,北大师生是运动的领导者和组织者和积极参与者,红楼和她北面的操场是这场爱国运动的主要活动场所,在此发生的一系列事件有力促进了五四运动的发展,红楼从而成为五四运动最重要的历史见证,是我们追寻五四运动当事人音容笑貌的最好媒介。

(一)《北京全体学界通告》的诞生地

五四当天散发的《北京全体学界通告》就是在红楼诞生的。1919年5月3日,中国外交失败的消息从巴黎和会传来,群情激愤,北大学生当晚与各高校学生代表在北大法科礼堂集会,决定把原定于5月7日国耻日举行的示威大游行提前到4日,并且当场在北大学生中推出二十名委员负责召集,新潮社社员罗家伦就是其中之一[1]。据罗家伦回忆,5月4日上午10时,罗家伦从城外高等师范学校回到位于红楼一层的新潮社,"同学狄福鼎(君武)[2]推门进来,说是今天的运动,不可没有宣言,北京八校同学推北大起草,北大同学命我执笔。我见时

---

[1] 罗家伦:《蔡元培时代的北京大学与五四运动》,台湾《传记文学》第54卷第5期,第17页。
[2] 狄福鼎(1895—1964):字君武,自号平常老人,江苏省太仓县娄东乡人。当时是北大社团画法研究会、消费公社的会员。有资料说五四游行当天,他曾与罗家伦、段锡朋、许德珩一起美国使馆递说帖,后为国民党要员。

间迫促,不容推辞,乃站着靠在一张长桌旁边"❶写成《北京全体学界通告》。宣言内容如下:

现在日本在万国和会要求吞并青岛,管理山东一切权利,就要成功了!他们的外交大胜利了!我们的外交大失败了!山东大势一去,就是破坏中国的领土!中国的领土破坏,中国就亡了!所以我们学界今天排队到各公使馆去要求各国出来维持公理。务望全国工商各界,一律起来,设法开国民大会,外争主权,内除国贼。中国存亡,就在此一举了!

今与全国同胞立两个信条道:

中国的土地,可以征服,而不可以断送!

中国的人民,可以杀戮,而不可以低头!

国亡了!同胞起来呀!❷

这篇宣言只有一百多字,用的是极简洁的白话文,但慷慨激昂,极具号召力,尤其是"中国的土地,可以征服,而不可以断送!中国的人民,可以杀戮,而不可以低头!"两句,现在读起来也让人热血沸腾,充分反映了文学革命的成果。罗家伦后来说,他起草这篇宣言时,像面临紧急事件,心情万分紧张,但注意力却非常集中,虽然社里来来往往,很是嘈杂,他却好像完全没有留意。写成后也没修改过。❸ 这与罗家伦平常白话文写作的训练是分不开的。宣言写成后,罗家伦交由狄福鼎送到李辛白所办的老百姓印刷所印刷。

到当天下午一点,北京大学和其他在京高校学生三千多人在天安门集会时,《北京全体学界通告》已印成二万份,在集会和随后的游行示威中,同学们把《通告》传单散分给市民。由于《通告》文字浅白、陈辞恳切,唤起人们心中积怨已久的国仇家恨,迅速流传开来。尤其值得一提的是,这是五四当天唯一的印刷品,对学生争取到市民的支持起到非常重要的作用。

---

❶ 罗家伦:《黑云暴雨到明霞》,转引自罗久芳:《罗家伦与张维桢——我的父亲母亲》,第30页,百花文艺出版社2006年。

❷ 《山东问题中之学生界行动》,《晨报》1919年5月5日第2版。

❸ 周策纵:《五四运动史》,第151页注释,岳麓书社1999年。

(二)五四游行的起点

5月4日上午十一时左右,北大学生在红楼后面的操场集合排队。这时教育部派了一个职员随同几个军警长官,劝告他们不要参加游行,学生们与其理论多时,然后才浩浩荡荡走出学校,沿北池子大街向天安门行进,但由于耽搁了一些时间,等到北大学生赶到天安门的时候,其他学校的学生都已经先到了。

(三)迎接被捕获释同学胜利归来

同学们在天安门短暂集会后,游行队伍由天安门南出中华门,向东交民巷各国公使馆前进,准备通过使馆区,但遭到了军警的阻拦,愤怒的学生转而转向赵家楼曹汝霖宅,火烧赵家楼,并痛打亲日派官僚章宗祥。起火之后,大批军警前来镇压,当场逮捕学生32人,其中北大学生20人。学生被捕以后,5日上午,北京专科以上学校的学生举行总罢课,通电全国表示抗议。5日下午蔡元培召集北京14所大专学校校长在北京大学举行校长会议,决定向当局提出要求,如果不允许将被捕的学生全部保释出来,各校长就联名辞职。其他社会各界也纷纷电请北京政府释放被捕学生。在巨大的社会舆论压力下,北京政府终于同意在5月7日这天释放被捕学生。

5月7日上午,北京各高校备汽车前往警察厅,迎接被捕获释的同学。10时左右,一齐到达北大,然后各自回归本校。蔡元培校长和北大全体师生齐集红楼门外,迎接被捕同学返校。当师生们见到被捕同学们的时候,双方都非常激动,有记者是这样记载这一幕的:"彼此初一见,那一种喜欢不尽的样子,自然教我难以描写,尤有那喜欢没完,将一执手,彼此又全都大哭起来,感慨激昂,静悄悄欲语无言的样子。"❶

如此四五分钟,才由蔡校长把被捕同学领到红楼北面的操场上,同学们分别站在事先准备好的五张方桌上和大家见面,所有人还是非常激动,由于情绪紧张万分,被捕同学没有一人说话,在校同学也没有一人说话。当时大家只是

---

❶ 上海《民国日报》1919年5月10日《释放学生之经过》,转引自彭明:《五四运动史》(修订本),第294页,人民出版社1998年。

用热泪交流。❶ 等大家的心情平复些了以后，蔡元培校长又召集同学在操场上训话，据上海《国民日报》的记载，蔡元培的训话内容大概是：

"诸君今日于精神上，身体上必然有些困乏，自然当略为休息，况且今日又是国耻日，何必就急急的上课！诸君或者疑我不谅人情，实则此次举动，我居间有无数的苦衷，所以不得不望诸君稍为原谅，自己略受些委曲。并且还望诸君以后……坚持冷静态度……云云。"❷

从蔡元培的训话中不难看出，劝学生们"略为休息"，是对学生入狱、游行奔波辛苦的体谅，反映出蔡元培对学生的关心及对其爱国热情的同情；"诸君或者疑为不谅人情"句，可能是蔡元培曾受到过学生方面压力，但介于政府与学生之间的他，难免有力不从心的地方；"望诸君坚持冷静态度"句，蔡元培还是希望同学们可以安心读书专研学术，不希望他们为救国运动而牺牲学业。

（四）挽蔡斗争的中心

虽然经过师生们的共同努力，被捕同学被释放，但北京政府拒绝接受曹汝霖和陆宗舆的辞职，教育总长和各大专学校校长都被军阀和旧官僚严厉抨击，北京大学更是处在斗争的中心，内阁甚至考虑要解除蔡元培的校长职务，蔡元培于5月8日晚上收到他被解职，由马其昶接替的通知。于是他留下两封辞职信，5月9日清晨秘密离开了北京。蔡元培在教育界的名望本已无人能比，四处奔走营救学生的行为使他获得了更多的尊敬。

当晚8时，北大教职员开全体会，做出"如蔡不留，即一致总辞职"的决议，并推举马叙伦、马寅初、李大钊等8人为代表赴教育部，要求政府挽留蔡元培。11日，为进行挽蔡斗争，北京各校教职联合会正式成立，北京大学以红楼二层一个房间作为教职员联合会办事室。❸

---

❶ 孙伏园：《回忆五四当年》，张允侯等：《五四运动回忆录》，第258页，中国社会科学出版社1979年。据孙伏园回忆，被捕同学随后"向南走到红楼的休息室中去了"。休息室中除被捕同学以外，有蔡元培先生，也许还有一、二学生会的工作人员。据说蔡先生当时还削了一个梨给一位被捕同学吃呢。

❷ 上海《民国日报》1919年5月10日《释放学生之经过》，转引自彭明：《五四运动史》（修订本），第294页，人民出版社1998年。

❸ 周作人在《知堂回想录·每周论文（下）》中回忆当时教职员联合会办事室在北大新造的第一院二楼。周作人：《知堂回想录》，第434页，河北教育出版社2003年。

也就是在这个时候,那些原本反对或不支持新文化运动的教授和学生也因为挽蔡这个共同的目标加入到运动中来。6月5日,北大教授在红楼二层临街的一间教室里开临时会议,讨论通过什么方式挽留蔡元培,据周作人回忆:"各人照例说了好些话,反正对于挽留是没有什么异议的,问题只是怎么办,打电报呢,还是派代表南下。辜鸿铭也走上讲台,赞成挽留校长,却有他自己的特别理由,他说道:'校长是我们的皇帝,所以非得挽留不可。'《新青年》的反帝反封建的朋友们有好些都在座,但是因为他是赞成挽留蔡校长的,所以也没有人再来和他抬杠。"❶

学生们也坚决要求蔡元培回校,拒绝北京政府另派校长。北京政府继续采取了强硬的态度,命令用军力来镇压学生运动,迫使同情学生的教育总长傅增湘辞职,政府与教育界的战争进一步升级。

(五)被武装军警包围

5月19日,北京18所大专学校的学生进行全体大罢课,要求总统拒签和约、惩办卖国贼曹、章、陆三人、挽留傅总长、蔡校长。罢课期间,学生组织讲演团四处演讲,向市民讲述当前形势,并大力提倡购买国货,号召市民抵制日货。5月13日,北大学生便将该校消费公社储存的日货,集中在红楼北面大操场中焚毁。❷

在日本政府的压力和亲日派官员的影响下,北京政府对学生运动开展了更大规模的镇压活动。6月1日,总统徐世昌颁布两道命令,第一道称赞曹汝霖、陆宗舆和章宗祥,说他们为民国立下不少功劳,第二道归罪学生纠众滋事,扰乱公安,告诫他们立刻回去上课。6月3日,军警开始大规模逮捕学生,到下午就逮捕了400余人,由于拘留所无法容纳,竟把北河沿北京大学法科的大房屋变成临时学生拘留所,大门前贴上"第一学生拘留所"字条。校舍四周,由保安队等支棚二十个露宿监视,断绝交通。到6月4日,局势更加紧张,政府竟囚禁了大约1150名学生。马神庙北京大学理科的房屋,已经成了第二临时拘留所。

---

❶ 周作人:《知堂回想录·北大感旧录一》,第542页,河北教育出版社2003年。
❷ 转引自彭明:《五四运动史》,第309页,人民出版社1998年。

堂堂最高学府，竟成了囚禁学生的地方！！相较之下，红楼倒是北大校舍中最自由安全的，仅被武装军警包围，"驻兵五棚"。❶

（六）等待蔡校长归来

北京政府的这种高压手段引起全国各地的愤怒。北京专门以上学校教职员通电全国，抗议大学教育的尊严为军警所破坏。北京专门以上学校教职员在4日的通电中说："等学生于匪徒，以校舍为囹圄，蹂躏教育，破坏司法，国家前途，何堪设想！"❷从6月5日开始，上海将近二十万工人为支持学生举行大罢工，随后几天南京、苏州、杭州、武汉等全国许多城市都卷入罢市风潮，铁路工人也开始罢工。终于，北京政府撑不下去了，6月10日下令接受曹汝霖、章宗祥和陆宗舆的辞职。6月28日，巴黎和约签字的那一天，中国代表团拒绝在对德和约上签字，并向总统提出全体辞职。

7月22日，全国学生联合会发布《终止罢课宣言》，宣告终止罢课。7月23日，蔡元培发表《告北大学生暨全国学生书》，信中充分肯定了学生五四救国运动的意义，认为学生"唤醒国民之任务，至矣尽矣，无以复加矣"，同时着重指出学生得受高等教育之不易，要求学生应仍以"研究学问为第一责任"，"尽瘁学术，使大学为最高文化中心"❸，并答应回北京重任北大校长。蔡元培9月12日回到北京，9月20日正式到北大视事。

1919年9月20日上午九时，北大全体学生及教职员在法科大礼堂举行欢迎蔡校长回校大会。学生先到就位，秩序井然。校长就席后，全体学生齐刷刷起立向蔡校长致敬。此于距离蔡元培出走，已经过去了整整四个多月，大家终于等到了这一天！

大会由张国焘主持，由北京学生联合会、全国学生联合会首任主席方豪致长篇欢迎词，情真意切地向校长表明，北大是多么需要他。"回忆（先生）返里之日，人争走相问曰'蔡校长返校乎？'生等叹大学前途，每悲不能答"，并诚挚地向

---

❶ 周作人：《知堂回想录·每周评论（下）》，第435页，河北教育出版社2003年。
❷ 《军警压迫中的学生运动》，《每周评论》第25号，1919年8月6日。
❸ 《北京大学日刊》1919年7月23日第四4。

蔡校长表明,学生们对校长"训学生以力学报国"是非常赞同的,牺牲研究学术之光阴从事爱国运动是"感于国难",是不得不为之举。如今运动结束,愿"破除一切顽固思想,浮嚣习气,以创造国家新文化、吾身新生命、大学新纪元"❶。

至此,五四运动中学生提出的要求全部实现,五四运动圆满胜利。

红楼见证了新文化运动的蓬勃发展,见证了北大学子的拳拳爱国之心,见证了蔡元培校长谦冲和蔼背后的坚毅风骨,红楼从此名扬天下。随着五四运动的不断扩大,新文化运动的影响迅速波及全国,红楼逐渐成为"进步、民主"的象征,成为万千青年学子向往的地方。

---

❶ 《学生欢迎蔡校长之词》,《北京大学日刊》1919 年 9 月 20 日第 2 版。

北大红楼与北京共产党早期组织

陈 翔

1918年8月,营建两年的北大预科学生宿舍大楼在沙滩汉花园落成。因大楼用红砖砌成,人们形象的称之为"红楼",其实际功能由原先的学生预科宿舍,改为北大文科、图书馆及校部所在地。文科学长陈独秀曾在红楼二层办公;图书馆主任李大钊组织了北大图书馆的搬迁,他的办公室位于红楼一层的东南角。在新文化运动方兴未艾的年代,中国共产党未来的两位主要领导人"南陈北李"同在一座楼里共事;马克思主义此时已开始在这座具有象征意义的红楼里传播;一批信仰马克思主义的先进知识分子在这里成长。这一切都预示着,北大红楼注定要与中国共产党的诞生有着密不可分的联系。

一 马克思主义传播的重要阵地

1917年冬,李大钊受聘北京大学,担任图书馆主任。早在日本留学期间,他就研读日本学者介绍的马克思经济学和欧洲社会主义思潮的著作,并有意识的研究社会主义思潮。俄国十月革命后,李大钊开始认识到马克思主义对中国革命的指导作用,并发表《法俄革命之比较观》,以一个进步历史家的眼光,第一个把十月革命与1789年的法国大革命做了比较。指出:"俄罗斯之革命是二十世纪初期之革命,是立于社会主义上之革命"。俄国革命预示着社会主义革命时

代的到来,是"世界的新文明之曙光"。❶

1918年11月,第一次世界大战结束。为庆祝协约国胜利,天安门、中央公园(今中山公园)相继举行演讲活动。李大钊在他的《庶民的胜利》讲演中,揭示了战争爆发的真正原因:"原来这回战争的真因,乃在资本主义的发展。国家的界限以内,不能涵容他的生产力,所以资本家的政府想靠着大战,把国家界限打破,拿自己的国家做中心,建一世界的大帝国,成一个经济组织,为自己国内资本家一阶级谋利益"。❷ 阐述了马克思主义关于战争的深刻根源是存在于经济事实之中,是在于资本帝国主义制度的根本原理。他着眼于俄国十月革命的胜利,认为这是第一次世界大战产生的一个重要结果。反映了李大钊的无产阶级倾向和对历史发展的深刻洞察力。在北大红楼的图书馆主任室,李大钊撰写了《庶民的胜利》、《Bolshevism 的胜利》等著名文章,明确宣称第一次世界大战的结局"是民主主义的胜利,是社会主义的胜利,是二十世纪新潮流的胜利"。他满怀豪情的预言:"试看将来的寰球,必是赤旗的世界!"❸

为弥补《新青年》标榜"不谈政治"而无法密切配合政治斗争进行宣传的不足,1918年12月,李大钊与文科学长陈独秀、文科讲师张申府等,在红楼二层文科学长室创刊《每周评论》;而这里又作为这一刊物的编辑所。《每周评论》为李大钊开辟了一个更加有效快捷的宣传马克思主义的阵地。1919年元旦,他在《每周评论》上发表题为《新纪元》的社论,进一步阐述俄国十月革命的深远历史意义,称之"洗出一个新纪元来"。他写道:"这个新纪元是世界革命的新纪元,是人类觉悟的新纪元。我们在这黑暗的中国,死寂的北京,也仿佛分得那曙光的一线,好比在沉寂深夜中得一个小小的明星,照见新人生的道路。"❹

李大钊积极扩充宣传新文化、新思想的书籍,包括许多马克思主义著作。由于他平素谦虚和蔼,待人诚恳,又有阅读新书的方便条件,当时北大不少教师

---

❶ 《言治》1918年7月1日第3册。
❷ 《新青年》5卷5号。
❸ 《新青年》5卷5号。
❹ 李大钊:《新纪元》,《每周评论》第3号,1919年1月5日。

和学生都喜欢到图书馆主任室聊天。图书馆主任室分内外两间，外间作会议室，内间作办公室，两间不大的屋子还有个"饱无堂"的雅号，因为在这个地方"无师生之别，也没有客气及礼节等一套，大家到来大家就辩，大家提出问题来大家互相问难"❶。李大钊主持下的北大图书馆，不仅是进步思想交流的一个重要场所，而且也成为研究、传播马克思主义的一个中心。不少进步学生常来请李大钊介绍、推荐宣传新思想的书籍，和他讨论、研究各种新思潮，其中包括马克思主义。

1919年5月，李大钊主编的《新青年》6卷5号开辟"马克思主义研究专号"，在这一期和在后来出版的《新青年》6卷6号上，连载了他撰写的《我的马克思主义观》一文，充分肯定马克思主义的历史地位，称其为"世界改造原动的学说"。他系统阐述了马克思主义的三个组成部分，即唯物史观、政治经济学、科学社会主义的基本原理，强调阶级斗争学说"恰如一条金线，把这三大原理从根本上联络起来"。这是李大钊对马克思主义在中国广泛传播所作的重大贡献。

《新青年》开辟的"马克思主义研究专号"，汇集了多篇研究和探讨马克思主义的文章，除李大钊的《我的马克思主义观》，还有顾照熊的《马克思学说》，黄凌霜的《马克思学说批评》，陈启修的《马克思的唯物史观与贞操问题》，渊泉❷的《马克思的唯物史观》《马克思奋斗的生涯》，刘秉麟的《马克思传略》等。这些人无论是否信仰马克思主义，都对马克思主义理论产生了浓厚兴趣。而新文化运动中的其他几位代表人物，这一时期也在五四新文化运动所涉及的各个方面四面出击。陈独秀此时因散发传单而被关押在警察厅，继续着"以图根本之改造"的抗争；胡适一面大谈"实验主义"❸，一面继续倡导文学革命，宣传"我为什么要做白话诗？"❹；唐俟（鲁迅）告诫人们"我们现在怎样做父亲？"❺对中国社会

---

❶ 罗家伦：《蔡元培时代的北京大学与五四运动》，载罗久芳：《罗家伦与张维桢——我的父亲母亲》，百花文艺出版社2006年。

❷ 长期以来，学术界以为"渊泉"是李大钊的笔名。根据日本的中国共产党党史专家石川祯浩考证，"渊泉"应是《晨报》总编陈溥贤的笔名。这一说法，得到中国学术界不少学者的认同。

❸ 《新青年》6卷4号上，发表了胡适的《实验主义》一文。

❹ 《新青年》6卷5号上，发表了胡适的《我为什么要做白话诗》一文。

❺ 《新青年》6卷6号上，发表鲁迅的《我们现在怎样做父亲》一文。

问题进行深刻的思考,并针对腐败时政,发表大量的随感录;吴虞无情地抨击"吃人的礼教"❶,延续着伦理革命的宗旨;沈尹默、沈兼士、周作人、刘半农等则不间断地写着白话诗。五四运动后的新文化运动代表人物开始就自己感兴趣的问题进行探讨,而李大钊则完成了从民主主义者向马克思主义者的转变。

1920年,李大钊受聘为北大教授后,率先在北大文科各系开设唯物史观研究、社会主义史、社会主义与社会运动等马克思主义理论课程。在现存档案中,有北大学生贺廷珊"试论马克思唯物史观的要义并其及于现代史学的影响"的答卷。这篇在李大钊指导下完成的答卷,阐述了马克思唯物史观的基本原理,对各种唯心史观作了批判,并论述了马克思发现唯物史观的重大意义。李大钊给这份答卷打了95分。这从一个侧面反映了李大钊在北大传播马克思主义的生动情况。

1920年起,中国发生社会主义是否适合中国国情的论战。李大钊在红楼的一个大教室,组织召开了为期两天的辩论会。参加辩论会的人都是北京各大学即专门学校的学生和教员,听众很多,教室挤不下,很多人还拥挤在教室外面听。正反两方辩论结束后,作为评判员的李大钊运用唯物史观的观点,证明由资本主义社会转变到社会主义社会,是人类社会发展的规律,不是人的意识和感情所能左右的。李大钊的声音不大,表现出一种高度自信心和坚定性,使人心悦诚服。一位反对社会主义的学生说,李先生以唯物史观的观点论社会主义之必然到来,真是一针见血之论,使我们再也没话可说了。李大钊的发言引起大多数听众研究马克思主义的兴趣。❷

二 北京共产党早期组织的发祥地

北大校长蔡元培倡导的"兼容并包"、"学术自由"思想,促使五四前后的北

---

❶ 《新青年》6卷6号上,发表吴虞的《吃人与礼教》一文。
❷ 朱务善:《回忆北大马克斯学说研究会》,张允侯等《五四时期的社团》(二),第295—296页,三联书店1979年。

京大学学术讨论、思想争辩之风盛行。马克思主义作为西方思想流派之一,也引起了很多研究者的极大兴趣。早在1918年冬,李大钊与北大教授高一涵等发起组织了一个研究马克思主义的团体。当时"马克思"有译为"马尔格时"的,与西方人口论学家马尔萨斯的音译极为相似,为避免不必要的麻烦,所以他们把这个团体定名为"马尔格时学说研究会",以防在必要时对警察方面说这个团体是研究人口论的而非研究共产主义的。❶ 北大学生中一些先进分子参加了这个研究会。一些不懂或对马克思主义感到好奇的人,开始也被吸引加入了。研究会第一次聚会在李大钊办公室内举行。虽然这个团体并没有展开工作,也没有更多的青年参加,但是,在李大钊的带动下,北大还是出现了最初一批热心学习和传播马克思主义的积极分子,为一年后的马克思学说研究会的成立奠定了基础。

　　五四前夕,同在北大红楼担任文科学长的陈独秀,在《每周评论》上发表《二十世纪俄罗斯的革命》一文,指出了十月革命的伟大意义。这一时期,他开始从曾经崇拜的法兰西文明和法国民主制度,转向尊崇社会主义革命,表明他的思想观念开始发生了重大变化。1920年初,陈独秀正是带着建立无产阶级政党的信念离开北京,辗转前往上海,在那里开辟了中国共产党诞生的重要基地。

　　五四运动后,马克思主义和无政府主义常是青年学生谈论的主要话题。李大钊的图书馆主任室是当时信仰马克思主义的先进青年的汇集之地,这里曾举办座谈会,开展对马克思主义理论问题的辩论;并几次讨论组织马克思学说研究会的问题。"1920年时,这间图书馆主任室的马克思主义色彩,就这样的日益浓厚起来"。❷ 3月,北京大学马克思学说研究会在秘密状态下成立,实际成为北方宣传马克思主义的中心,其成员多是五四运动中的骨干和积极分子。研究会通过收集宣传马克思主义的书籍,举办座谈会讨论、组织出版工作等,把活动开展的有声有色,其成员发展很快。

---

❶ 朱务善:《回忆北大马克斯学说研究会》,张允侯等《五四时期的社团》(二),第293页,三联书店1979年。

❷ 张国焘:《我的回忆》第一册,第83页,现代史料编刊社1980年。

1920年春，共产国际代表维经斯基来华，通过北大俄籍教员柏烈伟介绍，先认识了李大钊。两人在红楼图书馆主任室谈话后，李大钊找罗章龙、张国焘、李梅羹、刘仁静等同维经斯基会面。根据罗章龙回忆，他们的会面在北大图书馆举行，维经斯基介绍了十月革命，并带来一些书刊，如《国际》、《震撼世界十日记》等，除俄文版外，还有英文、德文版本。维经斯基详细介绍了苏俄的各项政策、法令；还谈到苏俄十月革命胜利后，为解决困难，不得不临时实行军事共产主义、余粮征集制等等。这次谈话，使中国学生感到耳目一新，使他们对苏维埃制度从政治、经济、军事到文化都有了一个比较清楚的认识，看到了一个新型的社会主义社会的轮廓，对十月革命，对苏维埃制度，对世界革命都有信心了。❶

由李大钊介绍，维经斯基即将去上海会见陈独秀。临行前，李大钊、罗章龙等马克思学说研究会部分成员再次在图书馆主任室召开会议，维经斯基以第三国际代表身份参加会议。李大钊在会上简明致辞，感谢第三国际对中国革命的关怀，他说，我们这些人只是几颗革命种子，以后要好好耕作，把种子栽培起来，将来一定会有收获的。

在维经斯基等人的帮助下，陈独秀以上海马克思主义研究会为基础，加快了建党工作的步伐，并在1920年8月，主持成立上海共产党早期组织。10月，在红楼图书馆主任室，北京共产党早期组织正式成立，当时取名为"共产党小组"。同年底，在这里又成立了"共产党北京支部"，李大钊任书记，张国焘、罗章龙分别负责宣传和组织工作。随后陆续发展一些成员，到1921年中国共产党第一次全国代表大会召开时，北京的早期党组织已拥有李大钊、张国焘、邓中夏、罗章龙、刘仁静、高君宇等十几名成员，他们大多是北京大学的进步师生。

需要强调的是，五四运动期间，身居红楼的"南陈北李"，其精神领袖地位唤起更多先进青年树立起对于马克思主义的信仰。1917年以后，陈独秀、李大钊等新文化运动中的杰出人物相继聚集北大。北京大学与《新青年》杂志的"一校一刊"的结合，使新文化运动的影响进一步扩大，北大红楼成为新文化运动的标

---

❶ 罗章龙：《椿园杂记》，第58页，三联书店1984年。

志性建筑;陈独秀的威望更是与日俱增,他在进步青年心目中,是足以起到他人所不能有的呼风唤雨的作用的。在新文化运动早期,陈独秀的影响力远大于李大钊;但在五四运动后,李大钊作为中国第一位马克思主义者,对于信仰马克思主义的青年来说,更能称作一位马克思主义在中国传播的精神领袖。两位进步思想界的明星逐渐引领青年中的崇拜者建立了对马克思主义的信仰,走上马克思主义道路。当1920年8月陈独秀在《新青年》上发表《谈政治》一文,开始转向马克思主义后,各地共产党早期组织如雨后春笋迅速生长起来。继上海、北京共产党早期组织成立后,在陈独秀、李大钊等人的影响和帮助下,武汉、长沙、广州、济南等地的先进分子以及旅日、旅法华人中的先进分子,也相继建立了中国共产党早期组织。

三 共产党早期领导者成长的摇篮

从1920年3月马克思学说研究会秘密成立,到1920年10月北京共产党早期组织诞生,在李大钊的影响下,北京大学一批进步学生的思想有了显著的改变。张国焘、罗章龙、刘仁静等,开始大量地阅读马克思主义和社会主义的书籍。北京共产党早期组织的重要人物在这样的环境下迅速成长起来。

1919年3月成立的北大平民教育讲演团是由北大学生发起的一个重要社团,邓中夏为该团体的主要发起人之一。社团成立之初,以"增进平民智识、唤起平民之自觉心"为宗旨,以教育普及与平等为目的,以露天讲演为方法,开展平民教育活动。讲演团最初活动局限于城内,在街头或利用一些有庙会的寺院作不定期讲演,以后则利用官立的讲演所并在北大旁边设点定期讲演,讲演的内容以反帝反封建为主,大体包括反日爱国、民主自治、破除迷信、反对封建家族制度、普及科学知识和提倡文化学习等,依然保留着资产阶级民主主义性质。1920年起,为了解工人群众的生活,唤起工人的觉悟,积聚工人阶级力量,在李大钊的号召和组织下,邓中夏等以北大平民教育讲演团的名义,到长辛店与几个工人接头,并在次年1月,以提倡平民教育的名义,开办了一所劳动补习学校。这所学校表面上以补习为名,实际是对铁路工人进行马克思主义的宣传和教育。这是北京共产党早期组织领导下的最早的工人阶级的劳动补习学校。邓中夏等通过组织工人学习文化与政治,扩大了民主主义文化和政治运动的影响,提高了人民群众的政治觉悟,取得了联系工农群众的初步经验,并为后来中国共产党在长辛店开展工人运动打下了基础。

张国焘是北大学生中的著名人物,五四运动中,他因爱国活动曾遭到军警的逮捕,也曾代表北大学生前往上海参加全国学生联合会的活动。五四运动后,张国焘将大部分时间花在图书馆,贪婪地阅读社会主义书籍,通读了《马克思资本论入门》、《政治经济学批判》、《哲学的贫困》、恩格斯《家庭私有财产及国家之起源》等中英文译本,对德国社会主义运动史和英国工人运动史等也有过一些涉猎。❶ 1920年初,当陈独秀、李大钊筹划建党之际,张国焘辗转上海、北京之间,成为"南陈北李"的重要联络人。李大钊与维经斯基在北大会谈后,常常和张国焘谈论马克思主义,并热衷于马克思主义的介绍和工人运动的实际推进。李大钊曾表示,他在五四运动前即有成立社会主义研究会及俄罗斯研究会等拟议,但一直没有具体进行。他曾希望少年中国学会能够负起研究和介绍马克思主义的任务,但因会员们不尽赞成马克思主义,无法实现这个愿望。他认为现在应该组织一个马克思学说研究会,这个团体应暂不过问实际政治,除了研究翻译介绍等工作外,还应从事一些工人运动。张国焘赞成这个计划,并主张邀集一些朋友共同策划,从而成立了秘密状态下的马克思学说研究会。7月,张国焘去上海。行前,李大钊委托他向在上海的陈独秀转达自己的意见,大意是,他虽然主张从研究马克思主义入手,但陈独秀如有进一步的计划,他也很赞成。❷ 张国焘在上海法租界霞飞路渔阳里2号见到陈独秀后,转达了李大钊的意见。陈独秀表示:"研究马克思主义现在已经不是最主要的工作,现在需要立即组织一个中国共产党。"❸此后,这个主张成为张国焘与陈独秀多次谈话的内

---

❶ 张国焘:《我的回忆》第一册,第85页,现代史料编刊社1980年。
❷ 张国焘:《我的回忆》第一册,第86—87页,现代史料编刊社1980年。
❸ 张国焘:《我的回忆》第一册,第92页,现代史料编刊社1980年。

容;同时还涉及到共产党的党纲政纲、党章和实际组织等问题。8月,张国焘回到北京,向李大钊转达了和陈独秀的一系列谈话和意见,李大钊"略经考虑,即无保留的表示赞成"。❶ 随后,他们多次与陈独秀通信,开始了建党工作的具体商讨。

随着北京共产党早期组织的成立,1920年11月,北京地区的社会主义青年团也随之组织起来。北京共产党早期组织成员几乎又都是青年团团员。高君宇当选为第一任书记。青年团以北大为据点,积极开展活动。初期工作主要是在各个学校联络进步学生学习、宣传马克思主义,组织工读互助团,举办劳动补习学校,相机发展团员,并组织一部分青年赴苏联参观学习。1921年3月,社会主义青年团将原来所设的四部制及委员制改为执行委员会,张国焘、高君宇、刘仁静分别当选为书记、组织委员、会计委员,李大钊当选为出版委员。4月,为迎接即将到来的五一国际劳动节,团执行委员会在北大红楼举行会议,讨论"五一"举行游行、刊行一至二种宣传小册子、团员在运动中的分工、调查北京的平民学校及平民教育讲演所的情况以便进行社会主义的指导、如何组织印刷工人和其他工人起来和资本家斗争以及筹备"五一"节讲演会及如何研究主义等等问题。后来又在北大二院召开全体团员大会,成立由高君宇、罗章龙、王复生等7人组成的"五一运动委员会",制定"五一"节所要开展的一系列活动。北京社会主义青年团的成立和发展,不仅扩大了马克思主义的影响,而且还为北京共产党早期组织的壮大输入了新生力量。

1921年中国共产党成立后,为适应形势的发展,马克思学说研究会成员决定从秘密走向公开,在社会上取得合法地位。作为研究会的重要成员之一,罗章龙找到蔡元培,希望能在《北京大学日刊》上刊登一个启示,他向蔡元培陈述:"马克思的学说在本质上运用,均有超越前人之处,我校马克思学说研究会成立,是试图对于革新思想界,做些促进工作。"他强调:"'穷则变,变则通,通则久'。马克思学说今后对中国人行将发生不可估计和极深远的影响。"❷罗章龙

---

❶ 张国焘:《我的回忆》第一册,第104页,现代史料编刊社1980年。
❷ 罗章龙:《椿园载记》,第58页,三联书店1984年。

一席话打动了蔡元培。1921年11月7日,《北京大学日刊》刊登《北京大学发起马克思学说研究会启事》,公开声明,马克思学说研究会"以研究关于马克思派的著述为目的",对于马克思派学说研究有兴味的和愿意研究马氏学说的人,都可以做本会的会员。研究会成立了3个特别研究组和11个固定研究组,其中除专门研究马克思学说外,还研究当时国内外的重大问题、国际共产主义运动问题和各派社会主义,并就有关问题组织讨论会。此外还配合研究工作组织定期讲演会,李大钊等都为该会做过专题报告。为了有助于研究,该会还集资成立了专门的图书馆——"亢慕义斋",收集有关研究的汉、英、俄、德等各种文字的书报杂志数百种之多。《北京大学日刊》不定期刊登马克思学说研究会的消息,扩大了研究会的影响。在刊登的《北京大学发起马克思学说研究会启事》上,注明发起人为19人;到了1922年2月,《北京大学日刊》公布的马克思学说研究会通告,宣称研究会会员已增至63人。罗章龙成为研究会正式成立后的第一任书记。在他的组织领导下,马克思学说研究会开始注意在工人中发展会员,在1922年统计的研究会100多名会员的名单中,就有25名工人,他们主要来自于长辛店、唐山、石家庄、郑州等铁路段,其中有邓培、王荷波等著名工人领袖。

北京共产党早期组织成立之初,主要成员大都来自于马克思学说研究会,早期成员有李大钊、张国焘、罗章龙、刘仁静、李梅羹等人。后来加入的有邓中夏、高君宇、范鸿劼、缪伯英等。当时工作没有严格的分工,主要是宣传马克思主义,开展工人运动。大家公推李大钊为小组领导人。随着工作的逐步展开,组织内开始有了简单分工。张国焘负责组织、交际,邓中夏主持学生、青年团工作,罗章龙负责宣传,主编《工人周刊》,兼管北方工人运动,刘仁静主要搞翻译工作。

综上所述,从北大红楼建成之日起,由于李大钊的作用,无论在传播马克思主义奠定思想基础方面,还是在发展和健全组织以及培养、准备干部方面,都为中国共产党的创立做出了重大贡献;担任北大文科学长的陈独秀,在红楼也经历了思想上的根本转变,后在上海建立了共产党早期组织,起到了中国共产党发起组的作用,与李大钊发起成立的北京共产党早期组织南北呼应。主要由北京大学师生组成的北京共产党早期组织,是中国共产党在北方组织的最早基础。它是当时几个共产党早期组织中最重要的小组之一,其地位和作用,与上海共产党发起组相比,是不相上下的。正因如此,北大红楼在 1961 年即被国务院列为第一批全国重点文物保护单位。历史赋予这座红色建筑以新的含义,人们也从这座建筑中,隐约看到中国共产党从 90 年前呱呱坠地的艰辛走向今日的辉煌。

李大钊的红楼情结

秦素银　田　丹

位于东城区沙滩的北京大学红楼，是李大钊曾经工作的地方。从1918年10月北大图书馆迁入红楼，李大钊便与这座具有象征意义的建筑结下不解之缘。红楼一层东南角的图书馆主任室，见证了李大钊短暂人生的辉煌。

中国现代图书馆之父

北京大学图书馆的前身，是清末的京师大学堂藏书楼。民国初年，北大图书馆虽有所发展，但缺乏远大规划，管理混乱，设施简陋，人才匮乏，无法满足广大教员、学生的需求。1918年1月，李大钊担任北京大学图书馆主任一职，着手对北大图书馆进行改革。他主持制订第一个业务工作章程——《北京大学总务处图书部试行条例》，吸取国内外图书馆先进的管理办法，提出详细的职责分工和责任要求；积极协调北大图书委员会的工作，图书馆的重大问题均由委员会讨论通过，营造民主的工作氛围；在红楼一层设置宽敞的阅览室，配合学校教学改革，加强学生参考书管理，增加复本，实行开架借阅；调整图书馆机构和工作人员队伍，使之适应现代大学图书馆的需要，聘用文化层次较高的"助教式"工作人员，形成较高水平的业务队伍；采取"兼容互需"的建设方针，使北大图书馆具有雄厚的物质基础。

在李大钊的领导下，北大图书馆很快从旧式藏书楼转变成现代化大学图书馆,开始跻身国际先进图书馆行列。有学生赞誉李大钊"力求改革,深筹伟划,朝夕不遑,博采舆情,尤见谦抑"。后人称李大钊为中国现代图书馆之父。

青年学生的良师益友

李大钊平易近人,他和蔼的态度、清新的思想、热心助人的性格,吸引众多进步学生出入他的办公室,与他畅谈社会问题。李大钊办公室,成为北大师生聚会的场所,这里无师生之别,也没有更多的客套,大家在一起进行思想辩论,提出问题互相探讨,不大的房间里充满着浓厚的学术自由空气。人们彼此戏称"饱食终日无所用心",将李大钊图书馆主任室命名为"饱无堂"。每当图书馆购置新书,李大钊总愿意拿出来让大家先睹为快,新书遂成为大家讨论的资料。学生傅斯年和罗家伦是"饱无堂"的常客。他们在这里酝酿文学革命,对旧的社会制度和旧思想进行抨击,促成了新潮社的成立。李大钊还特别拨出图书馆的一间房间,供新潮社成员活动。

1918年秋,青年毛泽东第一次来到北京,由李大钊安排,在红楼图书馆的新闻纸阅览室,当了一名助理员。这时,李大钊正在积极传播马克思主义。他领导的北大图书馆,实际上已成为北大校内研究和传播马克思主义的中心。毛泽东与李大钊朝夕相处,在思想上深受李大钊的影响,他开始放弃他曾经信仰的无政府主义主张,而选择学习、研究马克思主义。

中国的"普罗米修斯"

李大钊是马克思主义在中国的最早传播者。他如同窃来天火的普罗米修斯,率先在中国大地上高举起马克思主义的火炬,为中国昭示了新的发展方向。在图书馆主任室,他写下著名的《庶民的胜利》、《Bolshevism 的胜利》,坚信"将来的寰球,必是赤旗的世界!"

1920年3月,李大钊在北大秘密发起成立马克思学说研究会,把经过五四运动锻炼的优秀青年组织起来，进一步学习、研究和传播马克思主义。次年11月，马克思学说研究会的活动公开。到1922年初，马克思学说研究会员从最初的19人增至60多人，后来一度发展到200多人。

1920年7月，李大钊受聘为北大教授，他率先在北大及其他高校开设《唯物史观》课程，把马克思主义引入教学中，通过大学讲坛宣传马克思主义。现存1923年北大政治系学生马昌民《唯物史观》试题答卷，试题为"试述马克思唯物史观的要义并其及于现代史学的影响"。答卷用毛笔书写，字迹工整清晰，论述正确。李大钊给这份答卷评了95分。这从一个侧面反映出李大钊在北大传播马克思主义的生动情景，是一份难得的珍贵史料。

"南陈北李，相约建党"

1920年2月的一天，为躲避北洋政府的拘捕，陈独秀由李大钊护送去天津。途中，二人相约在上海、北京分别建立新的马克思主义政党组织。南陈北李，成为中国共产党的主要创始人。

1920年3月，李大钊在红楼图书馆主任室会见了共产国际代表维经斯基，商讨建党问题。李大钊还介绍维经斯基到上海会见陈独秀。由于李大钊的革命活动，北京大学成为传播马克思主义的中心；李大钊的图书馆主任室成为宣传马克思主义的重要场所。继陈独秀在上海成立中国共产党的发起组后，1920年10月，李大钊在马克思学说研究会的基础上，在图书馆主任室成立北京共产党早期组织，取名"共产党小组"，李大钊为小组负责人。他还当众宣布每月捐出他个人薪俸八十元为小组开展各项活动的费用。年底，北京党组织召开会议，决定成立"共产党北京支部"，李大钊任书记。北京共产党早期组织的成员邓中夏、高君宇、黄日葵、张申府、刘仁静等，都是北大进步师生。1921年7月，中国共产党第一次全国代表大会在上海召开，宣告中国共产党正式成立。北京支部派张国焘、刘仁静参加此次会议，李大钊因领导北大教师索薪罢教斗争而未出席这次大会。

唱响青春
——"一二·九"运动与北大红楼

田 丹

北伐胜利后,华北的政局渐趋稳定,高等教育逐步复苏。1928年国民政府定都南京,北京改为北平。北平虽失去了全国政治中心的地位❶,却由于历史的传统、在北洋军阀时代出走南方的学人纷纷回到北平治学等因素,依然是中国的学术文化中心。正当蒋梦麟和北大教职员费了八个多月的工夫筹备北大的革新,要建立"新北大"之时,爆发"九·一八事变",抗日反蒋热潮席卷全国,且随着平津日益危急,北平学生的抗日救亡运动波涛汹涌,高潮迭起,产生重大影响,继承五四精神的北大学生冲破"读书救国"的束缚成为北平学生运动的一支劲旅,谱写出壮美的青春之歌。北大红楼则是重要的历史见证。

一 在南下示威、左翼文化运动中成长

(一)南下示威

1931年9月18日,日本制造震惊中外的沈阳事变,而南京国民政府对日本侵略者的妥协退让使东北三省仅短短三个月内就全部沦于敌手。面对侵略与政府的不抵抗政策,全国掀起了极其广泛的抗日反蒋热潮,学生运动由大革命失败后沉寂状态复苏,北平学生南下请愿、示威运动又是"九·一八事变"后全

---

❶ 1927年,国名政府在南京成立。1928年6月初,张作霖退出关外,国民党军队统一北方,南北统一后,国民政府迁都于南京,6月20日,国民党中央政治会议决议,改直隶省为河北省,改北京为北平。

国学生爱国运动发展的一个高潮,北大学生在运动中发挥了重要作用。

1931年9月下旬,上海、南京等地爱国学生络绎不绝地涌入南京,向国民党政府请愿,强烈要求政府立即对日作战。北平大中学生在事变发生后发出抗日通电,纷纷组织抗日团体,进行抗日宣传,并结队向驻北平的张学良请愿,要求对日宣战。学生的活动对当局不仅不起丝毫作用,反而被无情镇压和破坏时,无比义愤的北平青年也于1931年11月发动了北平学生南下请愿示威运动,前后有数千学生七次赴南京要求国民党政府出兵抗日。北京大学则拒绝"请愿",率先提出"示威"口号。

11月30日由该校学生会主持召开全体同学大会,一致通过从第二天开始罢课,组织南下示威团,"到南京去!"向蒋介石卖国政府示威!❶ 12月1日,北京大学第一批南下示威学生230余名学生在北大二院礼堂举行大会,决定南下队伍命名为"北京大学全体同学南下示威团",选举岳曾瑜❷、王俊奎、千家驹、刘铖(子威)、吴廷璆、陶凯孙(女)等包括共产党员在内的19人组成示威团领导机构。示威团起草了《南下示威宣言》和《北京大学全体同学南下示威告全国民众书》。《告全国民众书》严正要求政府"立即收回东北失地","立即全国总动员对日本绝交",它是北大学生示威团声讨蒋介石政府的一篇重要檄文。是日下午三时,示威团在一院红楼北边大操场集合后整装出发。12月3日,北大南下示威团抵达南京。12月5日,在胆略与能力过人的北大学生会领袖岳曾瑜指挥下,北大南下示威团高举横书"北京大学南下示威团"、"反对政府出卖东三省"的两面白布大旗,在南京街头举行游行示威,沿途高呼抗日口号,队伍行至成贤街时遭到军警包围,185名同学被逮捕,这就是继五四运动、"三一八"后轰动全国的"一二·五"事件。

---

❶ 《北京大学日刊》,民国二十年十二月七日第2752号。
❷ 岳曾瑜(1905—1938):字怀谨,山西平顺县人。1924年入北京大学心理系学习,本科毕业后,做心理学类研究生,1932年留校任心理系助教。1927年春在北大加入中国共产党。1931年12月,北大党团员发起组织"北京大学南下示威团",他担任总指挥,出发到南京,领导北大学生同国民党政府展开英勇斗争。1937年"七七"事变后,回到平顺县,积极协助县"牺盟会"进行抗日活动。1938年9月19日,含冤被杀害,年仅33岁。

由此引发全国性抗日救国学生示威运动。各地学生纷纷组成示威团而不是请愿团聚集南京声援抗议,并推举北平学生为示威总指挥于12月17日在南京进行总示威,同样遭到血腥镇压。12月18日,北平南下示威团学生驻地被武装军警包围,示威学生被武装押送回北平。至此,北平学生南下请愿示威运动结束,全国学生运动转入低潮。南下示威运动虽没能够掀起全民族抗日的高潮,却为四年以后在在北平爆发的"一二·九"运动做了思想、组织、干部等方面的准备。北大广大青年学生在运动中得到锻炼。

此时的北大校课停顿,南下示威学生虽已多数返校,但学生罢课斗争仍在继续,一向反对学生介入政治的校长蒋梦麟遂向教育部引咎辞职,于1931年12月19日离校。他在南下途中给好友胡适和傅斯年的信中吐露了对北大的失望之情:"一个学校要办好,至少要有四、五年的计划。第一年的计划,不到三个月就破坏。现在简直今天计划不了明天,还有什么希望呢!"❶后经北大师生等多方挽留,全校也很快复课,蒋梦麟才在1932年2月北上返校,继续其中兴北大的计划。

(二)读书还是救国

南下示威运动后,国民党政府仍继续推行"攘外必先安内"的反动政策,一面对日本帝国主义的疯狂侵略行径一味退让妥协,一面加紧反革命军事、文化围剿❷。查禁进步书刊、杀害革命文化战士、对青年进行党化教育等是国民党政府实行文化围剿的主要手段。交织在一起的民族危机、阶级斗争在北平表现的更为突出,形势异常复杂和严峻。"看着人家出卖你的父母兄弟,听着若干千万

---

❶ 中国社科院近代史所编:《胡适来往书信选》,第97页,中华书局1979年。
❷ 1927年大革命失败后,中国共产党在国统区白色恐怖严重条件下保存党的力量,坚持斗争,而且找到一种适合新情况的斗争方式,即着重开展思想文化工作,以加强革命理论的宣传教育,提高广大人民的思想觉悟。这场声势浩大的左翼文化运动以1930年中国左联在上海的成立为开端,半年后,在中国青年运动的发祥地、有着光荣革命斗争传统的文化古都——北平,北方左联也应运而生,南北遥相呼应,相互配合。除北方左联外,北平党组织在文化界还组建了北平社联、剧联、语联、教联等,当时称为八大联,他们当中许多团体在北平各大中学校设有他们的小组或成立由之指导的文学研究会、马克思理论研究会、戏剧研究会、新兴美术研究会等社团,这些主要左翼文化团体积极创办进步书刊、引导青年学生学习马列著作和阅读苏联普罗文学作品及参加革命活动,有力地配合了党领导的政治斗争,推动了北方抗日救亡运动的发展。

同胞的被屠宰的哭声,成天见到的消息又只是'屈服'、'退让'",爱国学生出路何在?是"把自己深藏在图书馆中",还是"救国",苦痛的吴晗就曾向他的老师胡适询问自己应走的路。❶

多数有理想的青年学生投入到更加热烈的抗日救亡运动的洪流当中,走上革命的必由之路,我国著名作家杨沫正是其中一员。上世纪三十年代,年轻的杨沫生活在北京沙滩红楼对面银闸胡同的小公寓里,经常出入北大校园、进出红楼,旁听学习,同其他信仰共产主义的革命青年讨论时政,宣传抗日,参与革命活动,开始文学创作。她青年时在沙滩北大周围的生活和经历成为其创作源泉与动力,促使她写下了以北大为背景,描写三十年代北平学生运动的长篇小说《青春之歌》,小说在上世纪五六十年代轰动一时而且至今仍脍炙人口。对红楼充满热爱的杨沫后来如此写道,"不管什么时候,只要一经过沙滩,只要远远地一望见那座已经古老过时的北大红楼时,仿佛那儿有磁石,便把我吸摄住了。我也忍不住要向它周围已经大大变样的胡同和过去的小公寓多看几眼。这个时候,我的心便要回到遥远的过去……"❷

具体说,在北大党组织的领导下,1933 年前后北京大学的左翼进步社团有:反帝大同盟北大支部、展望社、左联、社联及美联北大支部、新文学研究会、社会科学研究会、读书会、世界语学会等,其中的新文学研究会 1930 年 10 月 12 日午二时在北大一院红楼第四教室开成立大会;1930 年 12 月 3 日,社会科学研究会在红楼二层东头的史学系讲演室开第一次会员大会;1931 年 12 月底,以研究世界语推广新文化运动为宗旨的北大世界语学会重新组织成立,会址在红楼四层东首。该会使用红楼四层第二十五教室❸开办世界语学习班。作为党的外

---

❶ 中国社会科学院近代史所编:《胡适来往书信选》,第 102—104 页,中华书局 1979 年。
❷ 杨沫:《北京沙滩的红楼——我在〈青春之歌〉中以北大为背景的原因》,《光明日报》1958 年 5 月 3 日第 4 版。
❸ 参考"国立北京大学第一院校舍图",《北京大学一览》(民国二十二年度)。

围组织,1935年担任北大党支部书记刘文卓❶(刘导生)是该会的发起人之一,他们借世界语活动和国际进步团体联系,阅读一些报导苏联情况的世界语书籍,宣传革命思想。在反动当局文化围剿中,该会是北大唯一未被破坏的进步文化团体,北大革命青年就以该会名义继续活动。❷

1933年前的北京大学部分进步文化社团刊物列表

报刊名	编者	创刊时间	通信处	取缔时间
《低潮》	北京大学低潮社		第一院红楼	1931
《国难周刊》(后改为《新战线周刊》)	北京大学国难或新战线周刊社	1931.11.15		1932
《开拓》半月刊	北京大学开拓半月刊社	1931	第一院红楼	
《战旗》	北京大学战旗社	1931.10		
《北京大学示威运动专刊》	北京大学非常学生会	1932.1		
《青年大众》半月刊	北京大学星火社	1932.4.1		
《认识》旬刊	北京大学认识旬刊社	1932.4.1		
《北大新闻》	北大新闻社	1932.4.15	第一院红楼	
《自决》旬刊(后改为半月刊)	北京大学自决杂志社	1932	第一院红楼	1932.8
《冰流》月刊				1932.8
《联友》				1932.8
《苏友》				1932.8

拿起文化斗争武器的同时,在平津日益危急也是白色恐怖极端严重的1933

---

❶ 刘导生(1913—):原名刘文卓,江苏丰县人。1933—1937年在北大历史系学习,1929年参加北平反帝大同盟,1935年入党。1935年11月—1936年3月,担任北大党支部书记,组织和领导北大学生参加"一二·九"、"一二·一六"的抗日示威运动。1937年任民先总队部秘书长,1938年到山东解放区。1956年后,历任哲学社会科学部副主任、中共北京市委宣传部长等职。

❷ 北大历史系《北京大学学生运动史》编写组:《北京大学学生运动史》(1919—1949)修订本,第117、120页,北京出版社1988年。

年,北大师生积极支援长城抗战,为前方战士募捐钱物,组织前线战地慰劳团前往古北口等地慰问,并视察前方情况,在前方地区的民众中做宣传、讲演,颇为该地民众所欢迎,回平后又把那里的地势军情转介绍于后方以唤起一般人士之注意。❶

北大还参加了这时北平最大的一次群众斗争——公葬李大钊的活动。北大故教授李大钊自民国十六年四月惨死于刑台后,一班学生对李教授之为景仰颇深,自该校校长蒋梦麟、教授钱玄同、刘复、李四光等北大师生和李大钊生前好友公开发起募款安葬后,各界人士积极响应,共得六百余元,用于丧葬方面三百余元。❷ 公葬活动实际由北平地下党具体策划布置。1933 年 4 月 23 日公葬当天,参加送葬的北平社会各界人士达数百人,送葬的队伍里青年学生居多,沿途更是挤满民众。李柩过西四牌楼时,学生拦路设祭,祭毕演说,散发传单,宣传革命道理,遂受警察及宪兵阻拦,20 名学生当场被捕,其中有 2 名北大学生。❸ 事后被冲散的送葬队伍又集合起来,将灵柩送往香山万安公墓安葬。

北大青年正是在反文化"围剿"中成长起来,成为"一二·九"运动中的重要力量之一。正如毛泽东在总结第二次国内革命战争时期的特点时所说的:"这一时期,……作为军事'围剿'的结果的东西,是红军的北上抗日;作为文化'围剿'的结果的东西,是 1935 年'一二·九'青年革命运动的爆发。而作为这两种'围剿'之共同结果的东西,则是全国人民的觉悟。"❹

二 "一二·九"运动在北大

从《塘沽协定》到《何梅协定》再到"华北五省自治运动",整个华北已名存实亡。亡国阴霾笼罩下的北平城内,不时地有日本的飞机在市中心上空低飞示

---

❶ 《北平周报》,1933 年 4 月 23 日第 17 期。
❷ 《世界日报》,1933 年 4 月 25 日第 7 版。
❸ 《世界日报》,1933 年 4 月 24 日第 7 版。
❹ 毛泽东:《新民主主义论》,在陕甘宁边区文化协会第一次代表大会长篇演讲,1940 年 1 月 9 日。

威,日本浪人则在街头故意挑衅捣乱,还跑到红楼前,狂叫着要"接受北大"。❶
"华北之大,已经安放不得一张平静的书桌了!"这是当时处于抗战最前线、在反文化"围剿"中成长起来的北平广大青年学生发自内心的呐喊,他们的悲愤、苦闷与不安迅即化作声势浩大、不可阻挡的抗日救亡行动,而且高潮不断,一直延续到抗战全面爆发。

为反对即将在北平成立的"冀察政务委员会",北平学联❷组织领导北平数十所大中学校的数千名学生于1935年12月9日举行爱国请愿大游行,划时代的"一二·九"运动爆发了。"一二·九"前夕的北大要比清华大学、燕京大学、东北大学等校沉闷许多:自1933年以后多数被破坏的进步团体尚未恢复或建立,学生会处于停顿状态,许多学生埋头读书。在这种情形下,北大未能参加学联于12月8日在燕大召集各校代表商讨次日游行事宜的会议,对这次行动的时间、路线等具体情况事先一无所知,没有做任何行动准备。所以,1935年12月9日这一天,北大学生的行动比某些兄弟学校稍迟了些。当其他学校参加"一二·九"斗争的学生由请愿转为示威游行,队伍经过沙滩北大第一院红楼,高呼"北大,起来!""北大,恢复五四的光荣传统!"时,听到口号的北大史学系二年级学生王德昭❸立即敲响了红楼后边的课钟,钟声随同战友的呼唤唤醒了北大同学,他们迅速冲出教室、图书馆和宿舍,高举临时用床单赶制的"北京大学"的大旗,参加到游行队伍中。那天北大约有二、三百名学生参与了这次北平学

---

❶ 孙思白、刘导生:《北京大学"一二·九"运动回忆录》,第4页,北京大学出版社1985年。
❷ 全称为北平市学生联合会,1935年11月18日成立,受中共北平市委领导。到1936年10月,参加该组织的北平大中学校由成立之初的10所增至53所。"一·二九"运动时期(1935年12月9日—1937年7月7日),北平学联运用正确的斗争策略,使爱国学生紧密团结在一起,组织发动了数次抗日救亡运动,把"一·二九"运动引向深入。
❸ 王德昭(1914—1982):笔名丁主,浙江嘉兴石佛寺人。1930年夏,以自学初中同等学历考入浙江省立民众教育实验学校师范科。毕业后,去北京中法大学化学系肄业一年,然后考入北京大学历史系。求学期间,以写稿和翻译文章维持生活。1935年,参加"一二·九"运动,被当局拘捕。抗日战争爆发后,返回嘉兴,参加抗敌后援会的工作,后去西南联大完成学业。曾在国立贵州大学、台湾师范大学、香港中文大学等校任教。他勤于研读和著述,对中西历史、中西交通史都有精深独到研究,著有《清代科举制度研究》等,译著有《西洋思想史》。1985年5月,中华书局出版其遗著《从改革到革命》。

生大游行,游行队伍在王府井南口遭到军警镇压,学生们与军警展开英勇搏斗,一百多人受伤,三十多人被捕,为避免更大的损失,队伍撤至北河沿北大第三院。

经过此次斗争的洗礼,北大学生长期压在心底的爱国热情一下子被激发出来,他们为当局对爱国学生的武力镇压而愤怒,亦为五四运动发源地的北大这次未能走在运动的前头感到有些不快,很希望能再来一次更大规模的游行,这样,12月9日之前已在酝酿筹备北大学生会的成立时机成熟了。当晚,北大学生党、团员及进步同学刘文卓、肖敏颂、孙传文、杨雨民、朱仲龙等在东斋彻夜开会,研究如何组织学生会和发展抗日救亡的大好形势。翌日上午,首先在红楼一个教室召开了北大学生各班代表会议,正式成立北大学生会,下午又在北大全体学生大会上宣告了它的成立,选举韩天石、朱仲龙(后改名朱穆之,1933年入北大外文系)、徐蓁燊为学生会总务(相当于主席、副主席),王德昭等二十余人为宣传委员会委员,李彬等十余人为交通委员会委员。同时通过宣布总罢课,发表罢课宣言及加入北平市学生联合会等四项决议。❶

10日起,响应学联的号召,北平各校都统一实行总罢课,并为举行更大规模的示威游行加紧准备着,一片抗日救国热气腾腾的景象。进步力量占优势的北大学生会广泛开展了新一阶段的组织、宣传、营救等方面的抗日工作,积极地把广大同学分别组织到纠察队、宣传队、广播队及当时的各项救亡活动中去。❷据曹振之(原名曹盼之,1934年考入北大史学系)回忆,他和陆平(原名卢荻,1934年考入北大教育系)就在沙滩一院红楼担任纠察队,"我和陆平把门,一边一个,不准人进去。"❸另外,北大学生会还当选学联执行委员,学联执委会宣传部工作全部由北大担负。凭借该校在城内的有利条件,经过几天的发动、组织及斗争,北大重新成为北平学生运动的一支劲旅。

1935年12月16日是变相自治的"冀察政务委员会"成立的日子,学联决定

---

❶ 《北京大学"一二·九"运动回忆录》,第213—214页。
❷ 孙思白:《红楼风雨——北京大学"一二·九"历史回顾》,第33页,北京大学出版社1985年。
❸ 同上,第57页。

就在这天举行全市学生大示威。在其预先周密部署中,北大是城内第三队(包括精业中学、中法大学、朝阳学院、贝满女中等校)的领队,并负责用于此次游行的学联各类宣传品的草拟、印刷。15日晚,得到通知的北大学生会连夜紧张安排准备,组织发动全校同学参加。具体由朱仲龙担任第三队的总领队,刘志城(后改名刘居英,1935年入北大化学系)为纠察队队长,葛佩琦为各队之间的交通联系员(1933年入北大物理系)。16日清晨,北大绝大多数学生(包括平常不大关心政治的学生和有些国民党学生)都冒着严寒在各斋突破军警的包围排成四人一列的长队,按既定路线进发,沿途又汇合了城内第三队其他学校的队伍。北大率领的这支雄壮队伍一路上高呼震天响的口号——"打倒日本帝国主义!"、"反对冀察政务委员会!"、"武装保卫华北!"等,散发大量传单。走到南长街南口、新华门前时,军警用水龙、大刀向队伍扫射、乱砍,进行凶猛堵截,同学们顽强抵抗,处于队伍前列的北大学生更是奋勇当先,斗争激烈,一些动人情景还被及时捕捉下来,成为历史见证的代表。❶ 像我们熟知的反映"一二·九"运动时期学生英勇战斗最常用的那张学生和军警争夺水龙照片,正是北大学生朱仲龙、李俊明、卢荻等人在南长街南口抢水龙头欲反击军警时摄留下来的。

当第三大队到达学联预定的各队汇集点——天桥时,北大"国立北京大学示威团"的校旗已换了好几次。随后,召开市民大会,聚集在广场上的万余人学生和更多市民聆听了学联负责人,北大学生俞启威❷慷慨激昂的演说,当场通过了不承认"冀察政务委员会"、反对华北任何傀儡组织,收复东北失地等项决议案,并发表了《告市民书》。❸ 会后,学生和市民开始总示威,在前门、宣武门,又

---

❶ "一二·一六"示威不久,北大学生会学术股创刊《北大周刊》,第一期即"一二·一六示威特刊",及时地反映北大学生在这场大示威中的实况和同学们的思想动态。该期的卷首及封面共刊出二十八幅纪实照片,既反映了游行示威学生队伍的出发和行进情况,又摄留下游行队伍先锋和警察抢夺水龙、学生遭警察殴打、逮捕和受伤的景象。

❷ 俞启威(1912—1958):原名黄敬,浙江省绍兴市人。1932年在青岛大学入党。1935年秋入北大数学系,"一二·九"运动时在北平学联工作,是"一二·九"的领导人之一。1937年1月—5月任北平市委书记。抗日战争时期,历任中共冀中区和冀鲁豫区党委书记等职。1949年任中共天津市委书记兼市长,中共中央华北局委员。1956年任中共第八届中央委员。

❸ 《北京大学学生运动史》,第131页。

先后遭到军警猛烈阻拦、袭击。宣武门搏斗是这次大示威的尾声,各校学生把斗争坚持到底,北大、清华学生表现得更为英勇。"一二·一六"一整天的斗争中,全市学生被捕的二、三十人,受伤的将近四百人。受伤最多的是北京大学和东北大学的学生。北京大学轻伤者数 10 人,重伤者 8 人,被捕者 5 人。❶

"一二·一六"大示威是"一二·九"运动的继续,学生的爱国行动沉重打击了国民党当局的卖国行径,"冀察政务委员会"被迫延期成立。这两次大规模示威斗争都有教授和中外记者参加或随同游行队伍进行采访、摄影,如支持学生抗日救亡运动的北大进步教授许德珩,中国人民的好朋友,当时燕大教授埃德加·斯诺夫妇,不仅亲身参加了请愿游行,还拍下了不少珍贵的历史照片。"北京的示威,被全世界报纸用大标题登出,而中国的许多报纸,也无视新闻检查官的禁令,刊出了报道示威的消息"❷。消息传出后,抗日风暴席卷全国各地。

此后,北平青年在党的抗日民族统一战线政策的指引下,把"一二·九"运动深入发展下去,经历了南下扩大宣传、"三·三一"抬棺游行、"六·一三"示威、慰劳绥远将士、"一二·一二"大规模游行、露营和军事学习、训练活动等,为迎接全民族抗日战争,打下了坚实的基础。北大学生都参与其中,并继续发挥先锋主力的作用,把五四精神发扬光大,同时在校内进行罢课等斗争、出版了《北大周刊》、《北大旬刊》及壁报等抗日救亡刊物,恢复或新建各种学生团体、邀请教授作报告和座谈讨论、春游活动等,使广大师生团结到抗日民族统一战线中来,运动中,也锻炼和培养了相当一批坚强的无产阶级战士,在抗日战争、解放战争及新中国的建设中起了骨干和领导作用。

"一二·九"运动促进了中华民族的觉醒,推动了西安事变的爆发,吹响了民族解放战争的号角,揭开了全民抗战的序幕。在中国青年运动史上留下光辉篇章,再一次证明了青年是时代的先锋。

1939 年,在延安纪念"一二·九"运动四周年的大会上,毛泽东高度评价了"一二·九"运动。他指出:"'一·二九'是伟大的抗日战争的准备,这和'五四'

---

❶ 萧超然:《北京大学校史》(1898—1949)增订本,第 271 页,北京大学出版社 1988 年。
❷ 埃德加·斯诺:《我在旧中国十三年》,第 59 页,三联书店 1973 年。

运动是第一次大革命的准备一样,'一·二九'推动了'七七'抗战","'一·二九'是动员全民族抗战的运动,它准备了抗战的思想,准备了抗战的人心,准备了抗战的干部,"❶"将成为中国历史上的一个非常重要的纪念"。

1919年5月4日,五四运动爆发,北大师生是这场运动的主要领导与参与人,红楼见证了五四运动从爆发到胜利结束的全过程。"一二·九"运动中,北京大学继续弘扬"爱国、进步、民主、科学"的五四精神,成为这个推进中国历史进程的抗日救亡运动的坚强阵地,做出了自己的贡献。

---

❶ 毛泽东:《一二九运动的伟大意义》,1939年12月9日。

日军铁蹄下的北大红楼

陈 翔

北大红楼,曾因波澜壮阔的五四运动而蜚声海内外,铭刻着中国近代思想解放运动和中国共产党创立的光荣历史,为动荡时期的中国谱写了值得骄傲的乐章。然而,1937年"七七"卢沟桥事变后,日军的铁蹄践踏了古老的北京城,北京大学一度被强行占用,成为侵略者进行殖民统治的基地之一。曾象征"民主"、"科学"的北大红楼在这个时期却记载着近代中国历史的屈辱。

一

卢沟桥事变发生前后,形势虽然紧张,但是北京大学的正常教学活动仍在有条不紊的进行。根据1937年3月7日《北平晨报》刊登的消息,这时的国立北京大学共计学生1031人,其中文学院394人,法学院244人,理学院362人,研究生19人,各系旁听生12人。5月25日,《京报》报道,国立北京大学和清华大学年内将在北平、上海、武汉、广州四处联合招考新生,两校命题委员会各10人已交换命题意见,联合招考的其他事务工作也在进行中。北平的联合招考,考场设在故宫博物院的太和、中和、保和三大殿,将成为名副其实的"殿试"。考题已经拟定,等待印刷。北大的教职员工们,正忙于向宫中搬运考试用的桌椅。然而在这一工作进行中,卢沟桥事变爆发了。

北平城外枪炮声不断,但并没有使联合招生工作中止。7月10日,北大、清华两校考试委员会负责人从上午8时到下午7时半,在北大红楼的地下室监印了新生试卷12000份;13日,又监印了北大研究院的试题,并评阅了北大文科研究所研究生高庆赐的初试卷。16日,中国文学系的新旧助教办交待,系主任罗常培给新聘的助教吴晓铃、杨佩铭规定约法十二章。19日,又和魏建功、李晓宇等人在文科研究所会商北大所藏甲骨卜辞付印事。❶ 直到7月29日、30日平津相继陷落后,这些工作才被迫陷于停顿状态。

进入8月,北平的政局发生了重大转变。6日,伪北平市政府成立,江朝宗任市长。因张自忠潜行离平,冀察政务委员会开会决定废止委员长制度,而以常务委员齐燮元、贾德耀、李思浩、张允荣、张璧等五人负责处理一切事务。8日,日军驻北平司令官河边正三率2000多人进驻北平城,占据天坛、旃檀寺、铁狮子胡同一号及北京大学、师范大学、北平大学、清华大学等院校。10日,上海《申报》登载国立北京大学、清华大学联合招考委员会上海办公处通告:因平沪交通阻断,试题短期不能寄到,考试再延期举行。

"殿试"不能如期举行,北大的桌椅却没有从故宫搬回。当时谁都没有把时局看的有多么严重,认为问题很快就会得到解决。正值暑期,学生放假。北大的教师们,依然每天到学校上班。

卢沟桥事变后,蒋介石分别邀请各界知名人士在庐山举行关于国是问题的谈话会,北京大学校长蒋梦麟、清华大学校长梅贻琦、南开大学校长张伯苓等受邀参加。7月8日,北大国文系主任罗常培到位于米粮库4号的北大文学院院长胡适家中,与张奚若、徐森立等一起,聆听了胡适对时局的看法。胡适认为,卢沟桥只是局部事件,事态不会扩大。这天下午,他离开北平前往南京开会,随后到庐山参加谈话会。这样,当日军进驻北京大学的时候,支撑学校的重大责任就落到了秘书长郑天挺肩上。他每天忙得不可开交。北大同仁纷纷南下避难,留在北平的人,就把郑天挺当作主心骨,常常到他这里打听情况,交换意见。

平津陷落后,北京大学奉国民党政府教育部命,南迁到长沙,与清华大学、

---

❶ 罗常培:《七七事变后北大的残局》,陈平原、夏晓虹:《北大旧事》,第151页,三联书店1998年。

南开大学合组新校,定名为长沙临时大学。1938年4月,临时大学由长沙迁到昆明后,即正式更名为国立西南联合大学。

当时,留在北大的教授还有70人左右,以及年轻一些的讲师和助教。蒋梦麟、胡适都没有消息来,大家经常开会,商量如何应付局面。8月13日上午,罗常培邀集马裕藻、汤用彤、孟森、毛子水、邱大年、陈雪屏、魏建功、卢吉忱、李晓宇等,在第二院校长室商议维持校务之事,决定在离开北平之前,协助郑天挺共同支撑残局,低薪的职员暂发维持费30元。

8月中旬后,形势更加恶化。日军屡次到北大校园进行骚扰。25日,日本宪兵到第二院校长室检查,郑天挺独自去支应。同日,汉奸组织的地方维持会约集北平各校负责人谈话,命令各校将保管各项加封,然后由维持会派人核查。9月3日,秋雨蒙蒙,日军进驻北京大学第一院(红楼)和灰楼新宿舍,对北京大学部分建筑进行强行占领。

当时,刚刚在北京大学中国文学系毕业,并被留系当助教的吴晓铃,亲自经历了红楼被占领的过程。他回忆道:

"一到红楼门首,就见情况不对,出去的人多,进来的人少。楼前偶语者都是'斋夫'(即工友),未见教职员。这时,冉德老人(国文系的工友,笔者注)在人丛中见到我,挤过来,说:'吴先生,日本人中午进占,您在这儿呆着干什么,还不快走!'我说:'不行,咱们得把办公室清理一下!'我们上了三楼,一眼瞥见佟山老人(文学院院长胡适办公室的工友,笔者注)站在院长办公室门前,两眼里搁着还没有掉下来的泪,看到我们,就跑来帮助整理系办公室,我把系里的师生名单、照片和工作日志等文件检出,放在书包里;又把书籍分别包扎,写了个草目;出来,用木条把木门钉牢;然后又帮着佟山老人把院长室清理一过,封了门;路经《歌谣周刊》编辑室,进去捡了几篇稿子,也封了门。我把各办公室和课室门上被日军用粉笔标的分驻番号抄了下来,记得院长室是'南队长室',这才和两位老人下到一楼,一看,楼里楼外,渺无人迹,只剩下我们三个人,好不凄凉!我要去罗主任家里报告,写一个条子给四斋的老王,请冉德老人交给他,把宿舍里我的行李送回家去。正写时,忽然听到楼外靴声阵阵,佟山老人说声'不好!'我们跑到一楼正门,果然看见几辆卡车停在校外马路上,校门已经布上荷枪岗哨,一个佩刀的眼镜小胡军官带着几个兵向校内走来。我们便成最后告别红楼的二老一少。"❶

自1937年9月起,日军把北大红楼及周边建筑作为驻兵之地。红楼的产权虽属于北京大学,但北大却几乎失去了对红楼的支配权。而且,驻扎在红楼地区的日军部队很庞杂,换防较为频繁,红楼安全没有保障。

同年11月,驻扎在红楼的松井部队在开拔之后,红楼曾出现暂时的空虚。经常有人在白天翻墙入内,盗走红楼内国学研究所的许多古物。北平地方维持会要求警察局认真巡查,严格管理。警察局即在北大第一院墙外加设岗哨,并在红楼大门前添设活动岗位,注意门禁。"且与该院庶务包尹辅接洽,所有校内各处,均由校警负监守之责"。❷

两个月之后,日军小林部队撤出,德川部队进驻。时北大校警王远峰、王宝崑、张玉、王忠、赵声等五人从北京大学第一院内携六罐机器油出门被查获,遭到指控。北平警察局判处王远峰、王宝崑、张玉等三人徒刑,王忠、赵声进"感化院"接受教养。❸

由此可见,在日军进驻北京大学后,红楼成为日军的营地。从我们掌握的资料可以看到,在不到三个月的时间里,北大红楼至少曾有松井部队、小林部队、德川部队陆续驻防。而在换防期间,负责安全保卫之责的是北京大学校警。

1937年11月中旬,郑天挺、罗常培、陈雪屏、魏建功、包尹辅等陆续离开北平,经由天津、香港,转赴长沙。此时的北京大学,几乎已人去楼空。北大残局,交由周作人、马裕藻、孟森、冯汉叔四位"留平教授"负责,每月寄给50元津贴费,他们的职责是看管好北大的校内产业。但此时的日本宪兵队司令部开始打北大的主意。据周作人回忆:

"民国二十七年(一九三八)春天,日本宪兵队想要北大第二院做它的本部,

---

❶ 吴晓铃:《居京琐记》,第16—17页,光明日报出版社1993年。
❷ 现存北京档案馆资料 J181—022—01092。
❸ 现存北京档案馆资料 J181—023—04088。

直接通知第二院,要他们三天之内搬家。留守那里的事务员弄得没有办法,便来找那'留平教授',马幼渔是不出来的,于是找到我和冯汉叔❶。但是我们又有什么办法呢? 走到第二院去一看,碰见汉叔已在那里,我们略一商量,觉得要想挡驾只有去找汤尔和❷,说明理学院因为仪器的关系不能轻易移动,至于能否有效,那只有临时再看了。便在那里,由我起草写了一封公函,同汉叔送往汤尔和的家里。当天晚上得到汤尔和的电话,说挡驾总算成功了,可是只可牺牲了第一院给予宪兵队,但那是文科只积存些讲义之类的东西,散佚了也不十分可惜。"❸

这样,在1938年春天,北京大学第一院所在的红楼,实际已决定让出而交给日本宪兵队使用了。

11月8日,日本宪兵队司令部颁布命令,通知本队司令部、北京宪兵本部及分队等迁至东城汉花园北京大学第一院。同时颁布各机关开始业务工作的时间表。即:11月8日,日本宪兵队司令部;11月10日,北京宪兵队本部;11月12日,北京宪兵分队。❹

几天后,北京❺特别市公署警察局局长余晋龢颁布训令,为北京宪兵分队开送电话番号。电话总机为东局5461至5467,通过总交换局,可以接通以下各室,其分机是:分队长室——二八番,将校室——三〇番,庶务室——二九番,特高室——三一番,警务室——三二番,司法室——三三番,受付室(夜间)——三四番。❻

因此,在1938年11月后,日本宪兵队司令部、北京宪兵本部、北京宪兵分队同时驻扎红楼办公。宪兵分队下设分队长室、将校室、庶务室、特高室、警务室、司法室、受付室(夜间)等机构。至于宪兵队司令部、宪兵队本部的机构设

---

❶ 孟心史于这年的1月14日病逝。
❷ 汤尔和(1878—1940)时在汉奸组织的华北政务委员会中主管教育。
❸ 周作人:《知堂回想录》,第559—560页,河北教育出版社2002年。
❹ 现存北京档案馆资料 J181—022—01358。
❺ 1937年10月,日伪政府改北平为北京,但未得到中国政府的承认,北平的名称在此阶段仍在沿用。
❻ 现存北京档案馆资料 J181—022—01360。

置,以及司令部、本部和分队相互之间的关系,尚有待于考证。

二

日军占据红楼,并作为其宪兵队机关之后,便在地下室开辟了宪兵队本部的"留置场"(拘留所)。与昔日书声朗朗的北京大学校园相比,红楼的环境发生了很大的变化。一位因从事抗日工作而被捕的北大校友曾回忆道:

汽车一进门,看见巍巍的红楼,仍然如故而人物全非。六年读书的场所,五年未离的母校,自"七七"后,过门而不得入者三年,今日又来到,不觉大有今昔之感。从前的号房成了宪兵卫室,楼前两旁的篮球场,筑成一个一个的日本式板房。一进楼门,昔日公布课程表的木框不见了,只看见两旁小窗,敌人的号房和传达室。❶

根据其他当事人的回忆,在进入红楼后,从东侧的台阶下去,是一条甬道,两边均是单间房。靠西头的两排约 14 间,是拘留人的囚室;往东是刑讯室,即敌人对犯人灌凉水和拷打的地方。单间的建筑工料精细,隔音,里面的声音不易传出。一进屋门只有不到一平方米的地面,迎门和左手两面全是用六七公分粗的四棱木排成的木栅。正面开了一扇一米高、半米多宽的笼门,笼门右下方留了一个能送进饭碗的小洞。左手方向的木栅下面有半尺来高、一尺多宽的木门锁着。笼子上下左右全是木板包镶,板缝是榫子活。所有木活,全是白茬,不上油漆,表现出日本建筑的风格。唯一的一盏电灯,装在笼外屋门内的那一小块房顶上。小木笼门的里面,放着一只约半米高的椭圆形马桶。余下约四米见方的地板,是被押人员呆的地方,人多时要容纳 20 多人,坐着还人挨人,睡时侧身躺都困难。❷

1941 年 12 月 7 日,太平洋战争爆发。美国人投资创建的燕京大学即遭日军查封。校务长司徒雷登遭日本宪兵逮捕,被拘禁在东交民巷原美国兵营中。

---

❶ 郭海清:《悲喜交集话红楼》,《北大校友通讯》1943 年第 1 期,第 13 页。
❷ 冯纲:《敌伪监狱见闻》,《日伪统治下的北平》,第 324—325 页,北京出版社 1987 年。

此后,他曾四次被带到红楼日本宪兵队司令部受审。❶ 燕京大学的20名师生也相继被捕,并被押解到红楼地下室。昏暗的灯光下,日本宪兵一一登记了他们的姓名、籍贯、居址、年岁、相貌特征。"并为貌其形状,如发之长短,五官方位,须之有无,皆备载之。凡所携物,如帽、围巾、裤带、腿带、时表、钞票、字据、纸烟、火柴、小刀、笔,皆不准携带,一一入籍,代为保管。"❷随后,捺下指纹,驱入地下牢房。牢房的规定很严格,墙壁上张贴着用中、日文书写的规定:不得谈话,早晚八时寝兴,白天应盘腿端坐,不得斜卧,不得靠墙,衣被要叠放整齐。早上只有一盂麦粥,一杯白水、一点儿咸菜;午餐有两个馒头,一碗汤菜,一碗白水;晚上的饭食和中午差不多,萝卜、豆芽、白薯、菠菜汇在一起,白水煮熟,略有一些咸味。

相比之下,被关押在牢房里的日本人、朝鲜人却享受着与中国人完全不同的待遇。他们有棉被褥,三餐皆有米饭,并有大酱汤、牛肉、土豆和洋葱等。日本看守可以无故抽打中国人,如果中国人与被关押的日本人或朝鲜人发生争执,就要惨遭毒打。

被捕的许多教授,如张东荪、邓之诚、赵紫宸、陆志韦等,在国内外都很著名,日本宪兵队慑于影响没有对他们用刑。但他们在被囚期间依然备受虐待凌辱。夜间,日本宪兵严刑逼供的审讯声、拷打声、犯人呼叫声不绝于耳,令人毛骨悚然。邓之诚回忆他亲身见闻时说:

宪兵队审讯时,无不用刑求者,有扑责,有批颊,有拶指,有水淋口鼻,有灌水。灌水引犯至浴室中,强饮满腹,以足蹴之,水从耳鼻口中激射而出,最为惨苦,往往有至死者。闻尚有重刑逾于灌水者,又闻有电机磨人毫发齿骨血肉肌肤皆成液质,不识确否。然入宪兵队后而无下落者,往往有之,大约用刑分队尤严,往往中夜闻被刑者哀呼凄厉,使人心胆俱碎。❸

隆冬时节,天寒地冻,红楼地下室内没有取暖设施,人人"冻极而僵"。由于

---

❶ 刘廷芳、谢景升:《司徒雷登年谱》,《文史资料选辑》第83辑,第45页,文史资料出版社1982年。
❷ 邓之诚:《南冠纪事》,《燕大文史资料》第1辑,第18页,北京大学出版社1988年。
❸ 邓之诚:《南冠纪事》,《燕大文史资料》第1辑,第26页,北京大学出版社1988年。

狱中营养和卫生条件太差，又缺医少药，以致狱中传染斑疹、伤寒等病，造成数十人死亡。燕京大学的教授们也大多病倒，虽幸而未死，却个个骨瘦如柴，几无人状。更令教授们无法忍受的，是日本宪兵和看守兵对他们的任意凌辱。宗教学家赵紫宸两次乘囚车赴日军司令部受审，加手铐系白绳，车过大街稍一瞩目，押解兵就用刀背打他的头。哲学家张东荪饥饿难忍，向日本翻译请求吃点东西，备受嘲弄：知道这是坐牢吗？还想吃饱饭！一次，张东荪与邓之诚谈话，被看守兵发现，遭到申叱，一个看守兵提一桶水过来，招呼张东荪走到门洞前，忽然把一桶凉水泼向他，浑身上下衣服湿透，冻得他直打颤。

被日本宪兵队关押在北大红楼地下牢房的，还有著名历史地理学家侯仁之。太平洋战争爆发后，因从事抗日活动，时在燕京大学任教的侯仁之在天津被捕。日本宪兵将其解送到北平，未经审讯即被押到红楼地下室的一间牢房，与燕大学生、后来的著名电影演员孙道临（时名孙以亮）关押在一起。当时，孙道临是由于在校内参加有抗日题材的话剧演出而遭到逮捕的。两人原本相识，见面后彼此又惊又喜。孙道临帮侯仁之在地上铺好毯子，两个人躺下后，头部紧靠在一起，由于地方狭小，两个人的腿脚尽可能各自伸向另外一个方向。为了方便谈话，孙道临要侯仁之把一块手巾蒙在脸上，做出掩饰灯光的样子，实际是为了避免日本宪兵窥见他们谈话时的脸部的活动。当时在押的燕大师生，分别被关押在同一过道的不同牢房里。每天上午，每个牢房各出两个人，由宪兵押着抬起恭桶排队到楼外厕所倾倒粪便时，可以见见面，偶尔在过道的转弯处，也可以小声地传递一点消息。

留在北平的北大教职员除了个别人之外，大都抱着"誓饿死不失节"❶的信念，坚决不与日伪合作，表现出中国知识分子贫贱不能移的铮铮骨气。北平的知识分子反抗日伪统治的斗争始终不断。北大红楼地下牢房就成为日本侵略者迫害爱国志士，试图从精神上摧毁中国人民斗争意志的场所。中国大学教授蓝公武，在日本兵开进北平的时候，做好了宁死不当亡国奴的心理准备。他拿

---

❶ 罗常培：《七七事变后北大的残局》，陈平原、夏晓虹：《北大旧事》，第157页，三联书店1998年。

起铁铲跑到街上,对一队队日本兵怒目而视,遭到日本兵的毒打。在中国大学的课堂上,蓝公武公开宣传抗日,大讲世界形势,大讲日本必败、中国必胜的道理,使同学们深受感动。听他讲课的人越来越多,场场爆满教室内外,也引起日伪特务的注意。1940年夏的一天,日本宪兵队突然越墙而入,闯入蓝宅,将蓝公武父子三人抓到红楼日本宪兵队。在那里,蓝公武受尽各种酷刑的折磨,但他坚贞不屈,表现了爱国知识分子的浩然正气。一次,日本宪兵审问他,一个翻译不知是要帮他还是不耐烦,就把蓝公武的答话故意译成认罪的意思。蓝公武精通日语,他听后,立即暴跳如雷,用日语骂翻译"混账!"质问:"为什么故意歪曲我的意思?"日本宪兵大佐听他能说流利的日语,又得知他在日本留过学,就对他客气起来。不久,蓝公武被释放出狱。他在日本宪兵队被关押了九个多月。

　　红楼地下室的"留置场",实际是日本宪兵队的拘留所。关押在这里的人员构成比较复杂。除了从事抗日活动的北平各高校爱国教授和教师、学生外,还有从事地下工作的中共地下党员,及从事谋刺日伪汉奸的国民党特工人员;有八路军战士、游击队员,也有一些小商小贩;还有犯有过错的日本人和朝鲜人。根据不同情形,在这里停留的时间也不一样,有几天的,也有几个月甚至更长时间的。他们通常在"留置场"内等待审判。日军在华北的最高军法机关叫多田部队军法部,设在铁狮子胡同西口路北。被关押在红楼的人,都习惯称那里为"军法会",它负责审判从华北各地解来的抗日人员和日军、汉奸中的违纪人员。1942年2月,大批日本宪兵涌入红楼地下室,将陆志韦、张东荪、邓之诚、赵紫宸、侯仁之等11人押解到"军法会"受审。此时,他们已在红楼地下牢房生活了两个月了。在法庭上,陆志韦等人与敌人进行了针锋相对的斗争,敌人没有占到丝毫便宜。6月18日,日本军事法庭做出裁决:抗日本应处死,姑从宽省释,今后若再抗日,必处死不贷。洪业、邓之诚、刘豁轩无罪开释;赵紫宸、陈其田、林嘉通、赵承信处徒刑一年,缓刑二年;侯仁之处徒刑一年,缓刑三年;张东荪、蔡一谔处徒刑一年半,缓刑三年;陆志韦处徒刑一年半,缓刑二年。同时规定,在服刑期间,无任何迁居旅行的自由,随传随到,有事必须外出时,事先应以书

面报告方式,说明外出的时间和地点,获得批准后,方可成行。❶

  1943年,北大红楼被交还给当时的伪北京大学使用。但在沙滩广场北面的楼里,还依然驻有少量的日军。侵略者蹂躏红楼的痕迹仍然历历在目。据当时进入红楼上课的学生回忆:"日本宪兵队是从学校撤走了,但熄了火的烧人炉还耸立在红楼后边广场东墙下的衰草间,墙壁上黑糊糊的烟熏火燎;红楼地下室白墙上还飞溅着被关押拷打中国人时的斑斑血迹。"❷

  人们印象中的红楼,是五四新文化运动"民主"、"科学"的象征。然而,日本侵略者的累累罪行,却让这座红楼充满了黑暗与恐怖。地下室的日本宪兵队监狱,是侵略者践踏中国领土、屠戮中国人民的历史铁证,同时也铭刻着爱国志士不畏强暴、英勇斗争的事迹。

---

❶ 项文惠:《广博之师——陆志韦传》,第146页,杭州出版社2004年。
❷ 史会:《窗外柳——红楼生活片断》,《北京大学校友通讯》第24期,第56页,1998年5月。

"伪北大"期间的北大红楼

陈　翔

1937年7月29日,北平陷入日寇之手。9月,北京大学、清华大学、南开大学三校在湖南长沙设立临时大学;到11月,北京大学除部分职员看管校产外,大部教授及重要职员均陆续赴湖南。1938年4月,临时大学在云南昆明更名为西南联合大学。

在敌占区,日本侵略者及其所扶植的伪政权把强化奴化宣传、开展奴化教育作为其加强殖民统治的重要策略和手段。由日军操纵的华北伪政权制定了一系列方针政策,除了用武力对抗日力量进行打击镇压外,还辅以"思想战",即"普及和贯彻灭共亲日思想","通过基层组织,使亲日灭共的思想涌现于华北民众之间"。其根本方针就是瓦解中国人民的抗战意志,最终实现所谓的"大东亚共荣圈"。正是在这样的背景下,日伪建立了所谓的北京大学,作为奴化中国青年,实现思想控制的殖民统治工具。

一

北平陷落后,北平的各大专院校屡遭日军搜查骚扰,师生受到侦讯迫害,学校被迫停课。包括北大在内的公立大学陆续迁往内地,只有燕京、辅仁、协和等极少数教会学校和中国大学勉强维持。1937年12月,汤尔和执掌华北教育界,力谋恢复北京大学,并决定合并北平大学所属,分置文、理、法、工、农、医六个学院。

　　自1938年起,伪政权开始进行恢复北大的工作。5月至9月,农学院、医学院、工学院、理学院相继开学。11月,颁布国立北京大学组织大纲,1939年1月,伪临时政府教育部任命汤尔和为总监督。1月14日,国立"北京大学"补行"成立典礼",这一天被伪政权规定为所谓的国立北京大学复兴纪念日。这所拼凑起来的北大才算正式启动,成为日伪奴化教育的一颗棋子。

　　北平陷落前后,文化界人士和机构纷纷南下。北大著名教授周作人的去向也成为文化界注视的焦点。郭沫若曾发表文章,对"苦住在敌人重围中"的周作人表示关注。他热切希望周作人到南方去,"假使得到他飞回南方来,我想,再用不着要他发表什么言论,那行为对于横暴的日本军部,对于失掉人性的自由而举国为军备狂奔的日本人,怕已就是无上的镇静剂吧。"❶郭沫若的文章实际上代表了文艺界许多人士对周作人的一种期待。

　　郑振铎南下前,也曾劝周作人在必要的时候离开北平。然而,周作人内心对中日战争抱有"必败论"的悲观态度。他说,和日本人作战是不可能的,人家有海军,没有打,人家已经登岸来了。我们的门户是洞开的,如何能够抵抗人家?❷同时,他对南下上海也不感兴趣,对与左翼作家的恩恩怨怨依旧耿耿于怀。当有人劝他时,他总是说:"我去上海做什么?那是人家的地盘。"❸

　　实际上,周作人最终留在北平,根本上还是受到家人的影响。尽管他也曾想离开北平,但当和他的日本妻子羽太信子等人说及此事,马上遭到反对。他们都不赞成离开北平,认为北平有众多的"日本朋友",即使日军打进北平城,也不会难为周作人和他的家属。❹ 正是由于与日本人联姻的关系,使周作人感到得到了一张生活的护身符,而心安理得地留在了北平。

　　为充斥门面、提高威信,以更好的达到其文化奴役的目的,伪北大竭力拉

---

❶ 郭沫若:《国难声中怀知堂》,载《逸经·宇宙风·西风非常时期联合旬刊》第1期,1937年8月30日。
❷ 郑振铎:《惜周作人》,载《周报》第19期,1946年。
❸ 舒芜:《忆台静农先生》,载《新文学史料》1991年第2期。
❹ 俞芳:《谈谈周作人》,载《鲁迅研究动态》1988年第6期。

拢、招揽社会上一些知名学者、文人来校任职。在伪北大的中国教员中，甘心附逆者有之，如汤尔和、缪斌之流。但大多数教员为生活所迫，到伪校教书属于无奈之举。著名教授容庚后来在给傅斯年的公开信中提到："我有子女，待教于人，人有子女，亦待教于我，出而任教，余之责也。策日寇之必败，鼓励学生以最后之胜利属于我者，余之责也。"❶

北京大学南迁时，北大校方承认的留平教授有四位，分别是周作人、孟森、马裕藻和冯祖荀。在最初的几个月里，周作人没有参加什么社会活动，他主要以翻阅古人笔记、写写杂文消磨时光。他曾找中华教育文化基金董事会编译委员会，表示要翻译希腊阿波罗多洛斯所著神话《书库》，每月交译稿二万字，付稿费二百元，以此作为谋生手段。但是，这种平静生活的氛围很快被打破。日本宪兵队企图占据原北京大学理学院，要求校方两天内让出该院。负责理学院管理的职员找到周作人，委托他和冯祖荀出名具函去找时任伪临时政府教育部长的汤尔和，由其当夜去与日本宪兵队长谈判，北大二院得以保全。

周作人是一个很现实的文化人，他知道，凭着他的社会地位和关系，不可能不"出山"，形势发展不容许他做出更多的选择。

1938年2月，周作人参加日本大阪每日新闻社举办的"更生中国文化建设座谈会"。这是大阪每日新闻社为鼓吹中日两国文化提携，实现日本帝国主义对中国的文化侵略的会议。与会者有日本大使馆参事官森岛守人，新民学院教授泷川正次郎，陆军特务部成田贡、武田熙等。中国方面则包括伪华北临时政府议政委员长兼教育总长汤尔和，以及北大教授周作人等当时的文化名流。日本文化侵略的氛围在这次所谓的座谈会上体现的十分浓烈。周作人长袍马褂，跻身于戎装的日本特务头子与华服、西装的汉奸文人之间，露出一副洒然自得之态。这是周作人附逆投敌的开始。

周作人的"出山"，在中国文坛产生极大的震惊。全国文化界立即响起一片抗议声和谴责声。5月，茅盾、郁达夫、老舍、胡风等18位作家署名发表《致周作

---

❶ 《与北京大学代理校长傅斯年先生一封公开信》，载《北平日报》1945年11月7日。

人的一封公开信》,对周作人的所作所为予以抨击。文章说:

"我们了解先生未能出走的困难,并希望先生做个文坛的苏武,境逆而节贞。可是,……先生之举,实系背叛民族,屈膝事仇之恨事,凡我文艺界同人无一不为先生惜,亦无一人不以此为耻。先生在中国文艺界曾有相当的建树,身为国立大学教授,复备受国家社会之优遇尊崇,而甘冒此天下之大不韪,贻文化界以叛国媚敌之羞,我们虽欲格外爱护,其如大义之所在,终不能因爱护而即昧却天良。"

面对同行的谴责和朋友的质询,周作人处于极为尴尬的境地,他只能回避这些话题。他知道自己参加日伪活动会承担一定的风险,在"更生中国文化建设座谈会"上,也没有作更多的露骨的发言。但让他始料不及的是,即使这样,也一样遭到狂风暴雨般的抨击。他感到很大的心理压力,决定暂时收敛。在以后的时间里,一些伪政权机构纷纷邀请周作人担任伪职,都被他婉言谢绝了。但他毕竟是一个缺乏铮铮铁骨的文人,他苦闷,一方面,身处逆境,身不由己;另一方面,养家糊口,经济上的困境也会让他尽快的做出选择。

1939年元旦上午,周作人正在家里会客,忽然来了两位青年,自称是天津中日中学的,要见周先生商量赴日留学事宜。当周作人走到面前时,其中一位突然拔出手枪,朝他开了一枪,随后夺门而逃。射出的子弹可巧打在周作人的毛衣扣上,仅略伤皮肤,大难不死,躲过一劫。至于是谁派人刺杀周作人,这成为一个谜案,直到现在都没有完全搞清楚。但周作人却一口咬定这是日本军方所为,这无疑是要表明,他最终是被胁迫"出山下水"的。事件发生后,警察署派便衣住在周作人家中,既是保护又是监视,周作人也安心接受,倒觉得自己真是安全了。十天后,他接受了伪北大任命他为图书馆馆长的聘书,开始了担任伪职的第一步。在当天的日记里,周作人写道:"下午收北大聘书,仍是关于图书馆事,而事实上不能不当,函复之。"❶

1939年元旦的刺杀案,推动了周作人投入敌伪怀抱的进程。3月,周作人

---

❶ 张菊香、张铁荣:《周作人年谱》,第568页,天津人民出版社2000年。

接受他的第二个头衔:北大文学院筹备员,这实际是伪北大文学院的负责人之一;8月起,他又出任伪北大文学院院长。在此期间,他多次参加伪北大招生委员会的会议,开始频频出现在日本人在中国设立的文化侵略机构"东亚文化协议会"的各种活动场合。周作人的名字与伪北大密切相关。从伪北大的任职起步,周作人的任职范围扩大到整个文化界,在日本人统治的文化领域,处处可以见到周作人的身影。从1939年1月到1945年8月,周作人先后担任三十多项伪职。其中最高头衔,是在1940年12月,出任伪华北政务委员会委员、常务委员兼教育总署督办。周作人俨然成为傀儡政府的头面人物。

二

1939年8月,伪北大文学院开学。当时借用位于西城祖家街的工学院第二院院址举行了开学典礼。文学院设哲学系、历史系、中国文学系、西方文学系、日本文学系。同时,整理汉花园文史研究所房地,改建文学院新校舍。次年2月,文学院成立文史研究所整理处,着手整理文史研究所所余存各项资料,分史料、编辑、语音、考古四组,分别工作。9月,新校舍落成,文学院迁入。这时期,北大机构有了调整。履行北大校长之职的总监督汤尔和,在1940年11月病死,由瞿益锴暂代总监督。次年4月,修正了北京大学组织大纲,改总监督为校长,聘钱稻孙担任此职。1942年3月,私立燕京大学停办,燕京大学教职员奉令转入北京大学,这就大大加强了伪北京大学的师资力量。

1943年,日本宪兵队本部从驻扎的北大红楼内迁出,将红楼交付伪北大文学院使用。此时,北平的高校屈指可数,除北京大学外,还有师范大学及私立的辅仁大学、中国大学等几所。北大的文学院在红楼,法学院在红楼附近的中法大学,理学院就在原京师大学堂旧址上。

中共北京市委党校原副校长宋柏先生,曾在1944年考入伪北京大学中国文学系,对于那段历史仍有着清晰的记忆。他回忆说:

那时北大校长好像是医学院教授鲍鉴清;文学院院长是钱稻孙,搞日本文学的，日文翻译比较有名；中文系主任是周作人，原北大教授，抗战期间没有走，最高当了华北政权教育总署的督办，后来不做了，又回北大中文系当主任。但我们一年级时，他很少到系里来。代理中文系工作的是许世瑛，许寿裳的儿子，他同时也兼课。给我们上课的一年级教授有教声韵学的赵荫棠，教文字学的是齐佩瑢，教中国通史的是纪国恩，教诗词选读的是郑骞，教文学史的是陈介白，还有教英语的姓沈的女老师和教日语的罗伯建。[1]

在伪北大里，日本籍教授大约有五六人。儿玉达童，是有名的日本汉学家，同时是文学院院长钱稻孙的顾问；还有个日本教授，叫今西春秋。有一次，不知因为何事，这个教授动手打了一名中国女学生，遭到中国学生的抗议，一些中国学生狠狠回敬了这个日本人。但在日本人操纵的伪北大里，不可能有中国学生的抗议权利。为首的三个中国学生被开除学籍，这在当时轰动了整个学校。

1930年，校长蒋梦麟主掌北大时，在广场北侧兴建了灰楼，曾为北京大学女生宿舍。灰楼旁边有一座楼，北大学生习惯称作北楼。于是在沙滩广场周边，分别矗立了红楼、灰楼和北楼。

红楼、灰楼重归北大后，北楼依然被日本的一个机关单位占用，里边虽没有大部军队，但学生们仍习惯把它称作"日本兵营"。一年级女生和二年级以上的男生住在灰楼，一年级男生住在南锣鼓巷的一个小院里，每天上课，他们从南锣鼓巷步行到沙滩时，总要经过这座兵营。住校学生一般从红楼后面的操场穿过，进到红楼课堂，走读的同学大多住在红楼南墙外，所以，他们多是从红楼的南门进入红楼。

灰楼宿舍有八个门，按照千字文的头两句，分别定名为：天、地、玄、黄、宇、宙、洪、荒。大楼呈东向开口的"凹"字形，中间用一墙分开南北，分别住男生和女生。天、地、玄、黄是男生部；宇、宙、洪、荒为女生部。灰楼北面窗户正对着日本兵营的高墙，高墙每隔几步都有瞄准孔，学生叫它"枪眼"。

在日伪控制下的北平处处充满白色恐怖，然而在北大红楼读书的学生，却

---

[1] 宋柏采访记录。

似乎生活在祥和的课堂环境中。哲学系女生史会这样回忆:

课堂秩序好极了。一派长者风度的系主任温公熙不慌不忙地照本宣科,一个声调地讲中国哲学史;戴着黑宽边厚瓶底大近视眼镜,还把书紧贴鼻尖,念着"坎坎伐檀兮,置之河之干兮……",教大一国文的田骢先生只管那么上着课;传说是钱玄同之子的逻辑学老师钱XX总是瞪着两只含满笑意的凸眼睛,一脸红光地解说"三段论法":"凡人皆有死,嗯,孔子是人,嗯,孔子也有死!"很是自我欣赏。讲形式逻辑我就记住这一句。我选修了十分受欢迎的中文系郑骞先生的《词选》,上起课来楼道里嗡嗡的,人们争先恐后往教室挤,坐的,站的,连窗台到门外都是人。

英文老师总是叫起班上英文有基础的同学读课文,听他从胸腔深处发出的男低音徐缓而有节奏地娴熟朗读,教室静悄悄,能听到窗外微风拂柳的和声。[1]

墙外白色恐怖,墙内书声朗朗。北大年轻的学子,就是在这样的气氛中寻求浪漫,红楼的每一瞬间都让他们难忘!冬天的中午,史会喜欢和中文系的女同学走读生马四和一起,靠着温暖的暖气管温一下各自饭盒内的烤馒头片和炒窝头,安静地吃饭。吃完饭,史会喜欢坐在339教室面西的窗台上看书,或眺望不远的景山小亭。街上了无人迹;楼下校外是零落的小店铺。

北大校内环境十分宽松。图书馆几乎没有什么禁书,学生们可以自由的阅读,什么书都可以借去传阅。有《辩证唯物论》,日本人编写的《中国共产党党史》,甚至包括国民党清党时的文件、小册子等。鲁迅的著作,巴金的《家》、《春》、《秋》以及《钢铁是怎样炼成的》等,一年级的学生都曾读到过。

五四时期,北大便有组织各类学术社团的传统。即使是伪北大,社团活动也时常开展。历史学家张守常先生回忆,在他1944年入学伪北大时,就有个艺文研究会,艺文研究会分书法、绘画、治印、昆曲四组,除昆曲组活动地点在图书馆西侧的某间平房外,其余三组都设在红楼地下室。研究会由学校聘请导师,学生自由参加,每周活动一次。绘画组活动地点在红楼地下室东侧靠北面的一

---

[1] 史会:《〈窗外柳〉——红楼生活片段》,《北京大学校友通讯》第24期。

间教室,导师是徐北汀先生,擅画山水;治印组也在这边,导师是金禹民先生。有的同学学画兼学治印,这两个组实际又形成了一个组。书法组在红楼地下室靠南的一间教室里,导师是罗复堪先生。那时罗先生年事已高,经常坐着椅轿来上课。学生们只要看到楼道里放着一个特制的椅轿,便知道是罗先生来上课了。

学治印的同学有的把已刻好的章(主要是石章)带来,听金禹民先生评讲;也有的带石头来当场篆刻,这时往往是金先生在石头上写字模,同学们刻出之后,印在纸上,再评论修改,有时金先生还亲自动刀示范。绘画组的同学,大多是临摹徐北汀先生带来的画稿,徐先生不仅口头指导,而且还常常亲笔润饰。两位先生朴实诚恳,给学生们留下了深刻的印象。在张守常先生1944年10月7日的日记里这样记载:

下午五时半至国画教室,将日前所涂之一张请徐先生指正。他勉励我要多练习,且云:"此道虽雕虫小技,而亦能赖以卖钱为生,送礼交友。"不作为艺术而艺术的高论。❶

学生对导师尊敬,先生对待学生也如同朋友。那时金禹民先生在故宫博物院工作,徐北汀先生靠卖画为生。北大送的酬金叫车马费,为数不多,在通货膨胀的年月,靠这点车马费维持生计也远远不够。但他们把传授艺术引以为乐事,对待遇菲薄并不在意。研究会没有考勤制度,学生不一定每次都来,但两位导师却很少缺席。

学生们可以在假期里排练话剧。史会回忆,一年寒假,中文系同学王连平(宋柏)和王强倡议排演曹禺的《北京人》,农学院的高振寰饰演曾老太爷,王连平饰演江泰,王强饰演曾霆,孙克礼饰演北京人,赵芸善和史会饰演素芳,导演是特邀的当时北法剧团的郑天健。排练的场所,在北锣鼓巷北大三斋的男生宿舍。白天没有炉火,屋里很冷,但同学们的排练热情却很高。在西单的大光明影剧院公演时,观众冷落,但饰演剧中曾思懿的郭寿贞却十分叫好,她声到情

---

❶ 张守常:《回忆北大艺文研究会》,《北京大学校友通讯》1992年第4期。

到,台词犀利煸情,活脱脱一个刁钻泼辣而险恶狠毒的旧式家庭大奶奶。

进入1945年中旬,宋柏、史会等北大学生就要结束一年级的学业。抗日战争进入最后阶段,胜利的曙光即将来到,北平的日伪汉奸惶惶不可终日。早在1943年2月,由于内部争斗,周作人当了两年零两个月的伪华北教育总署督办之职被罢免。这对他是一个沉重的打击,感到自己被耍弄,心中不免失落。此后,他集中精力做起他的伪北大文学院院长职务。到了1944年10月,他干脆连文学院院长也不做了,任职国文系主任,踏踏实实的去教书。

1945年8月15日,正值学生放假,日本宣布无条件投降。驻扎在北楼的日本机关在撤离前用了一个星期左右的时间焚烧文件,浓烟隔着围墙吹进北大院中,飘过灰楼、广场和红楼上空。国民党第十一战区司令长官孙连仲受命为平津地区受降主官。9月9日,孙连仲派遣前进指挥所进驻北平,安排受降事宜。国民党的军官,到北大进行一番巡视。10月9日,孙连仲飞抵北平。次日,在故宫太和殿主持了受降典礼。北平群众二十多万人聚集在殿前及天安门广场观礼。

在此期间,伪北大虽在9月上旬开学,但由于局势动荡,也仅上过很少的课。周作人当时给宋柏的班级上了三堂课后,就被捕了。紧接着,国民党教育部宣布,日伪时期沦陷区的公立大学学生是受奴化教育的伪学生,必须接受"甄别审查"才能继续求学。这一政策遭到伪北大学生、教师的反对和抗议。中共地下党组织为更有效地领导国统区的斗争,迫切需要恢复学生会组织。在地下党组织和进步力量的指导配合下,通过无记名投票选举,首先在北大红楼地下室成立了抗战胜利后的第一届学生会,它的成员主要是反甄审的进步学生。学生会成立后,积极组织开展反甄审斗争。通过激烈的辩论和斗争,同学们认识到,青年学生对沦陷是没有责任的,对八年的日伪统治多数采取抵制态度,表现了爱国精神。11月,国民政府派陈雪屏接管伪北京大学,在反甄审斗争的压力下,把包括伪北大在内的学校改为教育部特设的临时大学补习班,下边有八个分班,补习及格后可以分发到正式的各个大学。陈雪屏担任补习班主任,第一分班在原北大理学院;二分班在文学院,即红楼;三分班是法学院。第二年,傅斯年担任北京大学代理校长。他认为文人尤其是教师，为人师表，更应保持个人名节，作为全国最高学府的北京大学尤其应作表率。他曾发表谈话，认为伪北大教职员在国难当头之时为敌服务，于大节有亏，故不拟继续录用。对于政府官员和朋友的出面说情，傅斯年坚定决心，顶住压力，坚决辞退伪教职人员；但是，对于伪北大的青年学生，傅斯年则网开一面。他认为：青年何辜，现在二十岁的大学生，抗战爆发时还不过是十二岁的孩子。主张"善为待之，予以就学便利"。对伪北大学生，除了陈雪屏代表教育部在北平设立临时大学进行收容外，傅斯年还派郑天挺代表北大筹备复原，对伪北大学生给予了妥善安排。他设法延揽知名教授来校任教，充实北大师资力量；在接收伪北大的基础上，傅斯年将原来的文、理、法三院扩大为文、理、法、工、农、医6个学院，使北大成为门类齐全的综合性大学。

沙滩红楼是老北大的象征，同时也是五四新文化运动的标志性建筑，铭刻着"民主"与"科学"的历史印记。从1918年红楼的建成，到1952年全国高校院系调整，北京大学迁址到西郊燕园，北大红楼与北京大学的关系密不可分。然而在抗战时期，当日伪势力统治北平之时，这座大楼却与北京大学有了暂时的分离。人们通常把西南联大看作北京大学在这一时期的历史延续；而这时的北大红楼，先是被作为日本宪兵队本部使用，后在原址上建立的北京大学文学院，因受日伪政权控制，又被称为伪北大的文学院。由于各种原因，日伪时期的红楼研究资料实在太少。但是，作为北大红楼的沿革史，任何一个时期都没有理由被忘记。更何况，日伪统治时期的北大红楼，是人们永远不能忘记的屈辱历史，在中国历史上，更有其特殊的意义。

国统区的北大红楼学生社团

张胜利

北大复校后,延续五四时期的传统,由学生自发组织成立了不少社团、学会,充分体现了北大学生自立自强、活泼好学、关心时事的风格。这时期红楼内的社团种类丰富,学生参与度高,与五四时期的社团相比较,此时的各种社团影响的范围局限于校内,例如新法社和北京人社主要以"壁报"为宣传工具,阅众局限于北大校内学生,不如五四时期的《新潮》、《国民》等杂志影响的范围广。同时,这时期的社团也是中共地下党组织领导青年学生与反动政府抗争的基层组织,解放战争时期的轰轰烈烈的反饥饿、反内战民主运动都少不了社团的积极参与。社团的特点也是与解放战争时期国民政府的强势统治分不开的,正是由于国民政府的强烈干预与破坏,校内社团的影响力很难达于校外,公开出版刊物更是难上加难。

目前我们了解到的四十年代及建国初期红楼内的主要社团有新法社、北京人社、大地合唱团等。

一 《新法》

《新法》是解放战争时期红楼的第一份进步壁报。由法学院同学发起成立。政治系同学郑学纯为负责人,主要成员有程举、于培芝、左政(李恩泽),法律系的陈蓓(陈友贞、女)、金毅(伊增婉、女)、李书龄,经济系的王水(汪玉贵)、曹乃木(曹鸿颖)、谭政(谭桂荪)、张潜生、靳路明(女)等人。1946年2月,郑学纯、于培芝、左政三名同学与校方进行多次交涉,终于在训导处登记注册,从此新法社有了合法的地位。活动地点设在了红楼东侧的一间大房子内。《新法》每周一期,每期六七千字,黑色钢笔字抄写在几大张绘图纸上,张贴在红楼二层正中迎面墙壁上,大家上下楼都经过那里,所以很显眼,吸引了不少人观看。这是新法社成员顾肇基发表的一篇介绍华北联大的生活和学习的文章:

> 跨过祖国的万水千山,
> 突破敌人的一层层的封锁线,
> 民族的儿女们,联合起来!
> ……
> 国土要收复,人民要自由,新中国的建设要我们负担
> ……
> 战斗呵,胜利就在明天。

《新法》除了发表一些抨击时弊文章外,也经常刊出同学们关心的切身问题,例如食宿问题,将来出路等问题,赢得了同学的信赖和爱戴。

二 《北京人》社

《北京人》社成立于1947年初,创办初期有十五名会员,程新达(现名左达)任社长。主要成员有宋伯胤、朱光猁、邱熙(现名邱东)、李倬(现名李宁)、单鸿逵(现名文祺)、刘毓英、赵贤玉(现名艾民)、王文辉、张相州、曹进明、李根深(现名石璜)等。他们来自北大文、理、法三个学院七个学系。"打击黑暗,迎接光明"是《北京人》社的宗旨。

"出壁报"是《北京人》社的中心工作,刊期十天。第一期壁报题为《新的开始,新的希望》,写了"北京人语",强调"增强新团结,发扬旧精神"(五四精神)两

个重点，表达了全体成员的心意。此后，在地下党的领导下，在北平的历次学生运动和各项进步活动中，《北京人》社和其他进步社团一样，总是站在运动的前列。在"撕风"大行动时，《北京人》社刊出的壁报、海报，不只一次地被撕毁、覆盖，但第二天会员又会重抄一份补上，以"能抄"对付"能撕"，以"不怕撕"的精神有力地打击了那些别有用心的人的卑鄙行径。《北京人》社成员也在斗争实践中得到了锻炼。

《北京人》社还利用红楼地下室东首的一个暂时不用的厕所，成立了一个图书馆。大家把自己的书集中起来，并且凑钱买了一些新书，供更多的同学阅览。这是继"孑民图书馆"之后，社团办的又一个图书馆。

1947年5月"五四"纪念周时，《北京人》社在北大图书馆期刊阅览室举办了"五四史料试展"。展览分七个部分：一、新青年与新潮；二、蔡元培与北京大学；三、巴黎和会与北京大学；四、如此政府，如此法令；五、舆论；六、信札；七、斯诺的《西行漫记》。第一部分有陈独秀主编的《新青年》杂志，李大钊等编辑的《每周评论》杂志，陈独秀、李大钊、鲁迅的有关文章和诗词。第二部分有蔡元培先生任北大校长期间（1916—1927）的肖像，和他积极支持新文化运动、提倡学术研究、主张对新旧思想"兼容并包"，实行教授治校的有关史料，第三、四两部分，有中国代表在巴黎和会上的活动情况及和会消息怎样传到北大的史料，有北洋军阀政府的反动法令。第五部分有京、津、沪的各大报刊关于北京学生游行示威，遭到镇压、逮捕的报道，有关于全国大城市学生罢课，工人罢工，商人罢市，互相声援的报道。这部分还展出了以工人阶级为主体的全国范围的革命运动的史料，以及北洋军阀政府被迫释放被捕学生，撤去卖国贼曹汝霖、陆宗舆、章宗祥的职务，拒绝在和约上签字的史料等。展览的第六部分"信札"中，有鲁迅和胡适当年关于新文化运动的亲笔书信。展览的第七部分有向达教授珍藏的斯诺撰写的《西行漫记》英文原本，其中有一节是关于毛泽东在北大的记载，由史学系尹洛同学译成中文，放在英文本的旁边，供参观者阅览。这部分展览中还有周恩来、邓颖超于五四运动时期在天津南开学校组织"觉悟社"时的照片。所有这些珍贵史料，在当时特务林立、华北剿总严密控制的北平，是很难看到的。这是五四运动二十八年来,首次以史料的形式向大家展示五四运动的真实历史,两天之内,参观人数达到了四千余人。

《北京人》社一位成员在他5月4日的日记中是这样写到:"八点正,我们的展览正式开幕了。潮水般的人接着来了。签名的地方,挤了一大堆。我们准备下的一张桌子和三支笔,立即显得不够用了。签名的纸,在短短的几个钟头内,就去买了五、六次。有些出乎意料,我们真高兴。胡适校长来了,给我们写了五个字:历史的教训。下午五点钟,人潮还没有退,粗粗算了一下,签名的人已经在1800人以上。我们实在太疲倦了,但大家的强烈求知欲却不可拂,只好延长一个钟头,到六点关门。"

1948年5月纪念五四运动时,史学系和《北京人》社联合举办了内容更为充实的"五四史料展览"。并在《平明日报》上出了特刊,登载了史学系主任郑天挺教授为史料展览撰写的文章和史料展览的内容介绍。沈从文教授用"窄霉斋主"笔名写了《五四与五四人》。他在文章中说:"照我所接触的五四学人印象而言,他们一面思想向前,对于取予都十分进严,大多数部够得上个'君子'的称号。即从事政治,也有所为,有所不为,永远不失定向,决不用纵横捭阖权谲诡祟自见。这不仅值得称道,实在还值得后来者取法。"

1949年3月,北平解放,《北京人》社结束了自己神圣的使命,退出了历史的舞台。

三 大地合唱团

大地合唱团成立于1947年春天,是在中共地下党的领导下组建的。抗暴运动后,原参加沙滩合唱团的大一同学周桂棠(现名沙叶)、孙霭芬(现名孙梁)、伍骅、晏福民、潘咏蔚(现名刘青华)、刘克钧(现名许迈扬)等根据团内和地下党的意见,联合文、理、法、工、医、农各系一年级的几十位同学,组成大一合唱团。由晏福民任首席指挥,潘咏蔚、黄立思、任钟毓(现名王任)、张效等任团的领导职务。

合唱团组建后，除自己排练进步歌曲外，在五四运动纪念周上与沙滩合唱团合作演出了《黄河大合唱》（全部）。在"反饥饿、反内战"运动中，与沙滩合唱团一起，组成北大的宣传车，战斗在游行队伍的前列。

1947年夏，大一结束，团员们依据"古希腊神话中的英雄安泰所以有力量，是因为他紧紧靠着他的母亲——大地！"的说法，把大一合唱团改名为"大地合唱团"。寓意合唱团要有力量，就得时刻不忘并积极依靠广大的人民群众。

北大地下党为贯彻"民青"对合唱团的领导，在合唱团成立伊始，组建了以刘克钧、晏福民、潘咏蔚为成员的"民青"小组，指导合唱团的工作。1947年，刘克钧接替华北学联秘书长孙清标的职务后，这个小组一直保持到1948年春夏之交。因而大地合唱团同华北学联一直保持着密切、及时的联系。曾多次与其他合唱团合作演出鼓舞士气的《黄河大合唱》。在历次运动中，大地合唱团同广大的华北大、中同学一起，并肩战斗，充分发挥了鼓舞大家斗志的作用。合唱团的100多名成员中，大多数成为中共党员或民青、民联成员，并逐渐成长为建设新中国的骨干力量。（许迈扬《记大地合唱团》）

四 北大学生自治会

1947年9月，开始筹备北大学生自治会，并于10月召开学生代表大会，通过了自治会章程，11月23日被打学生自治会总会宣告成立。自治会成立后，加强了对"反迫害反饥饿"学生运动的领导。同时自治会还创办了进步的图书机构"孑民图书室"。

五 《南北社》

沙滩红楼地下室的活动室《南北社》是北大学生进步社团之一，它的一部分职能实际上是华北学联秘书处办事机构。发起人之一陈一如（当时北大地下党法学院支部书记）。原社长俞惠祥（现名黄天苗）后人华北学联秘书长。后由陈

汉皋（现名高汉）接替.华惠珍,北大学生自治会理事。戴逸,北大学生自治会理事。辅仁大学的徐亚英（现名郭若亚）24.167

六　南友摄影社

1946年,北大几位重庆南开中学校友狄源沧、杨庆道等在红楼地下室创办了"南友摄影社"。在轰轰烈烈的学生运动中,他们冒着生命危险,拍摄了北平学生运动的许多珍贵镜头。此外也拍摄了不少优美的北平风光和校景照片。解放后,他们先后离校参加革命工作,社团活动就此结束。《北大摄影学会片断回忆》周其湘

七　北大音乐社

解放前北大只有三架钢琴,两架在景山东街,一架在红楼地下室,由学生自治会文娱部管理,大约有二十多人列表练琴。解放后,社团在学生会的领导下,得到蓬勃发展,在建立新型大学的学生生活学习的过程中,发挥了重要作用。在学生会主席王学珍和团委会胡启立等的热心支持下,北大音乐社于1950年春正式成立。首任社长是中文系得张必锟,其他组织和参与者有王介山、杨虎山、唐厚志、唐家宝、丁树湘、刘辽、张本、高飞、李元坚、,还有十几位沙医、沙工、沙农的同学,其中大部分是学钢琴的女同学。社址在红楼地下室125号,对面是钢琴室。随后筹建乐队。教务长曾昭伦教授批准聘请音乐家雷振邦担任指导,并给雷先生讲师的待遇,月一千三百斤小米。雷先生从校外请来著名小提琴家关紫翔先生,歌唱家王纯芳先生,小号专家姚学言,单簧管、双簧管专家刘镇、刘健兄弟。加上新招收的十几位同学,成立了北京大学管弦乐队。雷先生担任作曲兼指挥。第一小提琴由张必琨领班,第二小提琴由唐家宝、刘辽领班,大提琴张惠长,第一低音提琴手王介山,还有丁树湘、张本等二十余人。音乐社成立不到三个月,1950年夏天的一个周六,"北大管弦乐队"在北楼礼堂第一次

亮相，演奏了雷先生编写并亲自指挥的《美丽的喀什克尔》，获得成功。

抗美援朝运动开始后，以北大剧艺社为主体，吸收音乐社大部分成员，组建了"北大文化团"，为抗美援朝义演，并在实验剧场和文化宫劳动剧场上演了前苏联名剧《红领巾》。(《北京大学校友通讯》〈忆沙滩"北大音乐社"〉王介山)

以上这些社团主要使用红楼地下室，像汉园壁报社就占了地下室的一大间，红楼楼上没有社团的房间，以教室和宿舍为主。还有一些社团或单位如福利银行、汉园壁报社、鲁迅问题研究会、妇女问题研究会等，主要办公和活动地点都在红楼地下室。

民国时期首批就读北京大学的台湾学生

张胜利

台湾学生赴大陆求学历史久远。早在清朝初期,台湾就有进入国子监就读的贡生,但由于京城与台湾相隔甚远,加之清政府对考取功名的名额限制,真正进入国子监读书的台湾人却是凤毛麟角。日本占领时期,由于日本殖民者在教育制度上对台湾学生的不公正待遇,一些爱国的台湾学生潜返大陆求学,在此过程中,他们的活动与抗日斗争密不可分。1945年台湾光复后,台湾教育当局为进行战后台湾教育制度的重建,实现台湾教育制度祖国化,培养人才并促进两岸文化交流,遂于次年公开选拔派驻大陆读书的首批公费生。首批公费生录取了近百名学生,并分别被保送到复旦大学、厦门大学、浙江大学等著名学府,其中就读于北京大学的有13人。

一

1894年,日本发动侵略中国的甲午战争,战败后的清政府被迫签订丧权辱国的《马关条约》,将台湾全岛及其附属岛屿、澎湖列岛割让给日本。从此,台湾陷入了长达50年的日本殖民统治的水深火热之中。日本殖民者在实行残酷的政治压迫和大肆经济掠夺的同时,大力推行"皇民化运动",企图迫使台湾人民疏离祖国,淡化和泯灭中华民族意识,成为日本天皇的顺民和奴才。在日本殖民化的教育体制下,台湾的基础义务教育被分为公学校和小学校,绝大多数的台湾子弟只能在师资设备较差的公学校就读,日本学生与少数上层的台湾学童在师资设备和环境俱佳的小学校学习。教育制度的不平等还体现在升学上:"日人优于台人,虽有台北帝国大学设置,但台人仍升学不易,故多留学日本。"这时期,台湾教育的重点是:"注重实用的中等以上教育(职业教育、师范、医学校),禁止台湾学生在台学习法、政。"❶以台北帝国大学(今台湾大学)为例,光复前在校生1666名,其中台籍学生仅322名,所占比例不及20%,而日籍学生则多达1344名。日本统治期间,台湾人接受大学教育的比例不到0.03%,而台湾的日本人接受高等教育的比例却高达4.5%,后者超出前者150多倍。❷日本殖民者对台湾学生的种种不公正待遇,更加深了他们对祖国大陆的无限向往。

抗日战争胜利后,1945年10月25日台湾光复,沦丧50年之久的台湾省重新回到了祖国的怀抱,台湾学子再次获得接受高等教育的机会,但此时台湾高校甚少,难以满足台湾学生继续升学深造的愿望。在此情况下,1946年6月,台湾长官公署教育处开始在全省选拔派驻大陆大学读书的首批公费生。6月21日,《台湾新生报》头版头条刊登了考选升学内地专科以上学校公费生的公告,公告指出:招考名额为100名,"1.文科三十名 2.法科及商科三十五名 3.理科七名 4.工科十名 5.数科八名 6.医科十名"。7月9日至12日,台湾组织专门的考试委员会举行考试,选拔赴大陆求学的学生。考试科目包括:"文法商科:国语文、公民、历史、地理、英文、数学、博物;理工科:国语文、公民、史地、外国文(英文或国文)、数学、物理、化学;医农科:国语文、公民、史地、外国文(英文或国文)、数学、生物、理化。"❸考生除笔试外,还进行了口试和体格检查。最终,考试委员会录取了100名学生,并在《台湾新生报》上公布录取名单。

为让即将赴大陆的学生增加对祖国的认识,具备必要的国语基础,临行前3个月,台湾长官公署教育处在台湾省地方行政干部训练团内对来自台北、台中、台南以及台湾其他地区的入选学生进行短期培训。培训内容主要包括普通话、

---

❶ 洪浩老师:台视e学园社会科历史讲义,第19页,http://eschool.ttv.com.tw/eschool/2005。
❷ 陈鸣钟、陈兴唐:《台湾光复和光复后五年省情》,第371、358页,南京出版社1989年。
❸ 《台湾新生报》中华民国三十五年六月二十一日。

地理、历史,以及三民主义。培训结束后,这些学生依据个人志愿分别被保送到北京、上海、厦门等地的知名高校学习,其中,中央大学 5 名、浙江大学 7 名、武汉大学 8 名、暨南大学 14 名、复旦大学 5 名、厦门大学 32 名、同济大学 5 名、上海医学院 4 名、北京大学 13 名。❶(参见表一)

表一 1946 年首批公派台湾学生北京大学就读名录❷

姓　　名	原　籍	院　系
陈威博(杨威理)	台北	北京大学经济系
廖天朗(陈天章)	台中	北京大学经济系
苏瑞鹏(方木)	新竹	北京大学经济系
张天成(陈晓帆)	嘉义	北京大学经济系
郭炤烈	台中	北京大学政治系
吕清铭(吕平)	桃园	北京大学政治系
林元芳	桃园	北京大学政治系
黄厚年(方舵)	基隆	北京大学数学系
尤宽仁	屏东	北京大学西语系
郭祥灿	台南	北京大学工科
王猜林		北京大学文科
许溢悟		北京大学文科
吴寅生(许油)		北京大学农学院

1946 年 10 月至 11 月间,13 名台湾学生抱着学习知识、报效国家的美好愿望从故土出发,乘船至塘沽港,再转车到达北平,成为北京大学的首批台湾学生。郭炤烈后来回忆当年的情景:"告别基隆港时已是秋末冬初,但 11 月的台

---

❶ 《台湾新生报》中华民国三十五年八月十日。
❷ 《台湾公派生名单》,《台湾公派生 60 周年联谊活动纪念册》,台盟中央"纪念台湾省公派生大陆升学 60 周年联谊会"组委会印制。

湾仍风和日丽。可是海轮北上到依稀可以眺望山东半岛时,已是纯粹的北国风光了。海轮冒着鹅毛大雪在蓝色的大海上挺进,待到塘沽港上岸时,周围已是一片新奇而美丽的银色世界。一下船,我用力踩了踩脚下的土地,深深地吸了一口气:到祖国大陆了!""临行前,母亲装了一瓶台中的水,我把它洒在北大的校园。我知道,妈妈是盼望自己认同祖地的同时,尽快地与祖国同胞融合在一起,健康、茁壮地成长。"❶

二

　　北京大学曾是中国新文化运动的中心和五四运动的发源地,是马克思主义在中国传播的最初阵地。尽管学校在生活上给予台湾学生很多照顾,但在学业方面却严格要求与大陆学生一样。关于北京大学的学业要求,1946年北京大学《教务通则》规定:"学生考试成绩之考核,分平时、学期、学年三种。平时成绩考查之方法,由各教师酌给临时考试,或审查听讲笔记、读书报告,及练习实习等;学期或学年考试,须于规定考试期间用笔试方法举行之。"❷北大教授多数曾经留学海外,在某些领域有相当深入的研究,因此授课时大都不依照教科书,而是讲授自己的研究成果或者某一方面的国际学术前沿,这样,学生复习只能依靠听课笔记。而台湾学生在长期的奴化教育下,中文生疏,短短3个月的普通话培训不可能完全解决问题,因此,他们既听不懂教授们操着各种乡音的讲课,笔记又跟不上,学习成绩一落千丈。对此,热心的大陆学生伸出援助之手。他们不仅主动提供笔记,还介绍台湾学生参加读书会等社团组织。在北大进步学生的影响下,一些台湾学生的思想开始发生转变。对此,郭炤烈说:"北京大学是祖国的高等学府之一,我能到北大来是幸运的。但是,学府不是离开社会而存在的,时代在前进,形势在发展,社会在变化,我们不能落后于时代的步伐,离开人民的呼吸,所以,我在认真刻苦学习的同时,也积极地参加了进步的、爱国的

---

❶　郭炤烈:《永远的激情》,《台声》2002年11月15日。
❷　萧超然:《北京大学校史(一八九八——一九四九)》,第468页,北京大学出版社1988年。

学生运动。"❶而北大进步教授的引导和鼓励也推动了台湾学生思想的转变,台湾学生陈天章(廖天朗)回忆说:"许德珩教授在红楼给我们讲的课是社会发展史,他公开讲对国民党的不满,支持进步学生的活动。樊弘教授也在民主广场上公开说,支持学生的运动。在白色恐怖下,这些人不怕牺牲,公开讲对国民党的不满,对我们是很大的鼓舞。"❷

此时,中国内战已经全面爆发。在北大进步学生的带动下,长期遭受日本殖民统治的台湾学生同大陆学生一起并肩作战,积极投身到民主爱国运动的洪流中。1946年12月24日,北平发生驻美士兵奸污北大女学生的"沈崇事件"。消息传出,以"北大女同学会"为先锋的抗议美军暴行的学生运动迅速掀起,台湾学生积极参加了这次运动。陈天章(廖天朗)回忆起当年的情景仍然记忆犹新:"刚到北大不久就发生了沈崇事件。那时,我们国语还不熟练,同学们把写好的标语贴到'民主墙'上遭到了训导主任陈雪屏的制止,我们就质问他,如果这件事发生在你妻子、女儿身上,你还支持美军吗?他一句话没讲走开了。"❸他们同北大学生一起举行了请愿和游行活动,使凶手受到应有的审判,抗暴运动取得阶段性胜利。在学生运动中,台湾学生初步经受了革命的锻炼。

1947年3月,台湾传来"二二八"起义的消息。国民党当局接管台湾后,政治腐败,贪污盛行,欺压不断。1947年2月27日,台湾省专卖局缉私队员与宪警在野蛮执法过程中与围观群众发生冲突,当场开枪打死无辜市民。国民党当局的暴行激怒了台北市民。28日上午,更多的市民围攻了台湾省专卖局及行政长官公署,结果又遭卫兵开枪射击,当场打死数人。事态进一步扩大。游行、示威、请愿很快演变为一场大规模的武装冲突,一场反独裁、反专制、反暴行、争民主、争自治的运动在台湾迅速蔓延开来。北大的台湾学生时刻关心着台湾形势的发展,他们和北平各校的台湾同学以及同旅平台胞一起,从北大的"民主广场"出发,展开了轰轰烈烈的声援台湾人民"二·二八"起义的游行和宣传活动。

---

❶ 郭炤烈:《永远的激情》,《台声》2002年11月15日。
❷ 笔者2006年10月18日采访陈天章、郭炤烈时记录。
❸ 笔者2006年10月18日采访陈天章、郭炤烈时记录。

随着人民解放军在战场上的节节胜利,国统区的民主运动浪潮席卷全国。这些来自台湾的进步学生在刻苦学习的同时积极投身到了轰轰烈烈的学生爱国运动当中。

在参加进步学生运动的过程中,13 名来自台湾的学生在思想上逐渐产生了分歧,形成三派:一部分为中间派,他们两耳不闻窗外事,认真刻苦读书取得了骄人的学习成绩;几名同学受反动学生的影响成为右派,站到了国民党立场上;另外 6 人为左派,相继加入北系地下党领导的"民联"❶和中国共产党,成为北大地下党的骨干力量。1948 年,在形势日趋紧张的形势下,几名左派学生辗转到达解放区加入革命队伍,而留下的进步学生则不顾个人安危,深入国民党阵营进行策反。如郭焌烈是北大地下党北系最后的总支书记,三大战役打响后,他离开校园打入国民党内部,除了团结旅平台胞支援解放战争外,他还向国民党守军军政人员进行宣传,并取得其信任,掌握了北平城门的钥匙,随时准备打开城门迎接解放大军的到来。北平和平解放后,他重返北大,作为北大学生代表亲自到西苑机场欢迎来自西柏坡的毛泽东、刘少奇、周恩来、朱德等中共中央领导同志,并跟随在党中央负责人的坐车后面检阅了人民解放军部队。另外其他来自台湾的学生,他们有的在北平解放前夕返回台湾继续读书,有的旅居海外从事学术研究,有的则留在大陆投笔从戎,积极投身到中国的解放事业当中。

新中国成立后,这些留在大陆的台湾学生成为教育、科技、新闻、军事等各行各界的精英,以及台盟、台联的领导骨干(参见表二)。他们为祖国的繁荣昌盛和海峡两岸的统一大业贡献了自己的力量。

---

❶ 北大地下党有北系、南系两套组织系统。北系由中共中央华北局领导,南系由中共中央上海局领导,两系地下党又分别领导着"民主青年联盟"(简称民联)和"民主青年同盟"(简称民青)等外围组织。1948 年 11 月,为迎接北平的解放,南北系才统一起来。参见王效挺、黄文一:《战斗在北大的共产党人》,北京大学出版社 2003 年。

表二　北大首批台湾公费生在大陆的工作情况❶

姓　名	在大陆工作情况
吕平（吕清铭）	前全国体育总会台湾省联络处副主任
方舵（黄厚年）	前国防科技大学教授、前湖南省台联会长
陈天章（廖天朗）	前上海外经贸大学党委书记
郭炤烈	上海台联会名誉会长、前全国台联副会长
方木（苏瑞鹏）	前广西台联会会长
杨威理（陈威博）	前中央编译局图书馆馆长

---

❶ 《台湾公派生名单》《台湾公派生60周年联谊活动纪念册》，台盟中央"纪念台湾省公派生大陆升学60周年联谊会"组委会印制。

沙滩民主广场与学生民主运动

张胜利

一 "民主广场"的命名

北大红楼北面的沙滩广场是解放战争时期国统区"抗暴运动"、"五·二〇运动"的出发地,有着悠久的革命历史。1947年5月20日,北平学生反饥饿、反内战大游行之后,在沙滩广场举行群众大会,北大代表提议把两次游行(抗暴运动与反饥饿、反内战运动)集合地命名为"民主广场",这一倡议得到同学们的一致赞同。6月1日下午,在这里举行了隆重的"民主广场"命名大会。北平各院校的学生代表2000多人参加。典礼由华北学联执行委员会首任执行主席聂运华主持。灰楼墙上,艺专同学书写的"民主广场"四个一米见方的鲜红大字耀眼生辉。在欢呼声中,绿地白字的"民主"大旗升到了灰楼的顶上。

二 民主广场上的学生运动

(一)抗暴运动

1946年12月24日晚,驻北平的美国海军陆战队士兵皮尔逊在东单练兵场小树林里强奸了北大先修班女同学沈崇。25日亚光通讯社刊发了这条消息。"沈崇事件"公布后,国民党当局大为惊慌,立即通电各报:"关于亚光社所发新闻稿某大学女生被美军酗酒奸污消息一则，望能缓与发表。"并扣押了亚光社的总编辑。消息传出，以北大女同学会为先锋的抗议美军暴行运动迅速掀起。25日深夜，北大刘曼殊、王学娟、杨洁玉、张敏贤、万希芬、刘国仁等六名女生立即动笔起草大字报并连夜贴到了学生广场，揭露美军暴行。26日，北平《新民报》、《世界经济》、《经世日报》、《北平日报》不顾政府禁令，刊登了亚光社的消息。当日女同学会在北楼召开大会通过了下列几项决议：一、抗议美军暴行，严惩凶手；二、要求美军赔礼道歉，赔偿受害者损失；三、慰问受害者等。27日，国民党中央社发出消息说沈崇不是北大学生，并非良家妇女，又说沈崇是共产党派的间谍，故意勾引美国兵闹事等等，企图掩盖事实真相。国民党的拙劣表演更加激怒了广大爱国学生，一场轰轰烈烈的抗暴运动在北平地下党的领导下展开了。

　　27日晚，由学生社团史学会联合女同学会共同发起，召集北大各社团单位及同学在北楼礼堂开会，参加会议的代表及学生1000余人。会议由三年级男同学、史学系系会干事吕学忠主持。同学们情绪高昂，辩论激烈。一些三青团的特务学生混入会场，他们坐在窗台上，吹口哨、扔石头子，吵吵嚷嚷的散发反动言论，特务学生的言行激怒了整个会场，女同学代表刘俊英义正言辞的说："咱们的姐妹被美国鬼子强奸了，我们都是爱国青年，能看着不管吗？……"代表中的地下党员、进步学生也踊跃发言，要求"严惩凶手"，"提出美军必须从中国土地上撤出去"。现场气氛震慑了反动分子，他们趁人不备偷偷溜走了。

　　会议一直开到深夜十一点，通过以下各项决议，文字方面：1. 上书蒋主席请注意美军暴行；2. 经马歇尔特及司徒大使向杜鲁门总统提严正抗议美军驻华及屡次暴行；3. 发表告全国同胞即告全国同学书。行动方面：1. 联络各院校及社会团体一致行动；2. 游行示威；3. 罢课一天并联络教职员及工友。要求方面：1. 美军立即撤离；2. 严惩暴徒及其主管长官，在北平由中美联合法庭审判；3. 驻华美军最高当局公开道歉并保证在撤退前不得再有非法事件发生。并通过请教授主持正义作同学顾问，共十五项。同时还选举出胡邦定（历史系男同学）、刘俊英、陈友珍等人组成北大学生抗议美军暴行筹委会，领导抗暴运动。（《新民报》）

学校当局百般阻挠学生的正义行动。训导主任陈雪屏是三青团中央的首脑人物,是国民党派到北平专门镇压学生运动的,在他的唆使下,特务学生的壁报《情报网》恶毒造谣,说"沈崇是共产党的女间谍,故意以苦肉计引诱美国兵,共产党给了他七千万的活动经费,以煽动学潮"。《情报网》的卑劣言论立刻遭到许多壁报的围剿。阴谋没有得逞,于是反动当局决定出动打手对付学生。29日晚,北大学生抗议美军暴行筹委会准备就联合各校统一行动问题召开会议,会议开始前,北大来了一批不速之客,他们来到位于灰楼二层的北大抗暴筹委会办公室,声称自己是来自中国大学、朝阳大学、华北学院的代表,指责抗暴筹委会没有通知他们开会,边说边撕墙上的标语,砸毁东西,并冲往礼堂。为了避免漏血,筹委会宣布暂停开会,特务们趁机在灰楼成立了"北平学生正义联合会",然后撕去校园中所有抗暴标语、壁报离去。特务们的行为坚定了同学们进行抗争的信心。大家通宵奋战,第二天一早,壁报、标语又贴满了整个校园。中共地下党因势利导,决定于30日举行游行,一场大规模的抗暴运动即将爆发。

30日上午十时,清华大学及燕京大学联合请愿的游行队伍出发的消息传到红楼,同学们很快集合起来。不久中法大学、师范大学、朝阳学院、铁道学院的队伍陆续到来。下午一时,清华、燕京同学步行到沙滩红楼前,与其它院校同学回合。一支万余人组成的游行队伍从红楼前的学生广场出发,直奔东华门、王府井,向当时设在协和医院的由中共、国民党和美国三方组成的军事调处执行部进发。游行队伍振臂高呼:"抗议美军暴行!""美军滚出中国!""维护主权独立!""民主新中国万岁!"等口号,宣传队沿途张贴各种标语,向市民散发传单。这是"一二九"运动以来北平学生的首次大游行,震动了整个北平,队伍所到之处沿途站满了市民,更有许多商店店员、机关职员加入了游行队伍,与学生并肩前进。下午两点多,游行队伍来到军事调处执行部门前,这里大门紧闭。同学们在门外的墙上、树上贴满了抗议的标语和漫画,并在写有"北京军事调处执行部"的横匾上糊满了英文写的标语。愤怒的学生用英语高呼:"美国佬滚回去!""中国不需要你们!"队伍继续行至东单大操场,这里是沈崇同学被侮辱的地方。在这里,同学们举行了控诉美军暴行的集会,北大新诗社女生李凤仪(黎阳)、刘曼殊和男同学王连平(宋柏)、杨文浒(杨劲)等在街头朗诵新诗《给美国》《给受难者》和《胜利的果实》把这次游行示威活动推向了高潮。下午三时许,队伍经整理后再度出发去北平行辕,当行至南池子街口时,一伙打着"中国大学"旗帜的人突然离队赶到游行队伍前面,企图阻拦游行队伍行进,为避免冲突,游行指挥部立即决定,队伍掉头转入南池子大街,甩掉了这些人,反动分子的阴谋没有得逞。下午5时,由北大、中法、朝阳等学校组成的游行队伍高唱着"团结就是力量"各自列队,分头回校。清华、燕京两大学同学继续西行,然后绕西四大街,出西直门返校。

在中国共产党的领导下,北平学生的抗暴运动迅速席卷全国。天津,上海、南京、武汉、无锡、苏州、开封、青岛、广州、福州、贵阳、桂林、重庆、长沙、南昌、济南、西安、兰州、沈阳、长春、哈尔滨、台北等大中城市50万学生相继举行了罢课和游行。学生的正义行动得到了各界人士的广泛同情与支持。他们纷纷站出来仗义执言。北京大学袁翰青、吴恩裕、费青、沈从文、周炳琳、闻家驷、马大猷、朱光潜等48位教授发表了致美驻华大使司徒雷登的《抗议书》,要求美国政府赔偿被害人之损失,要求美军立即撤出中国。各民主党派、民主人士届各人民团体相继发表宣言抗议美军暴行,声援学生运动。香港、新加坡、菲律宾各界侨胞也积极采取行动声援北平学生的抗暴斗争。

在全国人民的强烈抗议下,1947年1月17日,美国军事法庭被迫对"强奸案"主犯皮尔逊、帮凶普利查德进行审判。美国驻平津的海军陆战队也随即全部撤往青岛。抗暴运动取得了阶段性胜利。

北平学生的抗暴运动揭开了国统区人民民主革命运动的新高潮,它沉重的打击了美蒋反动派的嚣张气焰。标志着全国性的革命高潮已经到来。

(二)反击饿、反内战运动

1946年6月,国民党政府在美帝国主义的支持下公然撕毁《政协决议》和《停战协议》,向解放区发动全面进攻,全面内战爆发。1947年1月,国民党政府解散了三人军事小组和北平军事调出执行部,强迫中共驻南京、上海、重庆和北平军调部中共代表限期撤退,国共谈判破裂。2月,国民党军队向解放区开展了重点进攻。为了弥补巨额军费造成的财政赤字,国民党政府肆无忌惮的横征暴敛。国统区经济发生严重危机,通货膨胀,物价飞涨,广大人民群众挣扎在死亡线上。大量学生因贫困而失学,在校生的生活也极度困难。1947年5月12日,《燕京新闻》报道:"北大三院本期开学时尚食米饭,后改馒首,今则吃丝糕,可谓每况愈下,同学无不感惶恐。……又若干同学因经济困难,将自下学期起,被迫休学……"加之抗暴运动以后,国民党特务不断非法逮捕进步师生、民主人士,广大学生生活在内战、饥饿和恐怖中,更激起了人们为生存而反抗的决心。一场大规模的学生运动风暴即将爆发。

(三)"五四"二十八周年纪念活动

1947年5月,为纪念五四运动胜利二十八周年,北平各校以北京大学为中心,开展了"五四"纪念周活动。从五月一日到七日,北大先后举办了科学、文艺、历史、经济、戏剧等晚会,许多深受学生敬爱的教授在晚会上发表讲演。

5月1日的科学晚会在理学院草坪上举行。可敬的教授们指出"科学与民主是不可分的,没有民主就没有科学!"

5月2日,文艺社举办的文艺晚会在北楼大教室举行。朱自清先生说:"五四不但是人的发现,而且是青年的发现,现代的发现。五四之前,认为人越老越权威,五四之前,认古代是黄金时代,到五四,这观念才被推翻。"冯至教授讲授了五四时代的诗歌,他明确地肯定"最好的诗就是为人民的诗","诗人不应该以高贵人自居,应该是平平实实的。"

5月3日,史学系在红楼操场举办了历史晚会,有五六千人参加。胡适校长首先登台,讲演当时新思潮的背景。"所谓新思潮,就是尼采的一句话:'重新估计一切价值!'"五四运动的亲身经历者许德珩先生也发表了热情洋溢的讲话,他对青年人大声疾呼"你们要向前看,不要向后看,向后看是没有希望的!"这一天,师院、清华、燕京、中法、北洋工学院等院校也分别举办了庆祝活动。

5月4日当天,整个北大沉浸兴奋和快乐里。"北京人社"在图书馆举办了五四运动史料试展,北星体育会在广场举办了球赛、体育表演。晚上红楼操场上举行了规模盛大的营火晚会,除北大师生外,北平各大、中学同学也从四面八方赶来参加，同学们表演了精彩的节目。当几百人组成的秧歌队随着震天的锣鼓声舞入操场时，纪念活动达到高潮，表达对党对解放区的向往。

从5月5日起，连续三天是戏剧社和大一剧团举办的戏剧晚会。演出了《一袋米》、《一个女人和一条狗》、《凯旋》。由于《凯旋》深刻地揭露了内战的残酷，好战分子的罪恶，和人民的痛苦，受到观众的欢迎。

五四纪念周活动，给北大带来了团结和力量。纪念周后不久，正式产生了院系联合会。它担负起了领导反饥饿反内战运动的工作。为反饥饿反内战运动完成了准备工作。

(四)"五·一八"血案

党中央在领导解放区军民反击敌人进攻的同时，密切关注白区学生运动的发展，并及时给予正确的指导。1947年5月5日，中共中央发出了由周恩来起草的《在蒋管区的工作方针和斗争策略的指示》，强调：要坚持我党放手发动群众进行反美反蒋的方针，加紧开展人民运动。上海、南京、杭州等地的学生相继开展了请愿活动。5月15日，清华大学学生代表大会经过讨论分析，正式提出了"反饥饿、反内战"的口号。16日北京大学召开院系联系会议，把院联会改组为罢课机构——北大反饥饿反内战行动委员会。并召开院系代表大会，决定罢课、游行。1947年5月18日，国立北京大学全体系级代表大会发表《北京大学生敬告告师长书》"敬爱的师长们：我们已经决定，自十九日起为反对内战，为争取民主，为呼吁改善人民生活，暂定罢课三日。"诚如袁家骅先生所说，罢课是学生最大的牺牲，然而我们不惜一切牺牲的罢课了，……"当日下午，由北京大学、清华大学、北洋大学北平部联合组合的宣传队在前门、西单、西四、东四、王府井等人口稠密地区开展宣传活动，提出了"反对内战，实现和平"的口号。宣传队用歌曲、讲演、张贴漫画、标语、街头短诗的形式向市民讲述反饥饿、反内战的道理，每到一处，都会围满听讲的市民。学生的正义行动，引起了国民党反动当局的恐慌，他们开始采取行动。18日下午，北大沙滩合唱团在西单讲演唱歌时，北平国民党警备司令部用卡车调来了青年军208师赶到西单，手持铁棍、皮带的士兵冲散了围观的市民，野蛮地殴打宣传队员，并威胁上前劝阻的市民。宣传队被迫停止了宣传,列队返校。不料,青年军仍尾随追打,致使多名学生受伤。据北大医学院统计,本校受伤学生,北大先修班六人,地质系一人,物理系一人。男学生一人,女学生一人。重伤二人,轻伤六人。这就是"五·一八"血案,亦称"西单血案"。这一天,同学们集在红楼操场上深夜不散,等待受伤的宣传队员的消息。

(五)"五·二〇"大游行

"五·一八"血案激起了广大学生的愤慨,18日晚,北京、清华、师院、铁院、中法、朝阳、南开、天津北洋、北平北洋、唐山交大、汇文等院校代表在北大红楼召开紧急会议,成立了华北学生反饥饿、反内战联合会。定于20日举行反饥饿反内战大游行。

5月20日上午10点左右,各院校和部分中学的游行队伍从四面八方来到北大红楼操场集合。北大剧艺社在游艺室前演出了反内战题材的独幕剧《放下你的鞭子》、《凯旋》,不少观众潸然泪下,更坚定了反内战的决心。下午1时,参加游行的各单位到齐。1时35分,由十五所院校学生组成的游行队伍从红楼操场浩浩荡荡的出发了。北大宣传队歌咏组卡车开道,队前高举着"华北学生北平区反饥饿反内战大游行"的巨幅横幅。清华的青年军复员的学生头戴钢盔,身着军装紧随其后。接着是清华大学、汇文中学、第一助产学校救护队、北平师范学院、北平交通大学、中法大学、北平北洋大学、北大医学看护队、燕京大学、北平艺专、朝阳大学、辅仁大学、北平市立第二中学、北平市立第三女中、贝满女中、北大从军复员同学走在最后面。队伍中还有师院教授、北大助教数十人。卡车上的歌咏组高唱反内战歌曲,数百名宣传队员在大队两侧马路上向市民演讲,揭露反动政府的独裁内幕。下午二时,队伍行至东四牌楼,宣传队员高举长长刷把将大幅漫画歌曲、标语贴到与牌楼同高的墙上,粉笔宣传员在柏油路上,红牌楼上赶写"反饥饿、反内战"标语,不少同学背上竹框纸糊的彩色宣传画,有些同学在衣服上写了粉笔标语,"活标语"尤其引人注目。这支强大的游行队伍,吸引着成千上万的市民,他们与队伍一起高喊"反饥饿"、"反内战"、"反迫害"、"要民主"等口号,鼓舞士气。下午3时50分,大队从中南海行辕通过,请愿团三名代表进入行辕递交了请愿书。队伍继续行进在西长安街上,忽然传来北洋工学院学生邓霄被特务围殴的消息,北大法律系胡节中也被特务打成重伤。同学们义愤填膺,毫不退缩,自动挽起臂膀大踏步地前进。沿途林立的军警和便衣特务慑于游行队伍的声势没赶再动手。晚七时,大队返抵红楼广场,受到留守同学的热烈欢迎。在红楼操场举行的群众大会上,"反饥饿反内战联合会"主席团总结了一天的游行活动,通报了请愿经过。并提出明日继续罢课一天。同学们高呼"坚持到底"。北大代表提议把两次游行(抗暴与反内战)集合地命名为"民主广场"得到同学们的一致赞同。此次示威活动自出发到返回红楼操场,游行队伍途经弓玄胡同、马市大街、东四西大街、东四牌楼、东四南大街、灯市口、王府井大街、东安市场、东长安街、西长安街、西单、西四丁字街、北海、景山前大街、沙滩,历时五小时二十分。

在北平学生举行反饥饿、反内战游行的同时,远在南京的宁、沪、苏、杭的6000多名学生、天津南开、北洋和工商学院2500名学生也举行了声势浩大的游行请愿活动,遭到国民党反动派的镇压。

国民党当局对南京、北平、天津学生运动的镇压,激起了全国各大中城市广大学生的愤怒,重庆、杭州、福州、桂林、济南、长沙、昆明等地的学生纷纷罢课声援。由此形成了一场全国性的声势浩大的运动。这次反饥饿反内战运动,远远超过了抗暴运动的规模,沉重的打击了国民党政府的反动统治,有力的配合了人民解放军的战斗,标志着第二条战线的形成。

(六)"六二"在民主广场

6月2日,北平城被笼罩在一片白色恐怖之中。清早,北大周围被武装的军警和特务包围,西斋、沙滩、红楼前的道路上布满了铁丝网和沙包,手持枪械、棍棒的打手紧盯着每一个进出北大的同学。在这一严峻的形势下,各校执行华北学联的决议,不上街游行示威,只在校内举行游行、集会。

上午9时,华北学联在民主广场上举行了"一二·一"四烈士和闻一多、李公朴先生追悼大会。民主墙上贴满了挽联和悼词,花圈、松枝簇拥着张华昌、李鲁连、于再、潘琰四烈士和闻一多先生、李公朴先生的遗像。胡适校长、杨西孟、周炳琳、钱端升、吴之椿几位教授分别发表了讲话。胡校长指出："政治腐败而又没有人来从事改革的时候,提倡改革政治的责任自然落在青年人身上,这次学生运动,也是这样产生的。"并且盛赞"北平学生运动之有秩序,能方能收,华北学联在今天决定不出去,是很理智的决定。"周炳琳先生很愤怒的讲出自己的心里话："有五四,就有六二,假如今天有游行,我们也要参加的"。并且说明反内战口号是绝对正确的。会上,华北学联代表宣读了《为"六二反内战日"向全国任命发出的严正声明》,呼吁全国人民携手团结,按捺悲愤,共同迈进。

波澜壮阔的"反饥饿、反内战、反迫害"运动,历时一个多月后基本结束了。全国有60多个大中城市掀起这一运动,仅北平地区有15000多人直接参加这场运动,是解放战争时期学生运动中参加人数最多的一次。这场成功的斗争显示了北平地下党领导的学生运动进一步走向成熟,积累了宝贵的经验。它远远超过了抗暴运动的规模,沉重的打击了国民党政府的反动统治,有力的配合了人民解放局的战斗,标志着第二条战线的形成。

(七)民主广场的追悼大会

1947年7月,人们解放军向国民党军队发起了战略反攻,国民党反动派为了挽救失败的命运,在其统治区内更加疯狂地迫害和镇压民主爱国运动,特别是青年学生的革命运动。各校进步学生相继被捕入狱。正当北平同学大力营救被捕同学的时刻,浙江发生了震动全国的"于子三事件"。

于子三是浙江大学学生自治会主席,历次学生运动中的学生领袖,在浙江大学享有很高的威信。1947年10月6日被国民党特务逮捕,同时被捕的还有浙大另外3名同学。10月29日,由于国民党特务的严刑逼供,于子三惨死狱中。特务布置了假现场,谎称于子三"畏罪自杀"。消息传出,群情激愤。华北学联决定于11月6日在北京大学民主广场召开追悼大会,悼念于子三同学。

11月6日下午2时,北大、清华、中法、朝阳、师院、辅仁等大学和贝满中学5000多名学生满怀悲愤的心情聚集到民主广场。广场主席台上悬挂着于子三的大幅遗像,主席台上侧挂着"沉痛悼念于子三同学"的横幅,两侧的对联:"这虽是黑暗的尽头,但也是光明的开始",东西北三面,重重叠叠挂满了各校自治会和社团送来近百副挽联,都是谴责国民党杀害民主同学的罪行,唤起人们觉悟反抗的内容。

追悼大会上,周炳琳、樊弘先生发表讲话,许德珩先生派人送来讲稿,由同学带为宣读。同学们连夜排演了活报剧《于子三致死》,用活生生的事实戳穿了国民党反动政府的无耻谎言。最后大会主席团宣布:延长罢课,如可能,明日举行示威游行。

11月底12月初,中共中央上海局青年组对于子三惨案引发的运动作了初步总结,认为运动给了国民党反动派一个回击,已经取得了胜利。此后,这场斗争转为深入的群众工作。

(八)四月风暴

1948年,人民解放军在全面战略进攻的战场上取得了节节胜利,极大的鼓舞了国统区的广大人民,激励着的二条战线的青年学生。国统区的政治、经济、军事危机进一步加深。4月,北平学生进行了一系列反迫害、反饥饿的斗争,给蒋介石反动政权以沉重的打击。

为进一步交流学生运动的经验,3月27日,天津南开、北洋等校五百多名学生借春假机会来到北平,受到北平学生的热烈欢迎,3月28日晚,在北京大学民主广场举行了平、津、唐学生的营火晚会。暮色苍茫的民主广场人潮如海,来自平津大中学万余名学生汇集到这里。广场上、周围的屋顶上、围墙上坐满了人。7时30分,四名体格健壮、身穿运动服的同学举着火炬绕场一周,点燃了广场中央的木柴堆。鲜红的火焰照亮了民主广场。北平同学将满载荣誉的"民主旗"献给了天津学生代表。会上,华北院校自治会保卫自治权力联合会宣布成立。1万多名学生郑重宣誓:同甘共苦、共生存、一校被迫害、八校支援、一人被摧残、全体营救。这是一次誓师的大会,它不仅加深了同学之间的了解和友谊,更坚定了广大青年学生团结起来进行反迫害斗争的信心。

(九)纪念黄花岗革命先烈大会

3月29日是国民党召开"行宪国大"的日子。一早,北大沙滩和三院周围就被防护团和警察特务千余人包围,装甲车来回巡查,三院门口筑起了沙包,几挺机枪对准了学生出入的大门,除北大学生外,各校学生一律不准进入北大。当天,北平各报刊登了北平警备司令部奉国民党北平行辕令命令查禁华北学联的指示。

国民党反动政府的威逼恐吓并没有使学生屈服。下午2时,黄花岗72烈士死难37周年纪念大会如期在民主广场举行。此时的沙滩仍处在军警的包围之中。同学民想尽办法冲破封锁线,进入学校。参加这次纪念大会的除了学生还有教授。57岁的许德珩教授是带病来参加的,在演讲中他热情洋溢的用对现实教训的眼光对同学们提出"宁赠友邦,莫兴家奴"的清朝政权,而且标示当时的康梁的改革路线,和"江洋大盗孙文"的革命路线。袁翰青教授在演讲中说:"今天的知识青年只有一条道路——就是与苦难人民同在。"最后,樊弘教授说:今天的青年有两条路,从经济基础从政治斗争,从文化工作上,他都明明显显标识出两条路。袁先生说一条路,而我说两条路,足见我比袁先生落后,不过呢幸好没有第三条路。他说:"一条路是由少数人掌握政权,为保持他们的既得利益而压迫全国大多数;一条路是工、农、兵、学、商各阶层的人民联合起来,向独裁集团要回政权,愿意,就采取和平的方式,不愿意,就用武力把政权跟它夺过来!"教授们在军警武装包围下的慷慨演讲,鼓舞了同学们的斗志。"团结就是力量"的旋律久久回荡在民主广场。

(十)反迫害、保卫学联大会

面对国民党政府查禁华北学联的指示,3月28日平津学生成立了"华北院校自治会保卫自治权利联合会"。4月2日,北大、清华、燕京、南开、北洋、中法、师院等七所院校学生自治会带料联合向北平行辕交涉,要求反动当局收回查禁华北学联的成命,但毫无结果。4月3日下午,北京大学学生在民主广场召开了反迫害、保卫学联大会。提出了"保卫学联,保卫自己"的口号。各校代表决议总罢课三天向反动政府表示抗议。罢课期间,各小同学采取不同形式在校内外开展宣传活动。散发传单、张贴壁报快报,红楼上还安装了扩音器,对市民进行广播宣传,嘹亮的声音吸引了过往的行人。

4月5日,清晨三点钟,一辆卡车驶向红楼,车停在民主广场的外面,一个人鬼鬼祟祟的翻墙进入红楼的西门,威逼校警打开校门,黑压压的一群人涌入民主广场。他们奔向民主墙撕毁标语文告,红楼地下室的大地歌咏团惨遭浩劫,文件、资料、衣服、书籍被洗劫一空。反动特务的卑劣举动换来的是同学们讥讽的诗句:

> 告诉你吧!
> 今天你打进我们的工作室,
> 明天,我们要打进你的巢穴,
> 拖你出来让人民公审你,
> 等着你的末日吧,
> 狗子!

4月6日,北京大学七院校学生自治会联合发表《反迫害、反饥饿罢课宣言》,决定继续罢课三天。北大各系同学走访了100多位教授,他们都表示查禁学联是非法的行为,并支持学生的罢课。保卫学联是四月风暴打响的第一枪,它召唤广大同学,也召唤着教职员工团结起来共同战斗。

(十一)十二人事件

随着国统区经济危机的日益严重,物价飞涨。48年1—3月,米价已从每担100万元涨到450万元。广大人民群众的生活日趋艰难。加之1月,国民党政府取消了公教人员的面粉配售,更加重了公教人员的生活困难。为了争取生存的权利,罢教、罢工此起彼伏。师生员工的空前团结使国民党当局感到恐慌,开始对广大师生进行镇压。

北京大学是北学生运动的中心,是华北学联所在地。于是,魔爪首先伸向了北大。4月7日晚,北平警备司令陈继成和北平市长何思源电话急邀郑天挺秘书长去谈话,限校方4月8日中午之前将柯在铄、田余庆、吕铮、卢一鹏、李鸿藻、丛硕文、黄德青、王子光、周安、冯远程、李倬、王录庆、等12位同学交出,罪名是"华北学联首要分子,鼓动罢课罢工。"这些人大多是自治会理事及人权保障委员会的负责人,在师生中有很高的威望。以前国民党逮捕进步学生都是秘密进行,这次明目张胆的公开提出名单还是第一次。此时胡适校长正在南京参加"国民大会",在校主持工作的秘书长郑天挺和教务长郑华炽、训导张贺麟连夜同警备司令部交涉。陈继承表示:"如果不肯交人,就由我们自己去包围逮捕。"同学们知道这一消息后义愤填膺,8日一早,大家自动来到民主广场。在学生自治会的组织下,同学们把几百把凳子围成许多圈,把12位同学紧紧的围在中间,"一人被捕,全体坐牢",大家齐声高唱《团结就是力量》坚决抗议当局到学校捕人,表示不惜流血来保卫这12名同学。教授们听到这个消息,也集合起来,召开教授联谊会,向警备部要求按照合法手续办事。冯至先生作为代表向学生们致词,大多数教授表示"誓死支持你们的请求"! 北大美籍教授傅汉斯先生说:"这样的事,我以一个外国人身份是看不惯的,假如你们政府真要这样无理逮捕学生,我愿意同他们十二人一起进监狱!"时间一分分的过去了,眼看12点就要到了。扩音器里传来小方交涉的结果,警备司令部答应将十二位同学减至六人。会场上顿时反对声一片。大家表示要去一起去。远在南京的胡适校长也向北平政府提出了交涉,要求不要进校捕人。在广大师生的共同努力下,校方始终未缴出十二名同学。斗争取得了初步的胜利。

(十二)"四·一一"事件

各校师生斗争取得的胜利使反动政府恼羞成怒,4月11日上午,国民党国民党市参议会、商会、农会、青年联谊会、大车工会等御用团体纠集了大批特务流氓,胁迫部分工人、店员、学生约5000余人在天安门前召开了所谓"北平是学生民众清共大会",制造了所谓"民众团体"大游行。他们要垮手枪、手持大刀、木棒、铁棍,从长安街出发,向沙滩方向行进,沿途张贴反动标语。下午一时,这支群魔乱舞的游行队伍行至沙滩地区,其中部分暴徒们石块、砖头打碎了红楼临街的窗户的100多块玻璃,并大喊"打倒北大"、"北大是解放区"、"教授是洋八路"。由于北大学生自治会提前得到消息,红楼中的师生已经安全撤离,没有人员伤亡。随后他们又捣毁了东斋的教职员宿舍、号房、会客室,并将门口悬挂的"北京大学教授眷属宿舍"木牌劈成几段当作战利品。部分佩戴北大校徽的同学被暴徒打伤。

下午五时,民主广场召开群众大会,大家群情激昂要求严惩凶手。大家认为没有集体的安全就没有个人安全,只有团结斗争才能保卫自己。同学们组成纠察队,在院校周围设置了铁丝网,各宿舍派出人员昼夜轮流守卫校舍。许德珩、樊弘、袁翰青、郑华炽、贺琳、郑天挺、周炳林等35名教授召开集会,强烈谴责暴徒的无耻行为。4月14日,在民主广场召开了教职工警学生团结大会,清华、师大、中法等院校的代表也前来参加。温家驷先生说:"这是一个开始,也是一个象征。……从今天的情形看我觉得北大永远是年轻、团结、进步的。"助教、校警代表也纷纷发言,表明自己的决心。这是一次团结的大会,同学们意识到应以更大的信心的勇气,迎接新的战斗。

北平各校师生的反迫害斗争得到了全国各院校师生员工的支持。国民党北平当局最后不得不表示让步。四月反迫害斗争在党的组织和领导下,运用了"有理、有利、有节"的策略取得了初步胜利。全国参加这一运动的约有十九个城市、三十二个高等和中等学校。四月风暴后,大批进步同学参加党的民青、民联的组织,北大党组织还向解放区输送一批干部。

(十三)反美扶日运动

第二次世界大战结束后,美国为实现其称霸世界的野心,把日本作为反共基地,积极扶植日本复活军国主义,这一做法严重危及中国的安全,遭到了中国人民的强烈愤慨。1948年5月1日,毛泽东主席亲自起草的纪念"五一"节口号中,提出了反对美国重新武装日本和反对复活日本军国主义的口号。

为了便于领导反对美国扶植日本运动的开展,华北学联在5月中旬成立了"华北学生反对美国扶植日本抢救民族危机联合会"(简称反扶日联)。正式参加联合会的有:北大、清华、燕京、师院、中法、铁院、朝阳、南开、北洋、河北工学院和唐山工学院。

5月30日下午3时,北平12所学校3000多名学生以纪念"五卅"运动23周年为名,在北京大学民主广场举行纪念大会。大会由清华大学郭德远主持,北京大学史道铃宣读"反扶日联"成立宣言,朝鲜同学控诉了美国在南朝鲜的暴行,北大工警代表在台上控诉了八年沦陷期间日军的罪行。会上还宣读了马寅初、沈钧儒的书面讲话和冯玉祥将军从美国的来函,大会通过了致美国国务院、美国驻中国大使、麦克阿瑟和国民党政府四份电报,抗议美国扶植日本。会后,全体绕场游行三周。

6月8日上午,华北学联在北大召开会议,决定9日罢课游行。9日拂晓,按照华北学联的计划,这次游行一改以往的方式,分东、西、北三路向东交民向美国领事馆进发,递交抗议书。最后回到民主广场集中。游行队伍沿途高呼"反对美国扶植日本!""反对美国干涉中国内政!""反对奴才外交,挽救民族危机!""杀死冈村宁次!""保护民族工业!"等口号。同学们散发传单,张贴标语,揭露美国政府的罪行。大地合唱团在街头满怀激情的演唱了《游击队之歌》、《太行山上》等歌曲,同学们还自编自演活报剧,沿途为市民表演。游行队伍一次次被军警阻拦,同学们毫不畏惧。"打倒日本帝国主义,抢救民族危机"的口号响彻云霄。下午3时半,由三路大军组成的5000多人的游行队伍胜利会师后回到民主广场,举行了"华北学生反对美国扶植日本,抢救民族危机大会"大会主席团带领全体同学庄严宣誓:"我们华北学生,同甘苦,共患难,团结一致,展开国民外交运动。式四反对美国扶植日本,誓死反对出卖国家民族利益,为了我们国家的独立与民族的解放,我们不怕打击破坏,坚决奋斗到底。谨誓。"大会进行了一个多小时后在《团结就是力量》雄壮有力的歌声中结束。

反美扶日运动是爱国运动的新高涨,它象征着革命已临近胜利。继上海北平之后,昆明、南京、青岛、福建、成都、重庆、武汉广州、长沙等地也都举行了万人以上的罢课和游行,蒋管区有几十万学生和教职员参加了这场斗争。他不仅打击了国民党反动集团,也狠狠的打击了美帝国主义。日本、菲律宾、澳大利亚等国人民也受到中国的影响,掀起了"反美扶日"斗争。

(十四)哀悼亡灵

1948年6月15日,《益世报》刊登一则报道"据蒋方空军六月十四日侦查报告:开封满城都是断瓦颓垣,城内人际稀少,惟死尸遍地,腥味达六百尺高空。"这是国民党空军队古城开封狂轰滥炸的结果。消息传出,全国震怒。7月

5日,民主广场召开了哀悼开封市万冤魂控诉大会。清晨,红楼周围布满了警察和打手。上午8点,北平各院校师生1000多人齐集民主广场。在满是挽联、悼词的广场上,同学们悲愤怒斥:"政府不惜以抗战时期日寇轰炸我后方所罕用之吨于炸弹投诸汴市……无辜惨死者数难统计,戡乱而不以民命为重,政府行为与匪合殊?……"愤怒的人们喊出了"反剿民!反屠杀"的呼声。

(十五)七九请愿

1948年7月初,国民党北平参议会通过《救济来平学生紧急办法》,决定停发东北学生会费,征召所有来平东北学生进行军事训练,这一议案遭到东北学生的强烈反对。7月5日,东北数千名学生到北平参议会情愿,队伍在返回途中遭到国民党二〇八师开枪镇压,当场打死17人,打伤100余人,逮捕数人,制造了震惊全国的"七五血案"。为抗议国民党反动派的滔天罪行,华北学联召开紧急会议,决定成立"华北十三院校抗议七五血案后援会及各校分会,通报世界学联和全国学联予以支持。

7月9日,华北13院校东北来平各院校万余名学生聚集在民主广场,举行了"七五惨案哀悼控诉大会"。会前,主席团决定先到李宗仁住所请愿。上午九时,请愿队伍高举"东北华北各院校反剿民反屠杀要读书大请愿"的旗帜,抬着死难者遗像、花圈、挽联向李宗仁府进发。请愿代表向李宗仁提出严惩凶手,撤销对集会、言论、请愿的禁令,厚恤死难者家属,建立临大临中等10项要求,后又提出6项要求,均被李宗仁拒绝一次大规模的示威游行。这是在解放战争时期最后一起大游行。

(十六)抗美援朝

1949年1月13日,北平和平解放。2月28日,北平市军事管制委员会文化接管委员会接管北大。下午在民主广场举行了隆重的欢迎接管大会,到会师生2000余人。军管会文管会主任委员钱俊瑞在会上宣布正式接管北大,同时宣布:立即解散国民党、三民团等反动组织;取消训导制;取消党义一类反动课程;学校行政事宜,暂由汤用彤负责。

1950年,抗美援朝战争爆发后,党中央、国务院发出了青年学生参军参干的号召。北大同学热烈响应，争先报名，民主广场的民主墙上，贴满了各式各样的"决心书""申请书"，同学们争先恐后的在民主广场发表演说，高声朗读自己的诗作，表达自己保家卫国的真诚愿望。由于部队需要名额有限，很多报名的同学没有得到批准。因此获准参军参干的学生就成为大家心目中的英雄。随部队出发之前，获准入伍的同学停止了课程，每天集中在民主广场西南面学生俱乐部的抗美援朝工作室里学习讨论，进行军事操练。这是当时北大参军参干的部分同学名录。

李杰夫 物理系一年级 马子超 东语系二年级 范钦濂中文系二年级
安天恩 机械系一年级 傅衣迩 经济系一年级 张振镛机械系一年级
曾达明 经济系一年级 戚久昌 动物系一年级 张元良电机系一年级
马启道 医学院二年级 曾繁章 法律系一年级 杜斌地质系二年级
袁升松 地质系一年级 项钟愚 地质系二年级 徐瀚地质系二年级
田永惠 物理系一年级 赵士孝 哲学系二年级 杨佩矩图博专一年级
刘永洁 经济系三年级 张建城 化学系一年级 陈光润经济系二年级
聂赐伯 法律系二年级 杨兆麟 医学院二年级 蒋昌明哲学系一年级
丁安然 地质系一年级 韩国元 电机系二年级 阎聪建筑系二年级
王又新 数学系二年级 王运通 土木系二年级 李育成政治系二年级
邵治良 机械系二年级 周敬敏 经济系二年级 方家骝机械系二年级
左作樟 电机系二年级 刘家俊 政治系一年级 蔡兴权历史系一年级
梁玉麟 土木系二年级 陈文彬 历史系二年级 汤运如政治系一年级
卫之骓 政治系一年级 凌光启 医学院一年级 胡建业机械系二年级
庄树清 电机系二年级 吴自韬 化工系一年级 贾绣君历史系二年级

1951年7月又有第二批参军参干同学：

杨镇雄西语系三年级 邓坤元经济系一年级

莫自鸣西语系三年级 把铁梅俄语系二年级

邓庆球经济系二年级 李桥梁法律系一年级

王历华物理系一年级

王祖纯政治系二年级

在这些同学当中,有些人长眠在了朝鲜战场。有些在战争结束后回到学校或其他工作岗位,成为新中国建设的生力军。

北大附属工农速成中学与北大红楼

郭俊英

一 建工农速成中学,培养工农知识分子

1949年中华人民共和国成立以后,摆在中国人民面前的两项主要任务,就是经济建设与文化建设。毛泽东同志曾经在第一届全国政协会议中预言:随着经济建设的高潮的到来,不可避免地将要出现一个文化建设的高潮。据统计,当时全国具有初中毕业以上文化的知识分子共有500万人左右,其中高等学校毕业的很少;同时,很多政府机关的一般干部和工作人员文化水平不高,直接影响工作的开展。解决工农干部的教育问题,提高干部的文化知识水平提到中央政府的议事日程上来。

1950年4月19日,时任中共中央宣传部部长的陆定一撰写的《新中国的教育和文化》一文刊登《人民日报》上。他指出:"由于长期的封建统治,特别是国民党二十余年来的法西斯统治,劳动人民得不到教育的机会,文盲占到全国人口的绝大多数……现在,我们必须在这个残破的局面下,在物质条件极其困难的条件下,依靠人民的力量,重新奠立新民主主义文化教育的基础。"

但是,要使我们的文化教育事业有效地为恢复与发展国家生产建设服务,只有现有的中小学教育是远远不够的,还要加强成人教育。当时文盲的数目,占全国人口的绝大多数,因此要普遍进行扫除文盲的工作。

建设新中国需要许多有技术的产业工人、技师、工程师、管理人员以及国家所必需的各种各样的高级专门人才，因此创办正规学校，从经过长期战争和土地改革考验的农民和知识分子干部中，从人民解放军的指挥员战斗员中，和从工人中，培养有高级科学知识的人才，是非常迫切的任务。

根据中央的指示精神，教育部、全国总工会于1950年9月21至29日联合召开第一次全国工农教育工作会议。会议明确了加强工农文化教育的重大政治意义，提出必须实现"政府领导、依靠群众组织、各方面配合"的原则，着重以工农干部和积极分子为主要教育对象，分别以文化教育、政策时事教育为主要内容❶。会议还修正通过了《举办工农速成中学和工农文化补习学校的指示》，《开展农民业余教育的指示》，职工业余教育、工农速成中学、工农文化补习学校三个暂行实施办法，及各级职工业余教育委员会组织条例等六项草案，将各种工农教育组织的任务、方针、制度、教学计划、经费、领导关系等问题明文规定下来，并初步拟定了实施步骤和计划❷。同年12月，政务院发布了《关于举办工农速成中学和工农干部文化补习学校的指示》❸。

1951年2月10日，中央人民政府教育部颁发《工农速成中学暂行实施办法》，规定工农速成中学招收十八岁以上、三十五岁以下，具有相当于高小毕业文化水平，志愿长期学习、参加革命或产业劳动一定时期的优秀工农干部及工人入学，施以中等程度的文化科学基本知识的教育，三年（必要时延长到四年）毕业，使其能升入高等学校继续深造，培养成为新中国的各种高级建设人才❹。

同年，北京大学、清华大学、中国人民大学等先后开设附属工农速成中学。采取由群众评选，各单位、部队推荐，参加统一考试，按成绩选拔的办法进行录取，而后分派到各学校。

---

❶ 中华人民共和国教育部：《教育50年大事记》。
❷ 中共中央转发《关于第一次全国工农教育会议的报告》的批示，根据中央档案馆提供的原件刊印。
❸ 冯林平、李跃新：《建国初期毛泽东的干部教育思想及其实践》，《沧桑》2003年第6期。
❹ 《工农速成中学暂行实施办法》，中央人民政府教育部1951年2月10日颁发。

二　北大附属工农速成中学在红楼

1950年12月,北京大学奉中央人民政府教育部命令,设立了附属工农速成中学。当时制定的政策是要招收长期参加革命或产业劳动的工业干部及工人。修业期原定三年,54届入学后因课程较多,改为四年制。

北大工农速成中学创建于1951年,校址最早在东安门北河沿(现民政部),原北大三院。1952年,北京高等学校院系调整,原北京大学与清华大学、燕京大学的部分院系合并,成立北京大学,将校址迁到西郊燕园。同年8月,工农速成中学迁入沙滩红楼。除51届外,52、53、54届学生均在红楼内报到并完成学业。速成中学的校徽和北大校徽图案一样。

工农速成中学从1951年开始招生到1954年政务院决定停止招生,共招生四期,每期四个班左右,一个班大概三、五十人,一年招生200人左右,1954年达到在校总人数最高值。排班方法如:"五四三班"(1954年3班)。

学校的组织机构设置:

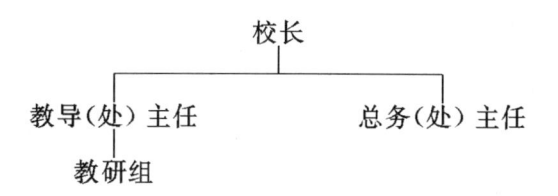

```
                校长
               /    \
     教导(处)主任    总务(处)主任
           |
        教研组
```

针对学生年龄大、文化低、教学需要"速成"的特点,在中央教育部领导下,按照精简课程教材、避免重复的原则对初、高中教学内容作了必要的取舍和精简,陆续开设了政治、语文、历史、地理、数学、物理、化学、生物、体育等课程,未设外语、音乐、美术等科。1952年起,教育部颁发了工农速成中学分类教学计划:

第一类,预备升入高等学校文史、财经及政法等科,以语文、历史、地理等课程为重点；

第二类，预备升入高等学校理科、工科有关专业，以数学、物理、化学等课程为重点；

第三类，预备升入高等学校医科、农科及生物学科，以物理、化学、生物等课程为重点。

速成中学的领导干部和教师骨干，绝大部分都是由北大调来的，大部分都是中共党员。最初由北大的教务长曾昭抡兼任速成中学校长，解才民担任工农速成中学的总支部书记并兼授数学课。1951年底，北大党委任命解才民为校长，免去曾昭抡的校长职务。

速成中学的教导主任杨炳安，总务主任高一平，总务处辅导员胡祥达，他们都是原北大的学生。党支部负责人（后升级为北大"分党委"）是黄立思（女），团委负责人是宋诚（女）❶，图书馆负责人是陈翠微（女）。

速成中学的学生刚入学时，按原来接受学习的程度分班，大约半年后再进行考试，按成绩和文理科志愿重新分班。一般理科班学生人数都多于文科班。速成中学的毕业生和普通高中生一样，参加高考，如分数同等则优先录取。考上大学的人数并不多，没考上大学的有些重新分配，有些被原单位调回。

原干部调干的学生助学金分为22元、25元、29元三档；原工人的学生享受原工资75%的补贴，但要扣除其中的5%补助困难学生。课余时间，学生们在民主广场滑冰跳舞、到景山乘凉念书、也常光顾红楼附近的小饭铺改善伙食。

毕业生除回原单位工作的，还有一批搞专业的、学理工的、学历史的、学文学的、学医的……有些解放以前就在部队当卫生员、护士，后来还对医学感兴趣，继续学生物。后来有在北大当教授的、当编辑的、当作家的，比较多的是在行政部门当司局级的领导。

速成中学进入红楼后，一层原设毛泽东（西面的一间南房）、李大钊（东南角的两间）工作室仍归北大管。学生教室多在红楼，另有几个班在高教出版社上

---

❶ 胡祥达：《红楼晨夕暖心头——北大附设工农速成中学杂忆》，《北京大学校友通讯》第36期。

课。一层二层多是教室、教师教研室和办公室。二层西面东西方向的大三间是速成中学的图书馆。三层也有教室,但多是宿舍,住有速成中学的教师,也有老北大的教师。单身宿舍多为2、3人一间。四楼是一些北大未搬走或调走而未搬走工作人员宿舍,速成中学校长谢才民也住在这一层。据他回忆,当年四层还住过两个东欧的女同志。部分速成中学的学生住在西斋和东厂胡同。

解才民是1950年的北大数学系毕业生,是1947年就加入了中共地下党的老党员。毕业时,其本意是想留在北大从事学术研究的,但在建国初期的那个火热年代里,在个人理想与革命需要的选择中,他无条件地服从了组织安排。他说:"就我个人而言,对教育是不懂的,志向也不是想搞教育,我是学数学的,只想在这方面做些研究,但历史把我推到学校里,我也就只好在这里干了。"

据速成中学的学生回忆,当年红楼有通气体的暖气。木窗木门,不生炉子。

红楼是1918年蔡元培在北大的时候建造的。这个楼的特点是没有钢筋水泥,墙是砖砌的,地板、门窗、房顶、房梁是木头的,叫做砖木结构。据说当时蔡元培建造这个楼的时候,设计指标保证30年不出问题(到1948年)。大概是在1954年,谢才民发觉天气不好时(如春天刮大风),楼体有轻微的晃动。作为学校负责人,他写信给高教部上报这个问题。高教部很重视,让北大(产权归北大)派人解决。北大基建科科长带着一批人到红楼检查,结论是砖体自身有弹性,轻微晃动没有大问题,红楼没有倒塌的危险。屋顶确实有漏雨的情况。但终因屋顶工程量大、耗费资金多等原因当时没有解决。

1955年下学期,54届学生和北京农业机械化学院工农速成中学合并分班,共有9个班,其中1、2、3、4班为理科班。1958年秋天,速成中学离开红楼搬到百万庄(现110中学)的时候,只剩下54届学生还没毕业。这一年参加高考的毕业生考上大学的非常多。除了办学经验的提高,主要是政治因素。1957年"反右派",北大学生中很多被打成了右派。速成中学的学生政治条件好,所以那一年录取的相对比较多。速成中学停办后,这批教师基本上都调到百万庄的110中学任职。

三 工农速成中学退出历史舞台

1950年起,中央和各大区开始创办工农速成中学,据《人民教育》统计,截止到1950年6月,全国已创办18所工农速成中学,再加上其他三所未开学的,共计21所❶。到1950年底,全国共有工农速成中学24所,123个班,招收学生4447人❷。1950年12月,政务院正式发布《关于举办工农速成中学的指示》,1951年2月10日,教育部印发了《工农速成中学暂行实施办法》,对工农速成中学从招生到课程等作了一系列具体规定。自此,各地纷纷举办工农速成中学,到1954年全国已有87所工农速成中学,1168个班,在校学生达51079人❸。

1955年7月12日,教育部、高教部联合颁布了《关于工农速成中学停止招生的通知》,规定自1955年秋起工农速成中学停止招生。通知指出:实践证明,工农干部学习文化科学知识不用循序渐进的方法而用短期速成的方法,使之升入高等学校,从根本上说,并不能达到预期的目的。今后广大工农干部和工农群众的学习,坚决贯彻业余学习为主的方针,不再采用举办工农速成中学的办法❹。

工农速成中学,顾名思义,其性质应该属中学教育。尽管它招收的对象是"十八岁以上,三十五岁以下,具有相当于高小毕业的文化水平"的工农干部,但教学内容却是中学课程,而大部分学生的最终目标是进入高等学校。然而,工农速成中学作为干部教育的一部分属于成人教育,与普通教育应有所区别,但它存在的任务却与普通中等教育一致,这使得工农速成中学本身处于一种两难境地。实践证明,工农速成中学所培养的学生根本无法达到预期目标,即与普通教育一致❺。另一方面,工农速成中学本身效率不高。以三年期毕业为例,

---

❶ 《人民教育》第1卷,第3期。
❷ 《中国教育年鉴》编辑部:《中国教育年鉴(1949—1981)》,中国大百科全书出版社1984年。
❸ 楼辉:《试析工农速成中学停办原因》,《哈尔滨学院学报》第26卷第9期。
❹ 《中华人民共和国成人教育大事记略》,1955年7月12日。
❺ 楼辉:《试析工农速成中学停办原因》,《哈尔滨学院学报》第26卷第9期。

1950年招生4447人,到1953年毕业时2232人,约占招生数的50%。1954年达到最高峰,招生数为29245人,1957年毕业时仅为7300人,占招生数的25%。从整体而言,历年的毕业人数占其当年的招生人数最少时为3%,最高时仅达到60%。毕业人数与招生人数差距如此之大,这也是工农速成中学停办的原因之一❶。工农速成中学本身存在矛盾和问题,因此只能以失败告终。

停办工农速成中学的重要原因,还有招生来源的改变。所谓工农干部就是过去参加革命而没有机会上学的人。速成中学招收这部分人中18岁以上35岁以下的中青年。但是,这部分人的数量越来越少了。后来增加了工厂的年轻工人这种生源,也不一定是过去参加革命的,他们也可能解放前在工厂待过几天,解放后要提高文化,到了工农速成中学。工人成分比重上升,工农干部越来越少。到1954年以后,比较大的工厂里面开始自己办学校培养工人,工人们不再需要完全脱产去工农速成中学学习。工厂办学校灵活机动,生产紧张了就先搞生产,生产不紧张了再学习。这样一来生源又发生了变化。

建国初期,我国大力提倡兴办工农速成中学,是提高干部文化素质、培养工农建设人才的重要途径,为工农干部进入学校接受系统学习提供了一个机会,为提高广大干部的文化素质水平做出了贡献。但从1950年创办仅经过短短五年的时间,工农速成中学即退出了历史舞台,这既是由自身所具有的根本矛盾所决定的,也跟五十年代的形势相关。

---

❶ 楼辉:《试析工农速成中学停办原因》,《哈尔滨学院学报》第26卷第9期。

新中国成立后的红楼使用变迁(1962～2002)

刘　静

1962年,古代建筑修整所迁至原北京大学红楼办公,1963年12月,文物出版社由故宫西角楼城隍庙迁沙滩汉花园12号(今五四大街29号)。开始了文博系统进驻红楼的历史,此后40多年间,不断有文博系统的单位入住红楼,最多时达到十几家单位,红楼的功能最终从学校教学办公用楼转变为机关单位办公大楼。

一　红楼周边的变化

这四十多年间,红楼不仅因为地震伤筋动骨,面临倒塌的危险,因而及时进行了一次建成以来最大规模的维修,而且随着时代的进步,红楼周边的环境也发生了较大的变化,除了红楼外观的红色不变以外,里里外外可以说都与当年北大时期有着天壤之别了。红楼所在的沙滩汉花园在1959年与狭窄的双辇胡同一齐拓宽,为纪念"五四"运动而命名为五四大街,与东四西大街(原名猪市大街)贯通。

从外部环境来说,原来与红楼浑然一体的民主广场和灰楼等建筑,早就因为中宣部等单位的入驻与红楼隔开了,几十年下来形成了现在的北河沿大街甲83号院,是原文化部、《求是》杂志社、中国文联、中国作协4个单位的办公地点,占据原北大红楼的北广场。从1999年开始,为恢复新文化活动中心和五四爱国运动发源地,景山街道办事处与东城区规划局、区整治办联合向大院内的4个单位分别发送整治通知,此事引起中央和国务院领导的高度重视,成立中央、国务院事务管理局及4个单位领导参加的综合整治领导小组,至2001年6月,拆除院内临时建筑和违法建设6000余平方米,统一规划原红楼北广场,建成6000平方米的高品味、高质量的绿化精品工程。❶ 但是这个院子仍然与红楼有着一墙之隔,内部自成天地,基本与红楼不相干。红楼南面的五四大街自1959年拓宽后,一直是车贾云集的繁华街道,1996年后,国家文物局着手整治红楼周边环境,在东华门街道办事处的配合下,取缔了红楼围墙外的商摊,文物局出资在红楼围墙外东西两侧修建长达80米的宣传橱窗,从宣传橱窗内不断向外传递着红楼里蕴藏的历史文化信息。

红楼周边变化最大的是皇城根遗址公园的修建,使得红楼周边的环境得到极大的改善。皇城根遗址公园于2001年3月1日正式动工,经过短短180天的建设,一座带状城市街心公园呈现在广大市民的面前,昔日的"皇家禁地"变成了普通百姓休闲的乐园。❷

2001年,红楼周边有市级文物保护单位5处:吉安所左巷8号,毛泽东1918年第一次来北京组织湖南学生留法勤工俭学时曾居住过;沙滩后街55号、59号,原京师大学堂,现为高教出版社;东皇城根北街甲20号,原中法大学,现为光电研究所;沙滩北街15号,原北京大学地质馆旧址,现为中国社会科学院法学研究所;嵩祝院北巷23号,原嵩祝寺、智珠寺、法渊寺。❸ 这些文物保护单位还将与红楼一起度过漫长的岁月。

二 红楼的内部情况

1961年3月4日,国务院公布第一批全国重点文物保护单位名单,共计

---

❶ 《北京东城年鉴2001》。
❷ 《耗资8.5亿 北京皇城根遗址公园破土动工》,千龙新闻网,2001年4月3日。
❸ 《北京东城年鉴2001》。

180处,其中,革命遗址及革命纪念建筑物共33处,北大红楼便是其中之一。因此在以后的四十多年的使用中,作为文博系统的主要部门,从古建所到国家文物局都对红楼进行了最大的维护和保养。1963年起,隶属于文化部国家文物事业管理局的文物博物馆研究所就开始着手恢复李大钊办公室和毛泽东工作过的阅览室,邀请了原北大老职员李继祖、王锡英、常惠等老同志到红楼座谈,实地观察,核实情况。同时从地质学院、101中学等地查找原老北大的家具,以便恢复李大钊办公室和毛泽东工作过的阅览室的原貌。到1964年这两间陈列室基本恢复,并对外展览。

古代建筑修整所1962年搬入红楼,由于要将红楼改成办公楼,因此在古建所入驻前,曾简单的将一二层修缮过一次,修缮费为十二万元,这也是古建所主要办公的地方,三层的一部分就做了摆放模型的模型室。1963年,文物出版社搬到了红楼三层,此后,到文革前,陆续有一些诸如新华书店总店等单位临时在红楼四层办公,文革一开始,军宣队入驻红楼,所有单位的职工都下放干校,直到1970年图博口领导小组成立,主要在红楼一层办公,后来文物出版社、文物保护科学技术研究所等单位陆续从干校回到红楼,重新开始办公。仍是文物保护科学技术研究所在二层和三层的一部分、文物出版社在三层,四层的情况最复杂,基本上是一些小单位杂乱的占据,也有楼下单位占用的房间。如文物局下属的文物商店总店、流散文物处(后合为中国文物流通协调中心)、文物局法规处、古文献研究室等都在四层,

红楼的地下室一部分自古建所入驻后一直为职工的宿舍或是文物局相关人员的临时住处,这种情况一直维持到70年代初,因红楼是国家重点文物保护单位,才逐渐将居住在地下室的人员搬离,后地下室多为仓库,也有红楼内单位零散的几间办公室。

(一)红楼大修

1976年受唐山大地震的影响,红楼出现了顶棚脱落现象,墙上的抹灰也一片一片的掉落,东侧楼道从上到下裂出一条缝,好多砖块出现粉碎状况。在这种情况下,红楼是不可能继续承担办公了。当时在红楼内办公的国家文物事业

管理局和文物出版社等单位逐步搬出红楼,并由国家文物事业管理局负责对红楼进行建成以来最大的一次维修。最初有建筑公司认为维修工程太复杂,建议拆除重修。而国家文物事业管理局局长王冶秋同志坚决要求红楼应该按文物标准进行加固维修,保持原状,因而由国家文物事业管理局主持红楼历史上最大的一次维修。维修工程自1977年冬开始,耗资80万元,此项工程由罗哲文主持,崔兆忠、傅连兴、陶宗震、白丽娟、杨玉柱等人参加。1979年竣工。设计及施工获1981—1982年年度文化部科技成果三等奖。

作为当年红楼抢险加固工作设计组组长的罗哲文,和傅连兴、陶逸钟(时任建设部总工程师)、常学诗(文化部总工程师)、崔兆忠等数名专家,冒着余震的危险对红楼进行抢救设计勘测。二十多年后,回忆唐山大地震给红楼带来的劫难,以及抢救、修复红楼的整个过程,罗哲文不胜感慨:"23年前,唐山地震波及北京的情形不时浮于眼前,当时北京有的地方裂度约为7—8度,而红楼这座砖木结构的已使用过期的危险建筑,更是摇摇欲坠,墙裂顶塌,支离破碎,国家文物局立即迁到故宫博物院内办公。于是,抢救红楼,保护这座在中国革命史上占有重要地位的文物建筑,成了国家文物局的一项重大任务。"[1]

依照当时国务院颁布的《文物保护管理暂行条例》,抢修组成员在不改变文物原状的前提下,充分运用工程结构和科学技术手段,保证文物建筑的安全与坚固。在设计组全体同志们的研讨下,考虑出一套中国传统技术与现代科技相结合的抗震加固方案。据参加红楼维修的崔兆忠工程师介绍,因为红楼的结构特点是纵墙承重,承重的龙骨都搭在纵墙上,从底到顶都是这样,纵墙承受基本重量,横墙不承重,楼板不压在上面,基本是三间一个单元(横墙分割),两侧有四间一个单元的,横墙间距大,比较薄弱,抗地震差。这样,就把横墙做成剪力墙,加强横墙,原来是砖墙,砖墙外面又加上钢筋混凝土,承担横向剪力,龙骨里加水平桁架,外面看不见,不改变文物原貌,原来的高度,原来的木地板,原来的顶棚,同时窗户加槽钢,把顶棚和地板揭了以后全部加钢结构。[2]

---

[1] 晓力文:《沧桑红楼》,《时代潮》第81期。
[2] 笔者2006年5月25日采访崔兆忠时记录。

另外,红楼的抗震加固工程在传统的基础上又有所创新,如卧入楼板夹层内的水平钢桁层,是以往未曾有过的设计,把几种加固补强措施结合成为一个整体,也是一个重大的设计。创作这一成功的抗震加固设计工程,始终得到了著名结构专家陶逸钟先生的指点和支持。罗哲文说:"今天红楼仍然耸立北京,与陶逸钟先生的努力是分不开的,他虽早已离开我们,而我们永远不会忘记他。"❶

在这次大修中,根据国家文物事业管理局和文物出版社等单位的要求,将红楼内的房间进行了适当的隔断。由于红楼修建时宿舍楼标准设计,所以每个房间面积都不大。后来改为教室才把非承重墙打掉,扩成大间。这次就是把大间又隔成小间,从而满足办公的需要。

1977年大修后,原来搬到故宫等地办公的国家文物事业管理局和文物出版社等单位于1980年又陆续搬回红楼,因为大修解决了办公室不足的情况,一二三层的各单位布局也基本上同大修前差不多,直到1994年文物研究所搬走,二层就基本由文物局占据。

此后,每隔数年,红楼就会在文物局的安排下进行局部的、小型的维修,从而使红楼能够得到一定的保护,但总体上的加固和维修就没有了。

(二)李大钊办公室、毛泽东工作处复原陈列

1950年五四前夕,由北京纪念"五四"筹委会委托北京大学在原李大钊任图书馆主任的办公室内布置了"毛主席在校工作处"和"李大钊纪念堂"。但是解放后,这两间共约四十平方米的房子已经改作经济系的学生宿舍了。当1950年春北大要布置李大钊同志纪念室并将他外间的会客室布置为毛主席工作室时,同学们很高兴也很快地搬走了,腾出房间将先生的遗物和遗著等布置起来了。❷

毛泽东于1918年秋天到1919年3月曾在北京大学图书馆担任助理员,负责第二阅览室的管理工作,同时也帮助李大钊整理过图书资料,因此将"毛主席

---

❶ 晓力文:《沧桑红楼》,《时代潮》第81期。
❷ 张友仁:《李大钊同志与北大经济系》,《北京大学校友通讯》第25期。

在校工作处"安排在原李大钊办公室内。

1952年北大迁校,只留下北大工农附属中学在红楼内。1956年红楼移交中宣部代管,后由中宣部移交艺术博物馆。1962年9月,文物局所属文物博物馆研究所迁往红楼,接管后,因发现毛泽东当年在北大图书馆的工作地点并不仅在原"图书馆主任室",还有其他工作地点,需要加以全面调查核实,乃停止开放,并责成文物博物馆研究所积极进行调查核实工作。1963年3月至1964年4月,文物博物馆研究所遵照文物局指示,对李大钊、毛泽东、鲁迅在北大红楼工作的史实进行调查研究,并收集当年原有的家具设备等,为充实"李大钊同志工作处"和对"毛泽东同志工作处"及"鲁迅先生讲课处"予以复原陈列做准备,具体由罗歌、朱希元、李宗文等负责调查访问,❶笔者根据罗歌整理的访问有关北大老职员、老学生、老工友,以及1950年布置毛主席工作处和李大钊纪念室的人员的资料,对这次重新布置"毛泽东同志在北京大学红楼工作处"和"李大钊同志在北京大学红楼工作处"有了较详细的了解。该所于1963年3月、1964年4-7月进行了两次调查访问,访问了有关北大老职员、老学生、老工友十五六人,他们提供了不少重要情况。❷

根据调查结果,对"第二阅览室"的复原布置,拟定了两个方案:第一方案,室内全部复原(当年北大的旧家具现已调查征集到,基本上可以按原状布置起来),入门处挂说明牌;第二方案,室内不复原,仅在入门处挂一说明牌。同时决定修改复原陈列的名称,原称为"毛主席在校工作处",现拟改称为"毛泽东同志在北京大学红楼工作处";原称为"李大钊先生纪念室",现拟改称为"李大钊同志在北京大学红楼工作处"。两处布置完毕,仍由文物博物馆研究所管理,不单独设立机构。只对要求参观并持有介绍信的单位或个人开放。❸

但是,罗歌等人的努力并没有成为现实,他不无遗憾的说:"我们拟定了复

---

❶ 罗歌:《蔡元培、李大钊、毛泽东、鲁迅在北大红楼》,原载《燕都》1991年第3期,《北京大学校友通讯》第9期。

❷ 见罗歌等于1963年3月—1964年7月调查访问资料,现存北京新文化运动纪念馆。

❸ 见罗歌等于1963年3月—1964年7月调查访问资料,现存北京新文化运动纪念馆。

原陈列的方案,上报文物局,但由于诸种原因未批。后来,我们的方案就被'文化大革命'的腥风血雨一扫而光。"❶

1995年北京市政府批准的《北京文物事业发展五年规划》要求使用部门逐步搬迁出红楼,市政部门将整治红楼周边环境,恢复李大钊、毛泽东工作室原状及部分民主广场,将其建成"五四"运动纪念馆,对外开放。❷

2002年4月,北京新文化运动纪念馆在红楼成立,李大钊办公室和毛泽东工作过的第二阅览室复原陈列成为纪念馆展陈的一个亮点,由于文物局在北大百年校庆时的恢复基本按照1963—1964年罗歌等人调查采访的基础上完成,因此纪念馆并未进行改动,只是将房间进行了粉刷,基本保持了李大钊办公室和第二阅览室的原貌。

三　红楼内的主要单位

红楼自1962年成为办公楼以来,几十年间楼内办公的单位大大小小也超过二三十家,有的单位在楼内一呆就是几十年,有的单位仅仅只是暂时入驻,要弄清楚四十多年间究竟有多少家单位曾入驻红楼,也是一件非常不容易的事情。因此,这里主要介绍在红楼内办公时间较长、影响较大的几个单位,他们也是红楼这几十年来历史的主要见证人。

(一)从古代建筑修整所到中国文物研究所

1962年进驻红楼的古代建筑修整所是中国文物研究所的前身,但其最早建于1935年,时为"旧都文物整理委员会",1945年改名"北平文物整理委员会",1949年成为新中国第一个文物保护管理机构——"北京文物整理委员会",1956年更名"古代建筑修整所",1962年,古代建筑修整所迁至原北京大学红楼办公,同时,在古代建筑修整所与1956年12月成立的博物馆科学工作研究所筹备处

---

❶ 罗歌:《蔡元培、李大钊、毛泽东、鲁迅在北大红楼》,原载《燕都》1991年第3期,《北京大学校友通讯》第9期。

❷ 田远新:《永远的红楼》,《中国文物报》2001年5月20日。

的基础上成立了文物博物馆研究所,保留古代建筑修整所名称。由国家文物事业管理局副局长王书庄兼任所长,副所长为姜佩文、王振铎、王辉、南峰。机构设置有建筑、石窟、化学、资料、博物馆工作等五个业务组。1962年春,文物博物馆研究所在沙滩北大红楼南侧平房区构建化学实验室多间,购置仪器设备。实验室分有基础试验、高分子材料与灌浆、金属文物除锈复原、纸张与出土纺织品的提取和保存、竹木漆器脱水保护等专门实验室。1969年9月,全体工作人员集体下放湖北咸宁文化部"五七"干校参加劳动。随后"工宣队"和"军宣队"进驻所内搞运动。直到1973年6月,成立文物保护科学技术研究所,直属国家文物事业管理局领导,办公地点仍在北大红楼,设有办公室及古建筑研究组、石窟研究组、化学研究组、资料组等机构。❶

70年代初,山东银雀山汉墓及湖南马王堆汉墓等地大量竹简帛书出土,为适应整理研究工作需要,1974年初,从全国各高等院校、科研单位及博物馆借调一批熟悉古文字、古文献的著名专家、学者50余人荟萃至北大红楼二层,参加此项整理工作。其中有故宫博物院的唐兰、张政烺,中山大学的商承祚,武汉大学的唐长孺,北京大学的容庚、顾铁符,吉林大学的于省吾等。经过两年多的清理、保护、编号、照相,并作了初步释文,发现银雀山竹简中有失传近两千年的《孙膑兵法》等古代佚书,引起了国内外学术界的广泛注意。1974年6月至1978年初陆续成立了银雀山汉墓竹简、马王堆汉墓帛书、睡虎地秦墓竹简、吐鲁番唐代文书、居延汉简5个整理小组。随着研究工作的推进,大批重要学术研究成果涌现出来:1974年9月,《马王堆汉墓帛书》(壹)出版;1975年1月,《银雀山汉墓竹简》(壹)出版,2月,《孙膑兵法》出版;1976年,马王堆汉墓帛书《老子》、《导引图》、《战国纵横家书》、《经法》等出版。在国家文物局王冶秋局长亲自主持下,开始筹划成立一个永久性古文献研究机构来取代阶段性整理小组。1978年2月,经国务院批准成立古文献研究室,由著名学者唐长孺出任主任,隶属文化部,后改为由国家文物事业管理局领导。银雀山汉墓竹简等五个整理小

---

❶ 国家文物局编:《国家文物局暨直属单位组织机构沿革及领导人名录》,文物出版社2002年。

组随之撤销。古文献研究室编制 37 人。1990 年 8 月,以古文献研究室与文物保护科学技术研究所为基础成立中国文物研究所。❶

1994 年,中国文物研究所由红楼迁至朝阳区北四环东路高原街 2 号新建办公室。

(二)文物出版社

文物出版社是继古建所之后进驻红楼的,1963 年 12 月,文物出版社由故宫西角楼城隍庙迁至沙滩汉花园 12 号(今五四大街 29 号)的北大红楼。在红楼办公的时间最长,2006 年 8 月迁出,达 43 年之久。从 1957 年建社到 1966 年 6 月,文物出版社边建设边出书,在文化部和文物管理局领导下,在学术界专家学者的支持下,出版了一批学术水平高、专业特点鲜明、印刷质量精美的图书,十年共出版图书 389 种,7937 万册(份);同时组织机构和规章制度也逐步健全起来。❷

文化大革命开始后,文物出版社全体工作人员被下放湖北五七干校,文物出版社实际上被"撤销"了。1971 年 7 月 22 日,中国科学院院长郭沫若写报告给周恩来总理,建议《文物》月刊和《考古》、《考古学报》三种杂志复刊,周总理批准了郭沫若的报告。1972 年 1 月,《文物》月刊复刊。同时酝酿重建文物出版社;陆续从五七干校调回干部,开始编辑出版一些图书。1973 年 2 月 4 日,周恩来总理批准王冶秋的报告,文物出版社重新建立。11 月,高履芳任副社长兼副总编辑,金冲及任副总编辑。1981 年 5 月,金冲及任总编辑兼副社长,杨瑾任副总编辑。7 月,文物出版社读者服务部成立。1993 年 1 月,随着改革的不断深入,文物出版社进行了体制和人事制度的改革,2006 年 8 月,文物出版社搬出红楼。

(三)从图博口领导小组到国家文物局

自上个世纪 70 年代起,图博口领导小组相继改为国家文物事业管理局、国家文物局,机构不断壮大,逐渐占据红楼将近一半的房间,成为红楼内最主要的

---

❶ 《中国文物研究所七十年》(1935—2005),文物出版社 2005 年。
❷ 《文物出版社四十年》(1957—1997),文物出版社 1997 年。

单位。

1949年1月31日,北平和平解放。中国人民解放军北平市军事管制委员会文化接管委员会设有文物部,尹达任部长,王冶秋任副部长,于坚、罗歌、李枫为联络员。文物部负责接管市内的文物、博物馆、图书馆等单位。1955年3月底,文化部成立文物管理局,在北海团城办公,后迁往文化部大楼办公。1965年8月文化部将文物管理局改为图博文物事业管理局。1970年5月,根据国务院周恩来总理的指示成立了图博口领导小组,由国务院办公室直接领导。组长郎捷(军宣队干部)、副组长王冶秋(原文化部图博文物事业管理局局长)。

王冶秋(1909—1987)是我国文物博物馆事业的主要开拓者和奠基人之一。他在主管新中国文博系统期间,主持研究和选定了第一批全国重点文物保护单位,筹建中国历史博物馆和中国革命博物馆,创办文物出版社,注重文物博物馆研究和人才培养,为建立新中国文物保护工作完整的科学体系,奠定了坚实基础。❶

1973年2月14日,国务院发出通知,决定成立国家文物事业管理局,归国务院文化组领导,王冶秋任国家文物事业管理局局长,彭则放任副局长。国务院业务组1973年2月14日会议决定,撤消图博口领导小组,建立中共国家文物事业管理局临时委员会。临时委员会由刘仰峤、王冶秋、吴仲超、杨振亚、徐彬如、田耕、刘歧云七位同志组成,并保留两委员名额补选青年同志,后补选胡德平、孙蓓欣。刘仰峤任书记,王冶秋任副书记。粉碎"四人帮"后,国家文物事业管理局的名称、体制和处室机构均未变。

由于受1976年地震的影响,红楼需要大修,文物局与其他红楼内的单位一起迁出,在故宫武英殿办公,直至1979年红楼大修完工才迁回。迁回红楼办公的文物局主要占据了一二层,一层主要是局长办公室,文物局办公室和会议室等,二层中间是行政处,东侧依次是纪检办公室、党委办公室、博物馆处、图书馆处等科室,二层西侧当时是文物保护研究所。另外,四层还有文物局的法规处

---

❶ 国家文物局编:《国家文物局暨直属单位组织机构沿革及领导人名录》,文物出版社2002年。

办公室等。

1982年4月，国务院决定进行机构改革，将文化部、对外文化联络委员会、国家出版事业管理局、国家文物事业管理局和外文出版发行事业局五单位合并，设立文化部。文化部设立18个司局级机构。国家文物事业管理局改为文化部文物事业管理局，孙轶青任局长。

1987年6月20日，国务院办公厅发出国办发(1987)第39号文通知，将文化部文物事业管理局改为国家文物事业管理局，隶属关系不变，仍由文化部领导，国家文物事业管理局独立行使职权。1988年6月，国家文物事业管理局更名为国家文物局，张德勤任局长。

国家文物局的前身图博口领导小组自1970年成立不久，即入驻红楼，除1976年因地震，红楼进行维修，国家文物局迁往故宫办公以外，到2001年离开红楼，是在红楼办公时间比较长的单位。同时，由于国家文物局在红楼办公期间，领导了我国文博事业的不断发展，因此在一段时间内，红楼成为国家文物局的代称。人们一提起国家文物局就会想到红楼，同样，提到红楼也会想起国家文物局。

(四)其他主要单位

除了上述三家在红楼内规模比较大，办公时间比较长的单位，红楼内还有不少文物局下属单位和一些协会组织，这些单位名称和办公地点都有一些变动，确切的单位名称、数量和位置都难以确定，现暂列几家协会、单位，以待以后继续考证。

一是中国博物馆学会，成立于1982年，是我国博物馆界规模最大、会员人数最多的学术性团体组织。学会第一届理事会期间挂靠在国家文物事业管理局，理事长为孙轶青。其在红楼办公地点在四层，学会自1985年相继建立陈列艺术设计委员会、地质博物馆专业委员会、藏品保管专业委员会、社会教育专业委员会、高等学校博物馆专业委员会。目前，学会已拥有来自全国各地、各行业的博物馆团体会员400余名，个人会员5000名以上。在中国博物馆界具有广泛的代表性和行业业务影响。

二是中国文物流通协调中心,成立于1978年,前身是中国文物商店总店,现为国家文物局所属的文物流通协调单位。其办公地点也在红楼四层。

文物商店总店成立初期,与国家文物事业管理局流散文物处是两块牌子,一套人员,负责人为吕朗。1980年初独立建制,内部临时机构为办公室、业务组、保管组和资料组。1980年10月28日,文物商店总店改名中国文物商店总店。1989年3月,经国务院机构改革领导小组办公室批准,中国文物商店总店改为中国文物流通协调中心,仍为国家文物局直属事业单位。

三是中国收藏家协会(英文名称:China Association of Collectors,缩写:cac),收藏家协会经业务主管单位国家文物局审查同意,民政部正式批准登记(社证字4187号),1996年3月12日正式成立,由全国收藏家、收藏组织、收藏爱好者自愿组成的非营利性的全国性社会团体。其办公地点在红楼二层。协会全国会员代表大会每五年召开一次,选举产生理事会、常务理事会。常务理事会是全国会员代表大会的执行机构,在全国会员代表大会闭会期间领导本协会开展日常工作。

李大钊办公室陈列复原始末

刘 静

一 李大钊办公室使用沿革情况

1917年12月,章士钊推荐李大钊到北京大学图书馆任职。翌年1月任图书馆主任。当时的图书馆不仅藏书少,而且管理不善,制度不健全。李大钊主持图书馆工作后,即着手进行整顿,得到了蔡校长的支持。❶

在蔡元培校长的关注和李大钊的直接领导下,北大图书馆开始跻身于国内外先进图书馆的行列,成为一所成熟的大学图书馆。❷李大钊对于北大图书馆的贡献,此不赘言。值得一提的是,在李大钊的主持下,北大图书馆变成了传播新思想、新文化和宣传马克思主义的阵地,而这个阵地的核心就是图书馆主任室。其实,北京大学图书馆馆址"原在景山东街第二院后院,"❸民国七年(1918)八月,"第一院落成,乃迁来第一院,几占第一层之全部。"❹李大钊才得以进驻红楼内图书馆主任办公室。现位于北京新文化运动纪念馆内一层东南角的两间

---

❶ 罗歌:《蔡元培、李大钊、毛泽东、鲁迅在北大红楼》,原载《燕都》1991年第3期,《北京大学校友通讯》第9期。
❷ 参见吴晞:《北京大学图书馆九十年记略》,北京大学出版社1992年。
❸ 《北平晨报》1934年9月30日,转引自王学珍等:《北京大学史料》,北京大学出版社2000年。
❹ 《北京大学日刊》第771号,1920年12月17日,转引自王学珍等:《北京大学史料》,北京大学出版社2000年。

李大钊办公室旧址复原,就是李大钊同志任北京大学图书馆主任时期的办公室。

　　由于李大钊平素谦虚和蔼,待人诚恳,又有方便阅读新书的条件,当时不少教师和学生都喜欢到图书馆主任室聊天,图书馆被人称为"饱无堂",在这个地方"无师生之别,也没有客气及礼节等一套,大家到来大家就辩,大家提出问题来大家互相问难"❶。"一层楼那座房子,则称之为饱无堂(取饱食终日无所用心语),而在这个房子中则以北方人为主体。李大钊本人是北方人;按饱食终日无所用心,是顾亭林批评北方人的;""这两个房子里面,当时确是充满学术自由的空气。大家都是持一种处士横议的态度。谈天的时候,也没有时间的观念。……总以讨论尽兴为止。"《北京大学日刊》就载有这样的事情:一日,罗家伦在这里遇见刘半农,想起一首歌谣,"立刻就在李守常先生桌上写给"刘半农。❷ 在这样的碰撞和争论中,许多新知识得以传播,许多新思想得以激发。一些学生终于不满足于空谈,组织起来创办了一个杂志,这就是后来鼎鼎有名的《新潮》。

　　李大钊从1920年起,陆续被聘为北京大学政治学系教授、史学系教授,也曾在经济系兼课。他讲授过"唯物史观"、"现代政治"和"史学思想史"等课程。他还曾作过"马克思的经济学说"、"工人的国际运动与社会主义的将来"、"马克思的历史哲学"、"社会主义与社会运动"、"社会主义下的经济组织"等讲座。有的讲座,如"社会主义下的经济组织"等,就是应北大经济学会的邀请而作的。在这些课程和讲座中,他系统地介绍了马克思主义的主要著作,如《哲学的贫困》、《共产党宣言》、《政治经济学批判序言》、《资本论》全三卷、《哥达纲领批判》等书当中的主要内容,阐述了历史唯物主义的基本原理、阶级斗争学说、劳动价值论、剩余价值论、平均利润论、资本集中论,直到论证了资本主义制度的必然灭亡和社会主义制度的必然胜利。他是如此系统深入而且联系中国实际地讲

---

❶ 罗家伦:《蔡元培时代的北京大学与五四运动》,台湾《传记文学》第54卷第5期,第15页。
❷ 《北京大学日刊》1918年11月25日第三版《罗家伦君与刘复教授往来之函》,当时刘半农在征集全国歌谣。

授马克思主义学说,在中国的大学里实在是第一次。❶

也就是在这间办公室,李大钊与张申府、张国焘等几次一起商谈建立中国共产党的问题。❷ 1920年3月,共产国际的代表维金斯基来中国,李大钊就在红楼图书馆的主任会客室同他讨论建立中国共产党的问题。❸ 1920年10月,经过一系列准备工作,北京的共产党早期组织在这里正式成立,当时取名为"共产党小组"。❹

1922年12月,李大钊辞去北京大学图书馆主任的职务,担任校长室秘书。北大"图书部分为中文、西文、古物美术三部,聘单不庵、皮宗石两先生,分主中西文书籍。"❺图书馆主任办公室易主,此后,北大图书馆分别由袁同礼、马衡、钱稻荪、樊际昌、毛准等人掌管,1931年暑假(7月1日至9月8日)北大图书馆由红楼迁出进住新购买的松公府前部,法学院则从北河沿第三院(今北河沿大街147号)迁至红楼一层。1931年9月9日北大开学时,法学院正式入住第一院红楼。红楼内的图书馆主任室与登录室打通,合为北京大学法学院第二大教室。

抗日战争时期,北京沦陷,北京大学南迁,红楼也人去楼空,甚至成为日本宪兵队本部所在地,位于红楼一层东南角的李大钊办公室也不能幸免。直至抗战胜利,北大重新入驻红楼,据北大老校友张友仁回忆,原李大钊办公室成为博物馆专修科的办公室,解放后,红楼大部分成为单身教职工和学生宿舍,李大钊办公室也不可避免地成为经济系学生宿舍,这倒是与红楼修建的初衷相符了。

二 解放后李大钊办公室陈列复原情况

正因为李大钊同志对中国革命和中国共产党的伟大贡献,1950年五四前

---

❶ 张友仁:《李大钊同志与北大经济系》,《北京大学校友通讯》第25期。
❷ 张国焘:《我的回忆》第一册,第105页,东方出版社1998年。
❸ 罗歌:《蔡元培、李大钊、毛泽东、鲁迅在北大红楼》,原载《燕都》1991年第3期,《北京大学校友通讯》第9期。
❹ 《中国共产党历史》第1卷上册,第76页,中共党史出版社2002年。
❺ 《北大图书部月刊》第1卷第1期,1929年12月10日。

夕，由北京纪念"五四"筹委会委托北京大学在原李大钊任图书馆主任的办公室内布置了"毛主席在校工作处"和"李大钊纪念堂"。但是解放后，这两间共约四十平方米的房子已经改作经济系的学生宿舍了。当1950年春北大要布置李大钊同志纪念室并将他外间的会客室布置为毛主席工作室时，同学们很高兴也很快地搬走了，腾出房间将先生的遗物和遗著等布置起来了。❶

毛泽东同志于1918年秋天到1919年3月曾在北京大学图书馆担任助理员，负责第二阅览室的管理工作，同时也帮助李大钊整理过图书资料，因此将"毛主席在校工作处"安排在原李大钊办公室内。曾参与过布置纪念室的王锡英回忆：1950年韩寿萱、唐振芳、阴法鲁、向达把他找去，让他回忆了毛主席在图书馆主任室外间工作的情况，也回忆了毛主席在日报阅览室工作过，但韩寿萱等人看了日报阅览室认为不好复原，因为当时日报阅览室改建成了合作社，屋里还砌了一个洋灰柜台，恢复原貌比较困难，所以，韩寿萱等人就决定把毛主席工作室布置在李大钊办公室的外间。❷

此外，阴法鲁也曾回忆过1950年他参与筹备复原李大钊办公室的具体情况："我记得1950年校内有些人发起筹备纪念大钊、主席，北大博物馆专修科就来主持，那是在1950年3月，突击了四个多月，1950年5月4日开幕。毛主席当时办公处是在一楼西头路南，我们未恢复，主要是考虑当时屋内空空如也，就恢复了大钊同志办公室，后来又考虑到主席也常到大钊办公室去，就放在一起搞。里面的家具，除了两个书柜是真实可靠的，其他的家具是从学校内找的。如大钊用的一个沙发椅，一个藤椅也是从印象出发找来的。当时，房内较空，从新华社洗了有关主席照片挂上。……原来搞纪念室，并不准备公开，但后来学生、外宾都来看，也不得不公开了。我们几个人还轮流值班。筹备时，问过张申府、王锡英、李续祖、周炳林、许德珩等。1950年筹备时，我们在红楼地下室翻了旧档案，找出了'登薪册'等。其他的材料很少。"❸阴法鲁回忆的前一段与王锡

---

❶ 张友仁：《李大钊同志与北大经济系》，《北京大学校友通讯》第25期。
❷ 见罗歌等于1963年3月—1964年7月调查访问资料，现存国家文物局。
❸ 见罗歌等于1963年3月—1964年7月调查访问资料，现存国家文物局。

英所说的相符,同时还交代了李大钊办公室复原过程中室内陈设的情况,大多是当时布置的人四处找来的,只是原物的替代品,而且一开始并不打算开放。

李大钊纪念堂和毛主席在校工作处都布置好了之后,"室内一切陈设尽量按照毛主席和李大钊同志在该校工作时的原样陈设。由'五四'时代的老职员王锡英和李续祖两人绘图和帮助布置。纪念室共分内外两间,外屋是会客室,里屋是工作室。门口挂着郭沫若的题字。右边是"毛主席在校工作处",左边是李大钊纪念堂。办公室靠窗放着李大钊同志的办公桌;左边玻璃柜里陈列着他的书籍。右边桌上是李大钊同志在新青年等刊物上发表的文章。墙口挂着李大钊同志的大小像片和他在北大时的档案、墨迹等。会客室正中是一条长方台子,上面镶着毛主席的题字:"祝贺'五四'三十一周年,团结起来为建设新中国而奋斗。"靠窗是一个长桌,据王锡英先生说:毛主席常来这里,就是坐在这张桌旁的。左边靠墙也有一个玻璃柜,里面是"五四"时代的杂志——新青年、新潮等。两个玻璃格的桌子上放着毛主席的著作。室内最惹人注目的是毛主席的神采奕奕的半身石膏像,这是北大工学院教授孙伯先生制赠的。这两间房子里面的家具,除了两个玻璃柜之外,其他都已不是旧物,只是仿照原样搜求来的。"❶ "毛主席在校工作处"和"李大钊纪念堂"于 1950 年 5 月 4 日正式开放,开幕时,曾经陆定一审查。同时根据广大群众的要求,每日上午九时至下午五时对外开放。

当时还有一个小插曲,本来在 1950 年"五四"前夕,北大学生会邀请毛泽东主席来校给全体师生员工见面,参加"五四"庆祝活动,并为北大校牌及新校徽题名。毛主席由于太忙不能亲自来校,但他很快就书写了校名送到北大,并附来亲笔信。学生会立即在新开辟的"毛主席在校工作室"(沙滩红楼东首李大钊纪念堂隔壁)展出了毛主席题的校名和亲笔信。❷

1952 年北大迁校,只留下北大工农附属中学在红楼内,到 1956 年红楼移交中宣部代管,后由中宣部移交艺术博物馆。1962 年 9 月,文物局所属文物博物

---

❶ 北京大学通讯组:《毛主席和李大钊同志纪念室介绍》,《人民日报》1950 年 5 月 4 日。
❷ 李耀曾:《关于"陈老总是北大校友"的回忆》,《北京大学校友通讯》第 5 期。

馆研究所迁往红楼，接管后，因发现主席当年在北大图书馆的工作地点并不仅在原"图书馆主任室"，还有其他工作地点，需要加以全面调查核实，乃停止开放，并责成文物博物馆研究所积极进行调查核实工作。1963年3月—1964年4月，文物博物馆研究所遵照文物局指示，对李大钊、毛泽东、鲁迅在北大红楼工作的史实进行调查研究，并收集当年原有的家具设备等，为充实"李大钊同志工作处"和对"毛泽东同志工作处"及"鲁迅先生讲课处"予以复原陈列做准备，具体由罗歌、朱希元、李宗文等负责调查访问，❶笔者根据罗歌整理的访问有关北大老职员、老学生、老工友，以及1950年布置毛主席工作处和李大钊纪念室的人员的资料，对这次重新布置"毛泽东同志在北京大学红楼工作处"和"李大钊同志在北京大学红楼工作处"有了较详细的了解。该所于1963年3月、1964年4—7月进行了两次调查访问，访问了有关北大老职员、老学生、老工友十五六人，他们提供了不少重要情况。❷

首先，根据他们的回忆，指出1950年将"毛主席工作处"安排在李大钊办公室的外间是不合适的，"从1918年秋天到1919年3月主席在北大图书馆时曾在三个地方工作过，即：'第二阅览室'（即'日报阅览室'、'新闻纸阅览室'，管理报纸阅览）、'图书馆主任室'（协助整理图书）、'登录室'（抄写卡片）。其中以在'第二阅览室'的工作时间最长，为主席当时主要工作地点。其余两处比较起来仅是短期的或临时性的工作地点。因此，拟选择"第二阅览室"为主，通过复原陈列，以表现主席初期革命活动的片断。原'图书馆主任室'的复原陈列仍予保留，但重点放在表现李大钊同志的革命活动上。'登录室'则暂时不拟复原。"❸

其次，重新调查了李大钊办公室的布局和陈设，画了不少布局图和拍了不少相关家具的照片，留下了很多宝贵的陈列复原资料。

1963年3月7日，北大图书馆老职员王锡英回忆："1950年布置时，有两个

---

❶ 罗歌：《蔡元培、李大钊、毛泽东、鲁迅在北大红楼》，原载《燕都》1991年第3期，《北京大学校友通讯》第9期。
❷ 见罗歌等于1963年3月—1964年7月调查访问资料，现存国家文物局。
❸ 同上。

柜子是我从某职员处找回来的,是当时原物。大钊办公桌是在图书馆找的,大体不差。藤椅是从外面买的。沙发椅也非原物。在主任室(外间门背后),还有个老式电话机(喇叭筒),这个电话筒1927年左右,由电话局收走了,桌上没有台灯。"❶

1963年3月29日,文物博物馆研究所所长姜佩文邀请原北大老职员李续祖、王锡英、常惠三位老先生来所座谈,主要是了解当年大钊同志及毛主席工作地点的有关材料。并同赴大钊纪念室、主席工作处实地观察,核实情况。获得了不少原李大钊同志办公室物品摆放的资料,如:"外间的书柜是真的,但位置要向东移,紧靠墙。"

"外间放书柜处,记得不是放书柜,而是放置用木板搭成的架子,外挂白布帘,内放马列主义书籍。"

"会议桌很相近,桌布也像。但六把椅子不大像,那时,没有如此整齐,记得有板凳,也有椅子。"

"外间门后的墙壁上,有一老式电话机。"

"内间大钊同志办公桌非原物,原来用的桌子是酱红色(如门的颜色)漆布,还粘手。"

"内间大钊用的转椅,藤躺椅均非原物;书柜是原物,内放大钊同志用的书籍;钟不是这样的圆钟,是褐色的鱼尾钟;大钊同志办公桌上有墨盒、墨笔等,按铃等;还应有搪瓷痰盂,办公桌上还应有茶具。"

"内外间的壁色是白的,不是现在的米黄色,电灯很像,白布窗帘也很像。

"大钊办公室内间还有一长桌,靠门横放,(与大钊办公桌垂直)是当时我们在1918年整理书时用的。"

"记得当时用的椅子是高背的。"❷

这些具体的描述为李大钊办公室的复原提供了非常大的帮助,尤其是细节方面解决了不少问题,从中我们就能基本描画出李大钊办公室的原貌,因而是

---

❶ 见罗歌等于1963年3月—1964年7月调查访问资料,现存国家文物局。
❷ 同上。

复原陈列的最宝贵的一手资料。

　　第三，根据调查的内容，决定修改复原陈列的名称，原称为"毛主席在校工作处"，现拟改称为"毛泽东同志在北京大学红楼工作处"；原称为"李大钊先生纪念室"，现拟改称为"李大钊同志在北京大学红楼工作处"。两处布置完毕，仍由文物博物馆研究所管理，不单独设立机构。只对要求参观并持有介绍信的单位或个人开放。❶

　　但是，罗歌等人的努力并没有最终成为现实，他不无遗憾的说："我们拟定了复原陈列的方案，上报文物局，但由于诸种原因未批。后来，我们的方案就被"文化大革命"的腥风血雨一扫而光。"❷

　　直至九十年代中期，有北大校友想参观李大钊办公室，却被告知："文革中有人到这个纪念室'造反'，文物被收到库房里，房间变成了办公室，如今还没有恢复。"❸

　　1995年北京市政府批准的《北京文物事业发展五年规划》要求使用部门逐步搬迁出红楼，市政部门将整治红楼周边环境，恢复李大钊、毛泽东工作室原状及部分民主广场，将其建成"五四"运动纪念馆，对外开放。❹

　　1998年春节聚会时校友会曾通报了中办秘书局于1997年1月30日给北大党委及北大校友会复函，认为校友会的建议确有积极意义，但要在北大校庆时将红楼辟为"五四纪念馆"确有较大困难。为迎接北大百年校庆，有关部门在加强维护和恢复红楼历史原状和环境风貌的基础上，先将李大钊同志和毛泽东同志使用过的办公室和工作室恢复、整理、展出，并开放原孑民堂供校友参观。❺国家文物局委托原中国革命博物馆的展陈人员，对原李大钊办公室和毛泽东工

---

❶ 见罗歌等于1963年3月—1964年7月调查访问资料，现存国家文物局。

❷ 罗歌《蔡元培、李大钊、毛泽东、鲁迅在北大红楼》，原载《燕都》1991年第3期，《北京大学校友通讯》第9期。

❸ 韩丽英、康书香：《忆往昔峥嵘岁月稠——记工学院电机系校友重聚红楼》，《北京大学校友通讯》第19期。

❹ 田远新：《永远的红楼》，《中国文物报》2001年5月20日。

❺ 石太有、王诗琴：《万方兴会，祝颂南松——北大校友会百年校庆散记》，《北京大学校友通讯》第25期。

作过"北大新闻纸阅览室"做了原状陈列，李大钊办公室基本按1963—64年罗歌等人调查采访的基础上完成，内间主要是书柜与书桌，外间主要是会议桌椅，其他陈列品的摆放也是按照几位老人的回忆布置的，陈列品也是原来文物局封存在地下室的一些原件和替代品，可以说基本恢复了李大钊办公室的原貌。

2002年4月，北京新文化运动纪念馆在红楼成立，李大钊办公室复原陈列成为纪念馆展陈的一个亮点，由于文物局在北大百年校庆时的恢复基本按照1963—64年罗歌等人调查采访的基础上完成，因此纪念馆并未进行改动，只是将房间进行了粉刷，基本保持了李大钊办公室的原貌。只是由于纪念馆的开幕，李大钊办公室的复原陈列就不再是深藏于办公楼之中，而是面向广大观众，接受各方面群众对李大钊同志的景仰之情。

毛泽东在红楼工作过的阅览室复原始末

刘　静

毛泽东工作过的第二阅览室是沙滩北大红楼一层西头靠南三十一号的原北京大学图书馆日报阅览室，又称为新闻纸阅览室。2009年4月22日北京新文化运动纪念馆重新开馆后，在原有的基础上重新布置了毛泽东工作过的第二阅览室复原陈列，增加了民国时期的报纸、桌上的笔墨等细节，再现了毛泽东曾经工作时的历史场景，吸引了众多观众前来参观。

1918年8月，为组织湖南新民学会会员和湖南学生去法国勤工俭学，毛泽东会同罗学瓒等十二人由长沙前往北京。毛泽东的老师杨昌济把他介绍给北大图书馆主任李大钊。李大钊让毛泽东在图书馆做书记（即图书馆助理员）的工作，1918年10月到1919年3月，毛泽东在这里担任图书馆助理员，登记新到报刊和读者姓名，管理十五种中外文报纸，每月月薪仅八块大洋。毛泽东到北京的时候，正是北京大学破旧立新，逐渐成为新文化运动策源地的兴起阶段。在陈独秀、李大钊等人影响下，毛泽东积极参加北京大学学术团体，研究各种"主义"，批判鉴别各种知识，寻求救国真理，迅速朝着马克思主义的方向发展。

为了纪念毛泽东、李大钊等革命先辈的光辉事迹，1950年五四前夕，由北京纪念"五四"筹委会委托北京大学在原李大钊任图书馆主任的办公室内布置了"毛主席在校工作处"和"李大钊纪念堂"。当时这两间共约四十平方米的房子已经改作北大经济系的学生宿舍。当1950年春北京大学要布置李大钊同志纪念室并将外间的会客室布置为毛主席工作室时，同学们很高兴也很快地搬走了,腾出房间将李大钊的遗物和遗著等布置起来了。❶ 此时,毛泽东在北京大学工作处与李大钊纪念堂一起由北京大学负责布置在原北大图书馆主任办公室里了,但是这个旧址复原与我们今天看到的毛泽东在北大工作过的旧址并不是一回事。

为什么在李大钊办公室的外间布置毛泽东在校工作处,原因有很多。毛泽东于1918年秋天至1919年3月在北京大学图书馆担任助理员,负责第二阅览室的管理工作,同时也帮助李大钊整理过图书资料,张申府曾回忆:"主席在北大图书馆的工作大体分为二段:(1)1918年10月—1918年冬天,在登录室写卡片,当时就是我和主席二人在那里办公,但主席写卡片不一定在办公室,也可以回到公寓去写。因为,对主席的工作要求不严格,主要是让他念书。(2)1918年冬—'五四'以前,主席何时离开北大,我记不清了。从1919年初,主席就在'日报阅览室'工作,他的任务是管理阅览室,负责借阅旧报。"❷此外,在1950年布置"毛主席在校工作处"时,负责此项工作的韩寿萱、唐振芳、阴法鲁、向达等人虽然请老北大职员王锡英等人回忆了毛主席在图书馆主任室外间和日报阅览室两处工作的情况,但韩寿萱等人看了日报阅览室认为不好复原,因为当时日报阅览室改建成了合作社,屋里还砌了一个洋灰柜台,恢复原貌比较困难,所以,韩寿萱等人就决定把毛主席工作室布置在李大钊办公室的外间。

阴法鲁回忆1950年他参与筹备复原李大钊办公室的具体情况:"我记得1950年校内有些人发起筹备纪念大钊、主席,北大博物馆专修科就来主持,那是在1950年3月,突击了四个多月,1950年5月4日开幕。毛主席当时办公处是在一楼西头路南,我们未恢复,主要是考虑当时屋内空空如也,就恢复了大钊同志办公室,后来又考虑到主席也常到大钊办公室去,就放在一起搞。里面的家具,除了两个书柜是真实可靠的,其他的家具是从学校内找的。如大钊用的一个沙发椅,一个藤椅也是从印象出发找来的。当时,房内较空,从新华社洗了有

---

❶ 张友仁:《李大钊同志与北大经济系》,《北京大学校友通讯》第25期。
❷ 以下未标明出处者,均为罗歌等于1963年3月—1964年7月调查访问资料,现存北京新文化运动纪念馆。

关主席照片挂上。……原来搞纪念室,并不准备公开,但后来学生、外宾都来看,也不得不公开了。我们几个人还轮流值班。筹备时,问过张申府、王锡英、李续祖、周炳林、许德珩等。1950年筹备时,我们在红楼地下室翻了旧档案,找出了'登薪册'等。其他的材料很少。"

据当时的记载,李大钊纪念堂和毛主席在校工作处"室内一切陈设尽量按照毛主席和李大钊同志在该校工作时的原样陈设。由"五四"时代的老职员王锡英和李续祖两人绘图和帮助布置。纪念室共分内外两间,外屋是会客室,里屋是工作室。门口挂着郭沫若的题字。右边是"毛主席在校工作处",左边是李大钊纪念堂。办公室靠窗放着李大钊同志的办公桌;左边玻璃柜里陈列着他的书籍。右边桌上是李大钊同志在新青年等刊物上发表的文章。墙口挂着李大钊同志的大小像片和他在北大时的档案、墨迹等。会客室正中是一条长方台子,上面镶着毛主席的题字:"祝贺'五四'三十一周年,团结起来为建设新中国而奋斗。"靠窗是一个长桌,据王锡英先生说:毛主席常来这里,就是坐在这张桌旁的。左边靠墙也有一个玻璃柜,里面是"五四"时代的杂志——《新青年》、《新潮》等。两个玻璃格的桌子上放着毛主席的著作。室内最惹人注目的是毛主席的神采奕奕的半身石膏像,这是北大工学院教授孙伯先生制赠的。这两间房子里面的家具,除了两个玻璃柜之外,其他都已不是旧物,只是仿照原样搜求来的。"❶"毛主席在校工作处"和"李大钊纪念堂"于1950年5月4日正式开放,开幕时,曾经陆定一审查。后根据广大群众的要求,每日上午九时至下午五时对外开放。

当时还有一个小插曲,本来在1950年"五四"前夕,北大学生会邀请毛泽东来校给全体师生员工见面,参加"五四"庆祝活动,并为北大校牌及新校徽题名。毛泽东由于太忙不能亲自来校,但他很快就书写了校名送到北大,并附来亲笔信。学生会立即在新开辟的"毛主席在校工作室"展出了毛泽东题的校名和亲笔信。❷

---

❶ 北京大学通讯组:《毛主席和李大钊同志纪念室介绍》,《人民日报》1950年5月4日。
❷ 李耀曾:《关于"陈老总是北大校友"的回忆》,《北京大学校友通讯》第5期。

1952年院系调整，北京大学迁校，只留下北大工农附属中学在红楼内，到1956年红楼移交中宣部代管，后由中宣部移交艺术博物馆。1962年9月，文物局所属文物博物馆研究所迁往红楼，接管后，因发现毛泽东当年在北大图书馆的工作地点并不仅在原"图书馆主任室"，还有其他工作地点，需要加以全面调查核实，于是停止开放，并积极进行调查核实工作。1963年3月—1964年4月，文物博物馆研究所遵照文物局指示，对李大钊、毛泽东、鲁迅在北大红楼工作的史实进行调查研究，并收集当年原有的家具设备等，为充实"李大钊同志工作处"和对"毛泽东同志工作处"及"鲁迅先生讲课处"予以复原陈列做准备，具体由罗歌、朱希元、李宗文等负责调查访问，❶笔者根据罗歌整理的有关北大老职员、老学生、老工友访问记录，以及1950年布置毛主席工作处和李大钊纪念室的人员的资料，对这次重新布置"毛泽东同志在北京大学红楼工作处"和"李大钊同志在北京大学红楼工作处"有了较详细的了解。文物博物馆研究所于1963年3月、1964年4—7月进行了两次调查访问，访问了北大老职员、老学生、老工友十五六人，他们提供了不少重要情况。

1963年3月29日，文物博物馆研究所的姜佩文所长还集中邀请了原北大老职员李续祖、王锡英、常惠三位老先生座谈，主要是了解当年大钊同志及毛主席工作地点的有关材料。其中关于毛泽东在北京大学工作处陈设的回忆有以下几点：

1. 主席工作地方是在日报阅览室，共三个门，只走一个门，在入门的窗前有一三屉桌（或二屉桌）有一木椅，桌上有笔、墨盒。房子中间有一长排报架带阅览桌。靠北墙还有一排阅报台。板凳是放在中间的报架两排，是固定在地板上。当时有的人坐着看，有的人站着看。

2. 日报阅览室是第二阅览室，外面有一个搪瓷牌，是黑底白字（常惠说是蓝底牌子）上书"第二阅览室"，其他各室均有此牌。

根据以上回忆的内容，文物博物馆研究所在向文化部上报的文件中指出：

---

❶ 罗歌：《蔡元培、李大钊、毛泽东、鲁迅在北大红楼》，原载《燕都》1991年第3期，《北京大学校友通讯》第9期。

1950年将"毛主席工作处"安排在李大钊办公室的外间是不合适的,"从1918年秋天到1919年3月主席在北大图书馆时曾在三个地方工作过,即:'第二阅览室'(即'日报阅览室'、'新闻纸阅览室',管理报纸阅览)、'图书馆主任室'(协助整理图书)、'登录室'(抄写卡片)。其中以'第二阅览室'的工作时间最长,为主席当时主要工作地点。其余两处比较起来仅是短期的或临时性的工作地点。因此,拟选择"第二阅览室"为主,通过复原陈列,以表现主席初期革命活动的片断。原'图书馆主任室'的复原陈列仍予保留,但重点放在表现李大钊同志的革命活动上。'登录室'则暂时不拟复原。"

同时根据调查,决定修改复原陈列的名称,原称为"毛主席在校工作处",现拟改称为"毛泽东同志在北京大学红楼工作处";原称为"李大钊先生纪念室",现拟改称为"李大钊同志在北京大学红楼工作处"。文件中还提到,毛泽东、李大钊在北京大学红楼工作处布置完毕后,仍由文物博物馆研究所管理,不单独设立机构。只对要求参观并持有介绍信的单位或个人开放。

虽然历经近两年的调查研究,但是,文物博物馆研究所罗歌等人的努力并没有落实成复原展览,罗歌也不无遗憾的说:"我们拟定了复原陈列的方案,上报文物局,但由于诸种原因未批。后来,我们的方案就被"文化大革命"的腥风血雨一扫而光。"❶

直至1995年北京市政府批准的《北京文物事业发展五年规划》要求使用部门逐步搬迁出红楼,市政部门将整治红楼周边环境,恢复李大钊、毛泽东工作室原状及部分民主广场,将其建成"五四"运动纪念馆,对外开放。❷

1998年为迎接北大百年校庆,有关部门在加强维护和恢复红楼历史原状和环境风貌的基础上,先将李大钊同志和毛泽东同志使用过的办公室和工作室恢复、整理、展出,并开放原孑民堂供校友参观。❸ 国家文物局委托原中国革命博

---

❶ 罗歌:《蔡元培、李大钊、毛泽东、鲁迅在北大红楼》,原载《燕都》1991年第3期,《北京大学校友通讯》第9期。
❷ 田远新:《永远的红楼》,《中国文物报》,2001年5月20日。
❸ 石太有、王诗琴:《万方兴会,祝颂南松——北大校友会百年校庆散记》,《北京大学校友通讯》第25期。

物馆的展陈人员，对原李大钊办公室和毛泽东工作过"北大新闻纸阅览室"做了原状陈列，基本按1963—64年罗歌等人调查采访的基础上完成。此时的红楼仍是国家文物局等单位的办公场所，毛泽东在红楼的工作处并没有向广大公众开放，直至2002年4月，北京新文化运动纪念馆成立，正式对外开放。除了毛泽东在红楼工作过的第二阅览室和李大钊办公室旧址复原之外，还举办了新文化运动基本陈列和蔡元培、陈独秀的专题展览，使广大观众对红楼、对整个五四新文化运动都有更深入的了解。2009年4月，经红楼整修后，北京新文化运动纪念馆重新开馆，更是着重突出革命旧址类博物馆的展示特色，以严谨的科学态度，把握北大红楼旧址复原的历史特征，打造人文环境，增强生活气息，营造真实历史氛围，使旧址复原与陈列展览相协调。原有的毛泽东工作过的第二阅览室和李大钊办公室旧址复原陈列也增添了新的亮点，迎接更多的观众。

参考文献

文献类：

《国立北京大学廿周年纪念册》1918年。

《北京大学日刊》1917年—1927年。

《北京大学文科一览》1918年12月。

《国立北京大学现行章程》1920年11月。

《国立北京大学概略》1920年。

《北京大学学生周刊》1920年。

《国立北京大学现行章程》1920年11月。

《北大生活》1921年。

《景山之东》1924年。

《海天集》1926年。

《国立北京大学概略》1923年12月。

《国立北京大学一览》1933年度、1934年度、1935年度。

《国立北京大学校史略》1933年。

《国立北京大学总览》1941年。

《北京大学廿五周年纪念刊》1923年。

《国立北京大学十三年毕业同学录》1924年。

《北京大学卅一周年纪念刊》1929年。

《民国十九年国立北京大学毕业同学录》1930年。

《国立北京大学卅三周年纪念特刊》1931年。

《北大二十年级同学录》1931年。

《国立北京大学二十一年毕业同学纪念册》1932年。

《北京大学卅五周年纪念刊》1933年。

《国立北京大学一九三三年毕业同学录》。

《北大一九三四毕业同学录》。

《国立北京大学一九三六年毕业同学录》。

《国立北京大学一九三七级毕业同学录》。

《国立北京大学总览》1941年。

《北京大学五十周年纪念特刊》1948年。

有关"毛主席、李大钊在旧北大工作室"情况的访问记录(一)。

有关"毛主席、李大钊在旧北大工作室"情况的访问记录(二)。

罗歌"关于毛主席、李大钊在旧北大工作室"的访问记录手稿。

北大校友余行迈《老北大的工友》1998年 北大档案馆藏。

高平叔编:《蔡元培全集》(1—7卷)。

蔡元培:《蔡孑民先生言行录》,山东人民出版社1998年。

蔡元培研究会编:《蔡元培纪念集》,浙江人民出版社1998年4月。

蔡建国编:《蔡元培先生纪念集》,中华书局1984年7月。

胡适著、曹伯言编:《胡适日记全编》共8卷,安徽教育出版社2001年4月。

中国社会科学院近代史所编:《胡适来往书信选》,中华书局1979年。

唐德刚:《胡适口述自传》,安徽教育出版社1999年9月。

周作人:《周作人日记》,大象出版社1996年12月。

《为了民主与科学——许德珩回忆录》,中国青年出版社2001年1月。

罗家伦:《逝者如斯集》,台湾传记文学出版社1967年。

周作人:《知堂回想录》、《知堂乙酉文集》、《知堂集外文·亦报随笔》,河北教育出版社 2002年。

王法周:《胡适自述》,河南人民出版社2004年5月。

《回忆李大钊》,人民出版社1980年7月。

北京大学图书馆:《李大钊史事综录》,北京大学出版社1989年3月。

梁漱溟:《忆往谈旧录》,中国文史出版社。

杨亮功:《早期三十年的教学生活》,台北传记文学出版社1980年。

刘师培:《刘申叔遗书》,江苏古籍出版社1997年3月。

马叙伦:《我在六十岁以前》,生活书店1947年。

罗章龙:《椿园杂记》,三联书店1984年9月。

北大历史系编:《郑天挺先生百年诞辰纪念文集》,中华书局2000年6月。

张中行:《负暄锁话》,黑龙江人民出版社1986年9月。

张中行:《流年碎影》,中国社会科学院1997年5月。

中国社会科学院近代史研究所:《五四运动回忆录》(上、下、续),中国社会科学出版社1979年。

全国政协文史资料委员会编:《五四运动亲历记》,文史出版社1999年5月。

全国政协文史资料委员会编:《从辛亥革命到北伐战争》,安徽人民出版社2000年。

北大党史研究室编:《北大英烈》,北京大学出版社1992年11月。

张允侯编:《五四时期的社团》,三联书店1979年4月。

中共中央编译局研究室编:《五四时期期刊介绍》,人民出版社1958年。

《青年运动回忆录－五四运动专集》,中国青年出版社1979年5月。

《一大前后》,人民出版社1980年7月。

中国第二历史档案馆史料编辑部,中国社科院近代史研究所:《五四爱国运动档案资料》,1980年2月。

《光辉的五四》,中国青年出版社1954年。

王学珍等编:《北京大学史料》,北京大学出版社2000年12月。

王学珍等主编:《北京大学纪事:1989－1997》,北京大学出版社1998年。

陈平原、夏晓虹:《北大旧事》,三联书店1998年1月。

《北大校友通讯》(1期—42期)

专著类:

丁守和:《从五四运动到马克思主义的传播》,三联书店1979年4月。

北大历史系学生运动史编写组:《北京大学学生运动史》,北京大学出版社1979年7月。

萧超然:《北京大学校史》(1848—1949),上海教育出版社1981年。

陈独秀:《陈独秀评论选编》,河南人民出版社1982年6月。

人大清史研究所:《近代京华史迹》,人大出版社 1985 年 7 月。

萧超然:《北京大学与五四运动》,北京大学出版社 1986 年。

(美)微拉·施瓦支:《中国的启蒙运动——知识分子与五四遗产》,山西人民出版社 1989 年 4 月。

冯尔康 郑克晟:《郑天挺学记》,三联书店 1991 年 4 月。

王世儒:《北京大学纪念毛泽东百年诞辰论文集》,北京大学出版社 1993 年。

吴晞编:《北京大学图书馆九十年记略》,北京大学出版社 1992 年。

黄河:《北京报刊史话》,文化艺术出版社 1992 年 10 月。

梁柱:《蔡元培与北京大学》,北京大学出版社 1996 年 5 月。

魏国英:《毛泽东与北京大学》,北京大学出版社 1998 年 4 月。

李权之:《北大老照片》,中国对外经济贸易出版社 1998 年 5 月。

彭明:《五四运动史》,人民出版社 1998 年 12 月。

周策纵:《五四运动史》,岳麓书社 1998 年。

萧超然:《巍巍上庠 百年星辰——名人与北大》,北京大学出版社 1998。

魏定熙:《北京大学与中国政治文化(1898~1920)》,北京大学出版社 1998。

陈平原:《触摸历史—五四人物与现代中国》,广州出版社 1999 年 4 月。

欧阳哲生:《解析胡适》,社会科学文献出版社 2000 年 10 月。

欧阳哲生:《五四运动与二十世纪的中国》,社会科学文献出版社 2001 年。

陈以爱:《中国现代学术研究机构的兴起——以北大研究所国学门为的中心的探讨》,江西教育出版社 2002 年。

肖东发:《从京师大学堂到老北大》,北京图书馆,2003 年 7 月。

肖东发:《风采:北大名师的岁月留痕》,北京图书馆,2003 年 7 月。

金林祥:《北京大学校长蔡元培》,山东教育出版社 2004 年 11 月。

萧超然:《北京大学与现代中国》,中国社会科学出版社 2005 年。

牛大勇:《北京大学历史学系简史》初稿。

《北京大学哲学系系史》。

文章类:

张高峰:《不平凡的红楼》,《教师报》(北京)1956 年 11 月 2 日。

侯仁之:《五四前夕忆红楼》,《中国青年报》1959年4月13日。

迅韬:《北大红楼巡礼》,《北京文艺》1955年第7期。

许德珩:《回忆五四时期的邓中夏同志》,《光明日报》1959年4月17日。

刘仁静:《回忆我在马克思学说研究会的情况》,《党史研究研究资料》1979年第16期。

萧超然:《北京大学与五四前后马克思列宁主义在中国的传播》,《北京大学学报》1979年第2期。

胡柏立:《北京大学马克思学说研究会》,《历史教学》1979年第10期。

陆彬良:《我国第一个新闻学研究团体－北京大学新闻学会始末》,《新闻学研究资料》1980年4月。

《陈独秀在北大》,《文物天地》1981年第3期。

朱希元:《红楼－原北京大学校址》,《文物天地》1983年第3期。

陈泰生、刘亚军:《红楼星火》,《学习与研究》1986年第5期。

萧超然:《中国共产党的创建与北京大学》,《中共党史研究》1998年第3期。

王效挺:《从几个数字看北大在中共建党时期的重大贡献》,《北京大学学报》2001年6月5日。

杨琥:《民初进步报刊与五四新思潮——对甲寅新青年的考察》,北京大学硕士论文,2000年8月。

曾晟堂:《五四时期知识分子社团研究》,华东师范大学硕士论文,2000年。

杨早:《五四时期的北大学生刊物》,北京大学硕士论文,2001年6月。

陶英惠:《蔡元培与北京大学1917－1923》,《中央研究院近代史研究所集刊》第5期。